葡萄与葡萄酒工程专业系列教材

葡萄酒市场营销

主　编　仇　瑞　李欣隆

副主编　孟朝月　罗均梅　程梦琳

参　编　张军翔　张言志　白天华

　　　　　吕　杨　林凌宇

科学出版社

北　京

内 容 简 介

　　本书共分为八章，从葡萄酒市场营销概述、葡萄酒市场及消费者、葡萄酒企业战略与营销管理、产品策略、定价策略、渠道策略、促销策略、国际葡萄酒营销等方面进行了全面阐述。本书旨在帮助读者了解葡萄酒市场营销的基本理论、方法和实践，提升葡萄酒企业竞争力，实现可持续发展。

　　本书适用于葡萄与葡萄酒工程专业师生、葡萄酒行业从业者及葡萄酒爱好者阅读参考。

图书在版编目（CIP）数据

　　葡萄酒市场营销 / 仇瑞，李欣隆主编. -- 北京：科学出版社，2025.3.
（葡萄与葡萄酒工程专业系列教材）. -- ISBN 978-7-03-080592-8
　　Ⅰ. F724.782
　　中国国家版本馆 CIP 数据核字第 2024ED9586 号

责任编辑：席　慧　林梦阳 / 责任校对：严　娜
责任印制：肖　兴 / 封面设计：无极书装

科 学 出 版 社 出版
北京东黄城根北街 16 号
邮政编码：100717
http://www.sciencep.com

保定市中画美凯印刷有限公司印刷
科学出版社发行　各地新华书店经销

*

2025 年 3 月第　一　版　开本：787×1092　1/16
2025 年 3 月第一次印刷　印张：15 3/4
字数：393 000
定价：69.80 元
（如有印装质量问题，我社负责调换）

序

葡萄酒,宛如一座跨越千年的桥梁,连接着人与自然,承载着人类文明的厚重底蕴。自美索不达米亚平原诞生最初的黏土酒器,到敦煌壁画中描绘的盛大宴饮场景,那流动的琥珀色液体,始终映照着人类对风土的尊崇,以及在商业领域不断探索的智慧光芒。

在全球化浪潮的席卷下,葡萄酒产业正处于前所未有的变革时期。一方面,消费者在追求勃艮第特级园珍稀美酒的同时,也将目光投向贺兰山东麓等产区,探寻葡萄酒的东方韵味;另一方面,市场不仅依赖科学理性的数据分析,更渴望借助文化共鸣,与消费者建立深层次的情感纽带。在这样的大背景下,《葡萄酒市场营销》的问世必将为中国葡萄酒教育体系的完善注入强劲动力。

回顾中国葡萄酒学科的发展历程,可谓白手起家、披荆斩棘。四十年前,西北农林科技大学创立中国首个葡萄酒学院,彼时,我们面临着诸多艰难:本土化教材体系一片空白,适配国情的理论框架尚未建立,甚至对消费者行为的系统研究也付诸阙如。如今,看到这部凝聚着新一代学者心血的教材,我深感欣慰。书中对国际经典营销理论进行了精准提炼,同时紧紧围绕中国葡萄酒市场的独特性展开深入探讨。这种“全球经验与中国实践”相互交融、辩证思考的学术态度,正是当下葡萄酒产业发展所迫切需要的。

这部教材的独特魅力,在于其搭建了一套逻辑严密、层次分明的认知框架。作者从葡萄酒的商品属性与文化属性两个维度出发,不仅深入剖析市场细分、渠道管理等传统营销命题,还敏锐捕捉到数字时代消费者认知模式的深刻变化。特别值得一提的是,书中对中国葡萄酒消费场景进行了细致入微的观察:从政务商务宴请的庄重场合,到年轻群体热衷的“微醺社交”新潮流;从电商平台激烈的流量竞争,到产区体验旅游的蓬勃兴起。这些基于本土实际的实证研究,让理论不再空洞,充满了现实的温度。

作为一部高等教育教材,本书的编写过程体现了严谨的学术精神。每一章都以核心理论为基石,结合国内外经典案例,给出切实可行的方法论,并创新性地融入情景模拟、数据分析等实践模块。这种“知行合一”的编写理念,与当下倡导的“产教融合”教育观高度契合。书中对宁夏、烟台等中国主要葡萄酒产区的专题研究,不仅为教学提供了丰富生动的素材,更蕴含着一个极具深度的学术命题:在借鉴法国、意大利等旧世界产区宝贵经验的同时,如何构建属于中国葡萄酒的市场话语体系,让中国葡萄酒在国际舞台上发出独特而响亮的声音?

中国葡萄酒产业的发展之路,注定是科学与人文相互交融、传统与创新和谐共生的漫长征程。从新疆砾石戈壁中顽强扎根的葡萄藤,到云南香格里拉雪山下精心培育的有机葡萄园,这片广袤土地正凭借独特的风土条件,积极参与全球葡萄酒产业的交流与竞争。

衷心期望这部教材能够成为照亮中国葡萄酒产业前行道路的明灯,在课堂上激发学生

的理论思考，在市场中为从业者提供战略指引，更能启发新一代葡萄酒人深思：我们要为世界奉献怎样独具魅力的中国葡萄酒，向全球展现中国葡萄酒产业的无限潜力与独特价值？

李　华

西北农林科技大学葡萄酒学院终身名誉院长

中国葡萄酒产业技术研究院院长

2025 年春于杨凌

前　言

随着全球葡萄酒消费市场的多元化发展，中国正逐步成为世界葡萄酒产业格局中的重要参与者。近年来，国内葡萄产业着力打造具有区域性乃至全国性的知名品牌，通过强化地理标志农产品品牌建设，推动地域特色农产品产业集聚发展，形成完整的产业链及规模优势。其中，宁夏贺兰山东麓产区以其独特风土条件跻身国际知名葡萄酒产区行列。然而，当前葡萄与葡萄酒专业教育中，营销理论教学与产业实践需求之间仍存在衔接不足的问题，尤其针对工科背景学生缺乏适配性强的学习载体。本教材基于葡萄酒行业特性与人才培养需求，系统构建从市场分析到营销策略的全链条知识体系，通过本土化案例解析与实训练习设计，为读者提供兼具专业深度与实践价值的行业指南。

本教材凝结了编写团队多年的教学实践与行业洞察，紧密围绕葡萄酒产业需求，全面涵盖市场分析、战略管理、营销策略等核心内容。全书通过本土化案例解读与实训练习设计，着力破解工科生营销知识迁移难题，为培养"技术+管理"复合型人才提供专业支撑。

在结构设计上，本教材遵循"认知—分析—应用"的教学逻辑，从基础理论、市场环境、管理战略到四大营销策略层层递进，延伸至国际营销实践，实现专业理论与产业场景的深度融合。在章节安排上，每章设置"知识目标、能力目标、价值目标"三维学习指引，通过"营销观察"和"营销启示"专栏呈现各章理解要点。章末配备"案例分析"等实训环节，强化知识应用能力。

本教材包含八章，由仇瑞负责统筹全书框架设计、统稿和定稿，编写团队具体分工如下：孟朝月，第一章、第六章；仇瑞和程梦琳，第二章、第四章、第五章；罗均梅，第三章；李欣隆，第七章、第八章。感谢张军翔、张言志、白天华、吕杨、林凌宇等编委老师对本教材顺利出版的辛勤付出和重要贡献。感谢丁冰、杨鑫、赵迪、刘天丽、毕萌、王晓莹、李发珍、徐翠丰、王雅楠、余晓霞、马玥等同学为此书成功付梓作出的努力和贡献。同时，感谢全体编委及为本教材出版作出努力的单位。

本教材得到宁夏大学葡萄与葡萄酒现代产业学院的大力支持。编写团队在成稿过程中参阅了国内外市场营销领域的经典著作与行业报告，力求将前沿理论与产业实践紧密结合。葡萄酒行业始终处于动态发展之中，书中内容虽经反复推敲，仍难免存在需完善之处，诚盼行业专家、教师同仁及广大读者提出宝贵意见。期待本教材能为葡萄酒专业人才培养和产业创新发展提供有益参考。

编　者

2025 年 3 月

《葡萄酒市场营销》教学课件索取单

凡使用本书作为授课教材的高校主讲教师，可获赠教学课件一份。欢迎通过以下两种方式之一与我们联系。

1. 关注微信公众号"科学 EDU"索取教学课件

扫码关注→"样书课件"→"科学教育平台"

2. 填写以下表格，扫描或拍照后发送至联系人邮箱

姓名：		职称：		职务：
手机：		邮箱：		学校及院系：
本门课程名称：			本门课程选课人数：	
您对本书的评价及修改建议：				

食品专业教材
最新目录

联系人：林梦阳 编辑　　电话：010-64030233　　邮箱：linmengyang@mail.sciencep.com

目　录

第一章 行业纵览：葡萄酒市场营销概述

【知识目标】

1. 掌握市场的基本概念和构成要素。
2. 理解市场营销的核心概念和作用。
3. 学习常见的市场营销理论。
4. 了解市场营销理论演变的历程。

【能力目标】

1. 掌握市场的主要功能和基本分类。
2. 学会运用市场营销的理论工具。
3. 分析葡萄酒市场营销的机遇与挑战。

【价值目标】

把握市场营销的基础知识和理论工具，并在基础知识上拓展思考。市场营销学历经多年发展，理论体系已较为完备且实用。但随着社会生产力的发展，现有的营销理论和思想也需要不断更新，在系统地学习营销管理的基础知识后，学生需要开阔思维，尝试丰富营销管理的内容，保持营销管理的与时俱进。

【思维脉络】

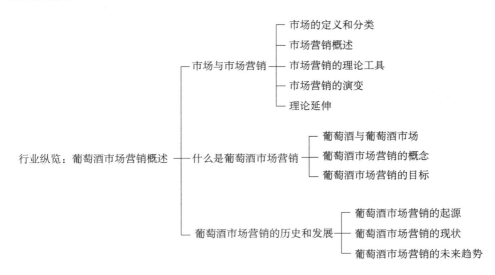

【营销观察】

产自勃艮第地区的罗曼尼·康帝（Domaine de La Romanée-Conti）是葡萄酒行业中负有盛名的品牌之一。该品牌的葡萄酒品质符合权威标准，被誉为"真正的奢华葡萄酒"。在销售方面，罗曼尼·康帝采取了高度有针对性的策略，并严格控制产量。购买者必须获得酒庄授予的购买权，这一措施旨在确保葡萄酒以"合理的价格"销售，并使其可以被葡萄酒的爱好者品鉴。实际上，酒庄每年只生产5000～6000瓶葡萄酒，这些葡萄酒的最终售价可能是初始价格的10～20倍。这使得罗曼尼·康帝成为葡萄酒世界中的稀有珍品。加之罗曼尼·康帝葡萄酒的生产历史悠久，具有世代传承的品牌荣誉和声誉，这种传统和历史使得罗曼尼·康帝具有较高的认可度和价值，也使得购买罗曼尼·康帝葡萄酒不仅是一种品味的享受，更是对这一品牌历史的追溯和尊重。

【营销启示】

市场营销对于葡萄酒行业来说至关重要，通过合理运用营销的策略和工具，葡萄酒企业可以在竞争激烈的市场中脱颖而出，吸引更多潜在消费者，提升品牌知名度并扩大市场份额。

【营销语录】

不要过度承诺，但要超值交付。

——戴尔公司董事长兼首席执行官　迈克尔·戴尔

那些能够赚大钱的人，都是懂得如何让别人赚钱的人。

——娃哈哈集团创始人　宗庆后

营销只有围绕消费者的注意力转，才能获得市场。

——小天鹅集团原副总裁　徐源

零增长不等于零需求。

——海尔集团创始人　张瑞敏

营销是没有专家的，唯一的专家是消费者，就是你只要能够打动消费者就行了。

——巨人集团董事长　史玉柱

【政策瞭望】

要坚持有效市场、有为政府的工作原则，坚持市场化、法治化，充分发挥市场在资源配置中的决定性作用，更好发挥政府作用，强化竞争政策基础地位，加快转变政府职能。建设全国统一大市场，必须发挥好有效市场和有为政府的作用，既要"有效市场"，又要"有为政府"。

——《以有效市场和有为政府推动全国统一大市场建设》

第1节　市场与市场营销

一、市场的定义和分类

1. 市场的定义

市场是商品经济的重要构成，不仅指商品流通与交换的物理场所，更代表了商品交换关系的总和，是商品经济发展的必然产物。什么是市场？市场是一个具有多种含义的概念。可以从以下角度来理解"市场"的内涵。

1）市场是商品交换的场所，即买卖双方发生交易活动的地方或地域。

2）市场是指对某种商品有需求的实际买家和潜在买家的总和。当人们说"北京的体育市场非常大"时不是指体育场馆的大小和数量，而是北京消费者对体育市场的巨大需求，存在许多实际买家和潜在买家。

3）市场是买卖双方力量的融合，是产品供需力量相互影响的总和。"买方市场"和"卖方市场"体现的是供求关系的相对强度，前者是指产品供应超过需求的情况，买方主导交易关系，产品价格往往很低；后者是指产品需求超过供应，卖方主导交易关系，产品价格通常高于正常范围。

4）市场是指产品流通领域，反映了商品流通的全局和交换关系的总和。这是"社会整体市场"的概念。商品流通是以货币为媒介的商品交换过程，涵盖两种相互对立、相互补充的产品形态变化："产品–货币（销售）"和"货币–产品（购买）"。

2. 市场的构成要素

从营销角度看，市场是具有特定需要和欲望，并且愿意通过交换来满足这些需要和欲望的全部顾客。由此，市场=人口+购买力+购买欲望。

人口是构成市场的基本因素。衡量市场规模的首要条件是评估一个国家和地区的人口规模。购买力是个体用货币换取所需商品或服务的能力，受个体收入制约。购买欲望则是驱动个体购物的内在动机，它将潜在的购买力转化为实际消费行为。上述三个要素相互制约，有机地形成了市场。

3. 市场的功能

市场作为商品交换的场域，主要具备如下五种功能。

（1）**交换功能**　　市场的核心在于实现商品交换，实现商品所有者和货币所有者之间的权益转移，确保商品最终抵达消费者手中，进而满足买卖双方的需求。

（2）**价值实现功能**　　商品价值虽在生产中创造，却需通过市场交换实现。生产者追求价值实现，消费者则追求使用价值满足。市场的价值实现功能正是这一过程的桥梁，有效促进生产者与消费者各自目标的达成。

（3）**供给功能**　　市场不仅负责商品运输与储存，还是确保商品交换顺利进行的关键环节，对实现商品交换功能至关重要。由于商品的生产和消费在时间、空间上存在着较大分离，商品从生产者手中转移到消费者手中，要经过多次转手或停顿的购销活动才能完成。因此，商品的运输和储存必不可少。

（4）**服务功能**　　为保证交换和供给功能的顺利进行，市场还承载着重要的服务功能。例如，银行起着筹集和投放企业资金、调剂社会资金余缺的作用；咨询起着收集、预测市场信息，沟通情报，传达行情的作用；保险起着承担各种商务风险和安全保护的作用。

（5）**调节功能**　　市场是洞察商品供求变化的窗口，它能迅速传递信息，精准匹配生产与消费、供给与需求，自发调节交易双方的利益。例如，生产者可以根据市场反馈的信息，灵活调整生产结构和商品结构，优化技术，降低成本，丰富品种，提升质量，以应对瞬息万变的市场需求。

4. 市场类型

按照不同的标准，市场可以被划分为不同的类型。表 1-1 列出了几种主要的划分方式，需要说明的是，不同的划分标准可以交叉使用，如可以按照市场竞争强度对零售市场做进一步划分。

表 1-1　市场的分类

划分标准	市场类型	内涵特征
按商品流通的区域	国际市场	指外国市场，即所有允许本国公司在本国以外做生意的场所。国际市场可按照不同的国家再进行划分。由于社会形态、地理位置、自然环境、科技实力、风俗习惯等差异，国际市场的结构非常复杂
	国内市场	指国内公司经营的主要市场。国内市场可再细分为城市市场和农村市场、当地市场和异地市场、沿海市场和内陆市场
按商品流通方式	批发市场	指批发企业从生产企业购买产品，然后将产品销售给零售企业采购、调拨和批发的市场
	零售市场	指将商品和服务直接供应于客户的市场
按市场竞争程度	完全竞争市场	若市场完全具备以下六个条件：①市场上有许多卖家和买家，他们交易的产品只占产品总数的一小部分；②他们交易相同的产品；③新卖家可以随意进入市场；④卖方和买方彻底掌握市场信息，特别是市场价格波动的信息；⑤生产要素在各行业之间具有真正的流通性；⑥所有卖方销售的产品标准（如运输、包装、服务标准等）相同。则这类市场称为完全竞争市场。在完全竞争市场中，企业须按市场价格销售产品，买卖双方对市场价格影响有限
	垄断竞争市场	垄断竞争市场是介于完全竞争市场与纯粹垄断市场之间的市场形态，兼具垄断与竞争特征。市场中卖家与买家众多，但各自提供的产品和服务存在差异性。一些一般品牌的产品，虽然实际上没有明显的区别，但消费者受广告、宣传、商品包装的影响，在主观上认为它们有差异，因而有所偏好，愿意花不同数额的钱购买
	寡头竞争市场	若一个行业只有少数大企业（大卖方），他们生产和销售的某些商品占这些产品总产值和市场销售总数的绝大比例，那它们之间的竞争就是寡头竞争
	纯粹垄断市场	指某一产品在一个行业的生产和销售，由卖方独家经营和控制。纯粹垄断市场有两种：一种是政府垄断，即政府独家经营的项目；二是私营垄断，即私人企业控制的业务
按购买者的市场需求	消费品市场	消费品指满足人民生活消费的各类产品。从事消费品经营，满足用户个人或家庭生活需求的经济活动领域称为消费品市场
	生产资料市场	生产资料指生产过程中所需的劳动工具和对象，从事生产资料经营的场所叫生产资料市场，旨在满足生产活动需求

二、市场营销概述

1. 市场营销的定义

（1）市场营销学　　市场营销学于 20 世纪初创建于美国，19 世纪末 20 世纪初的美国从自由资本主义过渡到垄断资本主义，社会环境巨变，工业生产迅速发展，市场规模日益扩大，人们对于市场的认识发生了巨大的变化。这些变化促使了市场营销学的产生。后来市场营销学陆续传到欧洲、日本等地，并在实践中不断完善

市场营销学认为，公司的利润目标和其他目标能否实现，公司能否在残酷竞争的市场中求得生存和发展，最终都取决于消费者是否购买该企业的产品。因此，市场营销学的全部研

究都是在动态的环境下以满足消费者需求、产品适销对路、扩大市场销售为中心而展开的，并为此提供理论、思路和方法。

（2）市场营销管理　　市场营销管理旨在通过创造、建立和保障与目标市场的互利交换关系来实现企业目标，内容包括对营销方案进行全方位的分析、规划、实施与监控。市场营销管理的基本任务就是调整市场需求的水平、时间和特点，确保供需匹配，从而达成互利交换，实现组织的目标。市场上的需求是多变的，需要依据不同的需求情况实施不同的市场营销管理，具体如表 1-2 所示。

表 1-2　市场需求状况与市场营销管理（引自周立华等，2009）

市场需求情况	市场营销管理任务	市场营销管理类型	改变后市场需求状况
负需求	改变营销	扭转性营销	正需求
无需求	刺激营销	刺激性营销	有需求
潜在需求	开发营销	开发性营销	实际需求
下降需求	再营销	恢复性营销	恢复需求
不规则需求	调节营销	同步性营销	适应需求
充分需求	保持营销	传统性营销	传统需求
过量需求	低营销	限制性营销	降低需求
有害需求	反营销	抵制性营销	消失需求

2. 市场营销的核心概念

（1）需要、需求和欲望　　市场营销的核心在于理解并满足人的需要（need）。需要是人类与生俱来的本能，也是人类经济活动的起点。人的需要是一个非常复杂的体系，心理学家马斯洛（A. H. Maslow）将其分解为五个层次，分别是：生理需要；安全需要；社交需要；尊重需要；自我实现需要。人们只有先满足前一层次的需要，才会去追求下一层次的需要。

欲望（want）指的是人们为了满足需要所渴望的"特定方式"或"特定物"，其形成会受到文化和个性因素的影响。例如，美国人饥饿时会想到汉堡、炸鸡，而中国人也许会想到馒头、米饭或者面条。市场营销虽无法创造需求，但能通过多元手段激发人们的欲望，并研发、销售特定服务或产品以满足这些欲望。

当消费者有支付能力时，欲望就转化为需求（demand）。人的欲望的满足会受到他所拥有的财富的约束，所以消费者必须在购买力范围内选择满足自己的欲望最合适的产品。在这种情况下，欲望变成需求。因而，营销的关键任务之一在于识别消费者的购买力层次，并据此提供相匹配的产品，以最大化满足其需求。

（2）产品、效用、价值、满意　　广义来说，产品（product）是指任何一个能满足人的需求和欲望的"有形体"实物或"无形体"服务。产品能否获得，以及能在多大程度上获得消费者喜爱，取决于产品与顾客的欲望的吻合程度。

效用是消费者对产品满足其需求能力的心理估价，体现产品满足欲望的能力，源于个人的主观感受和评价。

顾客价值是指顾客从拥有和使用某产品中所获得的价值与为此所付出的成本之差。例如，某人为解决上班的交通需要，他会对可能满足这种需要的产品选择组合（如自行车、公交车、出租车等）和他的需要组合（如速度、安全、方便、舒适、经济等）进行综合评价，以决定哪一种产品能提供最大的总满足。假如他更看重速度和舒适感，也许会考虑购买汽车。但是，汽车购买与使用的费用要比自行车高许多，购买汽车会产生放弃其他产品（服务）带来的机会成本。因此，他将全面衡量产品的价格和效用，选择能给自己带来最大效用的产品。

顾客满意取决于消费者认为的某一件产品的效用与期望值的比较结果。如果效用低于期望值，购买者则不会感到满意；如果效用符合期望，购买者就会感到满意；如果效用超过期望值，购买者便会感到惊喜。

顾客让渡价值是指企业转移的，顾客感受得到的实际价值。表现为顾客购买总价值与顾客购买总成本之差。其中，顾客购买总价值是产品价值、服务价值、人员价值和形象价值等因素的函数；顾客购买总成本是货币成本、时间成本、精力成本等因素的函数，见图1-1。企业可通过提高顾客购买总价值或降低顾客购买总成本，来提高顾客让渡价值，从而提高顾客满意度。

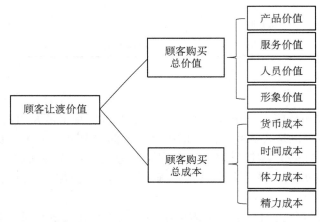

图1-1　顾客让渡价值示意图（引自白玉苓，2018）

（3）交换、交易与关系　　交换（exchange）是市场营销理论的中心。如果只是单纯提供产品来满足需要，而不涉及买卖交易式的交换行为，这并不是完整的市场营销活动。尽管人类有多种方式满足需求或欲望，如自产自用（靠打猎、耕种而自给自足）、强取豪夺（偷盗或打劫）、乞讨（乞讨要钱）、交换（买卖）等。但唯有"交换"真正契合市场营销的基本精神。

交易（transaction）是交换活动的基本单元，是由双方之间的价值交换所构成的，它以货币为媒介。交换可以不以货币为媒介，如物物交换。

关系（relationship）是指因交换或交易活动的开展而在买卖双方之间产生的相互作用和相互影响的状态。关系产生于交换或交易活动之中，但又可以独立地存在，买卖双方关系的持续维持可以推动后续交换或交易的产生。

（4）市场与市场营销　　市场营销学家菲利普·科特勒（Philip Kotler）将市场（market）定义为："市场是由所有潜在客户组成的。这些客户具有一个共同的特殊需求和欲望，并愿意和有能力进行交换以满足这种需求和欲望。"在这个定义中，市场已超越单纯商品交换场所的范畴，它是一群具备需求、购买力及交易意愿的个体集合。

市场营销是指企业为了获得利益回报，而为顾客创造价值并与之建立稳固关系的过程。这个过程主要包括五个阶段：①市场调研；②产品开发；③定价、渠道、促销；④销售；⑤售后工作。由此来看，营销是一个系统性工作，绝不仅仅是销售这么简单。当没有①②③⑤，只剩下了④，营销就变成了推销。因此管理学大师彼得·德鲁克（Peter F. Drucker）才说："营销的目的就是使推销变得多余。"

（5）市场营销者 市场营销者是指希望从别人那里取得资源并愿意以某种有价之物作为交换的人。在交换中，更主动积极寻求交易的一方为市场营销者，而相对被动的一方为潜在顾客。市场营销者既可以是卖家，也可以是买家。当多个买家竞相购买市场上的稀缺产品时，他们都在积极展开市场营销活动。若买卖双方均积极寻求交换，则双方均为市场营销者。

3. 市场营销的作用

市场营销是企业战略的重要构成，对企业发展至关重要，其重要性主要体现在如下几个方面。

1）帮助企业增加销售额。当企业销售额下降时，面对日益萎缩的市场规模，企业领导者会面临越来越大的压力。在这种危急时刻，营销很有可能会帮助企业扭转局面。例如，随着互联网的发展，通信方式发生了翻天覆地的变化，这使得邮局的效益骤降。面对不断缩小的市场空间，邮局改变市场营销理念，扩大新业务（如增加第三方物流、设立金融业务、代理保险业务等）、改善服务质量，以及强化传统业务（如加强报刊发行业务）来遏制业务量下滑，并使自己拥有新的生存空间。

2）帮助企业寻求新的市场。对于那些增长趋缓甚至达到极限的企业，寻找或开拓新市场是必要的选择。市场营销帮助企业清晰地识别、分析和选择新的市场机会，抓住机遇，开辟新的发展空间。例如，重庆的摩托制造业由于受到国家宏观调控等综合因素的严重影响，已经临近增长曲线的顶端，增长难度很大。为了寻求更大的发展，企业必须走出摩托车行业，创造新的世界。因此，重庆主要摩托车制造企业都看到了汽车市场的"新世界"，选择生产微型汽车，进入汽车制造业。

3）帮助企业更好地应对竞争。市场营销能助力企业找到适合的竞争对策，从而应对市场中的激烈竞争。随着改革开放的逐步推进，中国电信行业逐渐开放，这导致越来越多的竞争对手加入，电信市场的竞争越来越激烈。为了应对这种情况，电信企业只能学习和应用市场营销知识，增加电信产品类型，提高服务水平，降低价格，进行大量促销，以确保更好地生存和发展。

4）让企业更好地开展创新活动。市场营销是企业连接市场的主要桥梁，市场营销可以帮助企业捕捉顾客的显性需求和潜在需求，进而基于这些需求开展创新，从而大幅提升创新的成功概率，在新产品导入市场过程中，也更容易被顾客接受，节省不必要的推广成本。

三、市场营销的理论工具（STP、4P和4C）

1. STP理论

STP理论是市场营销的核心理论之一，其中S代表市场细分（segmenting），T代表目标市场选择（targeting），P代表产品定位（positioning）。市场细分是目标市场选择和产品定位的前提，目标市场选择和产品定位是市场细分的结果。

（1）市场细分　　市场细分是企业依据消费者需求、购买意愿、购买习惯和行为，将整体市场划分为多个购买者群体的过程。因消费者对同一商品的期望各异，企业需通过市场调研来洞察消费者需求。例如，元气森林（北京）食品科技集团有限公司的研究人员注意到，在碳酸饮料市场，消费者还存在健康的需求，于是就推出"元气森林"系列产品，主打"0糖0脂0卡"，产品一经上市，就备受消费者青睐。

（2）目标市场选择　　目标市场选择就是根据市场细分的结果，结合企业的实际情况选择一个或者一个以上的细分市场进入。企业需要选择的是那些需求尚未得到满足而自身有能力满足这些需求的细分市场。例如，日常使用的洗衣粉，除了清洁力，消费者还期望其价格亲民、具备漂白效果、使丝织物柔软、散发清新香气、有泡沫和无泡沫等。因此，洗衣粉市场实则是多个细分市场的集合。宝洁公司为满足不同的需求，开发出9款洗衣粉产品，帮助其占据美国市场超过55%的洗衣粉市场份额。

（3）产品定位　　定位是随着市场竞争的加剧而产生的概念，定位的目的在于在顾客心里塑造出差异化。通俗来讲就是要将产品在潜在顾客脑袋中确定一个合适的位置，当消费者产生某种需求时，首先考虑该产品。定位不改变定位对象，而是在其心中占据合适的位置。

2. 4P理论

（1）基本概念　　市场营销活动中企业可以控制的变数有很多，这些变数可大致归为四类：产品（product）、定价（price）、渠道（place）、促销（promotion），即4P。

（2）产品（product）　　产品是能够提供给市场并引起消费者的注意，让人们获取、使用或消费，从而满足人们某种欲望或者需求的一切东西。现代市场营销理论通过"五大顾客价值层次"来阐述产品的内涵。

产品是4P理论中的核心，产品策略会影响到商品的定价、产品的分销渠道及商品的促销策略。例如，产品的功能和质量会影响产品的定价；产品的保质期和保存条件会影响产品的分销渠道；产品的类型（快消品和奢侈品）会影响促销策略。

（3）定价（price）　　通俗来说，定价就是企业为自身产品或服务确定一个价格。价格是多种因素综合影响产生的结果，主要包括产品成本、市场需求、竞争状况和其他因素四个方面的影响因素。为保证营销效果和收益的最佳，市场营销中的定价策略不仅涉及价格的确定，还包括价格的变更。例如，许多葡萄酒品牌都会选在节假日开展打折促销活动，以提高销量。

（4）渠道（place）　　爱德华·肯迪夫（Edward W. Candiff）和理查德·斯蒂尔（Richard R. Still）认为，渠道是指当产品从生产者向最终消费者移动时，直接或间接转移所有权经过的途径。菲利普·科特勒则认为渠道是指货物或劳务从生产者向消费者转移过程中，涉及的所有权转移或协助转移的所有企业和个人。因此，渠道主要包括商业中间商（取得所有权）、代理中间商（帮助转移所有权）、生产者和最终消费者。

（5）**促销（promotion）** 为了促进消费者了解并购买企业的产品，企业需要使用多种有效的方法和手段，这个过程就是促销。促销是企业市场营销策略的重要组成部分，企业主要通过人员推销、广告、营业推广、公共关系等活动来促销。

3. 4C 理论

4C 理论由美国市场营销学家、北卡罗来纳大学教授劳特朋（Lauterborn）提出，具体指顾客（consumer）、成本（cost）、便利（convenience）和沟通（communication）。劳特朋教授强调用 4C 营销组合取代以追求利润最大化为目的的 4P 营销组合。

（1）**从"产品"转变到"顾客"** 强调企业从顾客需求和利益出发，生产满足消费者需要的产品价值。因此，"产品"转变到"顾客"背后的逻辑是消费者通过商品消费获取价值。顾客策略强调企业不仅关心产品的功能如何、质量如何、包装如何，而且还要考虑产品是否真的能给顾客带来价值。

（2）**从"价格"转变到"成本"** 企业以顾客为满足需求所愿付出的成本为依据来制定商品价格，而非单纯从企业追求利润的角度出发。从 4P 的"价格"到 4C 的"成本"的转变，简单来说就是企业要"忘掉价格，考虑消费者为满足需求而愿意支付多少"。

（3）**从"渠道"转变到"便利"** 便利指企业根据顾客购买商品的方便程度来构建企业的商品分销渠道，而不是从企业销售商品的方便程度。从 4P 的"渠道"到 4C 的"便利"的转变，体现的是企业构建分销渠道的出发点的变化。

（4）**从"促销"转变到"沟通"** 沟通是指企业与顾客之间双向的、互动的信息交流。而传统促销仅能体现企业向顾客的单向信息传递，忽略了顾客的反馈。因此，沟通策略主张"摒弃单向促销，注重双向沟通"。

四、市场营销的演变

（1）**营销 1.0 时代** 营销 1.0 时代是以产品为中心的营销，体现的是生产观念、产品观念、推销观念，即无论生产何种产品，广告公司都会设计出产品的独特卖点（unique selling point，USP），再采用合适的手段，如广告、人员促销等，产品就能够很快被消费者一扫而光。这个时代的思想是典型的以卖方为中心，忽略消费者的不同需求。在这种情况下，企业会不断扩大规模、降低成本，期望利用低价格刺激消费。最典型的例子莫过于福特提出"无论你需要什么颜色的汽车，福特只有黑色的"。

（2）**营销 2.0 时代** 营销 2.0 时代，即以消费者为中心的营销时代，体现的是营销理念，在这个时代消费者更容易获取产品和服务的信息，习惯对产品进行比较，进而选择最适合的产品。针对这一变化，企业最主要做的就是对市场进行细分、选择合适的目标市场、对产品进行定位。典型的例子是宝洁公司针对市场不同的洗护需求，开发了一系列的洗发产品，如主打"柔顺"的飘柔，主打"养护"的潘婷，主打"去屑"的海飞丝等。

（3）**营销 3.0 时代** 营销 3.0 时代的来临，标志着价值驱动营销新时代的崛起。与营销 2.0 时代一样，营销 3.0 同样致力于满足消费者的需求。然而，新时代下，企业应视消费

者为拥有独立思想、情感和精神的完整个体，而非单纯的消费群体。营销3.0将营销理念提升至新高度，深入关注人类期望、价值与精神层面，消费者每一需求与期望均不容忽视。如今，营销观念已演进为社会营销观念，强调企业与社会的和谐共生。科特勒指出在当今世界，消费者越来越关心环境破坏、资源损耗等问题，因此他们迫切地想要寻找出那些有使命感、远景规划和价值观的企业，希望这些企业能够帮助解决内心牵挂的问题。

（4）**营销 4.0 时代**　　营销4.0由菲利普·科特勒提出，即自我价值的营销。在物质极度丰富的今天，马斯洛需求层次中底层的四层需求几乎都能满足，但顾客自我实现并不能够轻易地达成，营销4.0正是要解决这一问题。随着科技的不断进步，客户能够更全面地掌握满足其需求的产品和服务的相关信息，但是能够满足某种需求的商品通常不止一种，消费者可能很难做出抉择，因此消费者可能想与有相同需求的人沟通，而互联网的发展使得这一愿望能够轻易实现，于是社交媒体、客户社群应运而生。在客户间及客户与企业间的持续交流中，移动互联网与物联网所催生的"连接红利"使得消费者行为与轨迹变得可追溯，进而产生了海量的行为数据。这些数据背后蕴藏着众多与客户接触的潜在连接点。营销4.0时代的核心挑战在于深刻洞察并满足连接点背后的需求，帮助客户实现自我价值。新时代营销以价值观、连接、大数据、社区及新一代分析技术为基石，构建精准高效的营销体系。

（5）**营销 5.0 时代**　　营销5.0是在消费者代沟、贫富两极化和数字鸿沟这三大社会问题的背景下出现的。人类社会第一次出现五个世代的消费者共存，他们的价值观、消费偏好和行为习惯各异。营销5.0的核心在于运用类人技术，贯穿于消费者体验全程，以创造、传播、交付并提升价值。在营销5.0中，下一代技术扮演了举足轻重的角色，它们具备模拟营销人员行为的能力，涵盖人工智能、自然语言处理、传感器、机器人、增强现实（AR）、虚拟现实（VR）、物联网和区块链等前沿技术。这些技术的融合为营销5.0提供了强大的助力。同时，营销5.0还积极应用自然语言处理、传感器和机器人等人工智能技术，以辅助营销人员完成客户服务等任务。营销5.0的核心仍以人为本，借助下一代技术，使营销人员更精准地创造、传播、交付并提升消费者体验中的价值。因此，企业需要在人工服务与计算机智能之间找到平衡点，实现二者的和谐共生。

五、理论延伸

随着时代与科技的进步，市场营销既面对威胁又有机会出现，消费者升级、新零售、数字化等给企业的市场营销及市场营销学带来发展的机遇和挑战。

1. 新零售

近几年来，电子商务的爆发式增长，大量传统的零售商转型成为电商，但近两年随着消费升级，电子商务越来越不能够满足消费者在产品、物流、售后服务方面的需求，而线上与线下结合的O2O模式被越来越多人所接受。2016年马云提出的新零售概念，是指线上、线下、数据及物流结合，打造新的零售体系。在新零售环境下，纯零售及纯电商的形态会消失。新零售模式的优势并非仅限于它使企业获得了线上线下的销售渠道，它还能够让企业对用户的数据进行搜集和分析，描绘出清晰的用户画像。

新零售给企业市场营销带来了机遇。一是企业能够有效提高企业和品牌的知名度。二是通过与物流的结合，商品能够快速转移到最终消费者手中，让企业生产、流通产品的成本尽快收回，还能够刺激消费者的购买欲望。

首先，对传统的零售商企业来说，尽快实现新零售转型除了要注意线上线下相结合，还需要提供种类丰富、样品齐全的商品，让消费者能够在较短的时间内购买到需要的东西；其次，很多零售企业千店一面、千店同品，应当有自己的特色吸引消费者的注意；最后，传统的企业应该要进行管理创新，这就要求企业将组织结构扁平化，将权力下放给各个门店，并鼓励各个门店的店长进行创新，此外还要建立起一套快速反应机制，提高企业的经营效率。

2. 数字化给市场营销带来的挑战和机遇

为了提高消费者的购买率，迎合数字化时代的发展，很多企业进行数字化转型，有些企业实施数字化营销策略来满足消费者的需求，数字化营销使营销活动中的产品策略、定价策略、分销策略，以及促销策略、市场细分、选择目标市场等营销内容都发生了很大的变化。比如，随着数字化与分销策略的结合，快递、外卖等行业便慢慢兴起且不断发展壮大。而对于市场营销中促销方面来说，数字化使得促销手段更加多样化，如直播带货的出现。数字化给企业带来的机遇体现在提高企业知名度、产品的销售量，更便捷地获得消费者需求和竞争者的相关信息等方面。

然而数字化也给企业带来很大的挑战：首先，数字化使消费者的需求不断改变，由于资源、能力等的影响企业难以满足其需求；其次，数字化使得消费者能够掌握更多关于产品价格、性能的信息，使企业面临更大的竞争压力；最后，数字化使得消费者能够选择的商品种类、数量增多，企业难以引起消费者的注意。

第 2 节　什么是葡萄酒市场营销

一、葡萄酒与葡萄酒市场

1. 葡萄酒和葡萄酒产品

根据国家标准《葡萄酒》（GB/T 15037—2006）对葡萄酒的定义，葡萄酒是以新鲜葡萄或葡萄汁为原料，经发酵制得、含有一定酒精度的酒品。根据颜色，葡萄酒主要可分为红葡萄酒、白葡萄酒和桃红葡萄酒三种。

葡萄酒的历史可追溯至万年前的安纳托利亚和南高加索地区，人们发现了大量一万年前葡萄种子的遗迹。据研究，当时葡萄种植主要用于两个目的，即生食和用葡萄汁酿酒。历史学家推测，约公元前 6000 年，古波斯地区（即现在的伊朗一带）的古代居民已经开始酿造葡萄酒。葡萄最早栽培于南高加索、中亚和西亚，约 7000 年前，经战争与移民传播，扩展至埃及、希腊等地。考古学家自尼罗河河谷的古墓葬中挖掘出一口土陶罐，上部颈口较大用于盛装液体，多次考证后确定其曾用于古埃及人存放葡萄酒或油。更引人注目的还有一块浮雕，生动描绘了 5000 多年前的古埃及人如何栽培、采收葡萄，以及葡萄酒酿制的过程，甚至还有人们饮用葡萄酒的画面。此外，考古学家发现了一口酒壶，考证结果显示它出自古埃及王国时代，壶上刻有"伊尔普"字样（埃及语中意为葡萄酒）。这些发现被普遍认为标志

着葡萄种植和葡萄酒产业的起源。

最新考古证据表明，中国是世界上最早酿造葡萄酒的国家，拥有深厚的葡萄栽培历史和灿烂的葡萄酒文化。据《史记·大宛列传》记载，公元前119年张骞出使西域期间，将葡萄带入中国。通常认为，公元前140至前88年，即汉武帝时期是中国葡萄和葡萄酒产业的开端。到了东汉和盛唐时期，达官贵人才能饮用葡萄酒，那个时代的葡萄酒价格昂贵，属于奢侈品，平民百姓是饮用不起的。唐朝是我国葡萄酒酿造史上的辉煌时期，宫廷民间皆盛行酿酒。尽管中国葡萄种植史可追溯至西汉，但葡萄酒的现代化、标准化及工业化酿造，则始于1892年清末张弼士创办的张裕酿酒公司，这标志着近代中国葡萄酒产业化的开始，因此普遍认为1892年是中国近代葡萄酒元年（图1-2）。

图1-2　中国首个工业化生产葡萄酒厂——张裕酿酒公司（来源：张裕官网）

新中国成立之前，由于连年战乱不断，动荡的社会环境极大地影响了中国葡萄酒产业的发展。1949年后，中国葡萄酒市场经历了不断发展和变化的过程。1949～1978年期间，市场经济受到限制，葡萄酒市场发展较为缓慢。国内葡萄酒的产量不高，大多数消费者对葡萄酒还不够了解，市场规模相对较小。进入1979年后，中国对外开放程度有所提高。这一时期，中国葡萄酒市场开始引入国外的葡萄酒品牌，进口葡萄酒的销售量逐渐增加，消费者对葡萄酒的认知和需求开始增加。1990～2000年，中国葡萄酒产业进入了一个蓬勃发展的时期，政府鼓励农民发展葡萄种植业，葡萄酒生产区逐渐扩大，国内一些知名的葡萄酒企业也开始崛起，推动了国内葡萄酒市场的发展。从2010年起，中国葡萄酒市场得到了极大的发展。国内葡萄酒企业在品牌建设、品质提升、营销推广等方面取得了显著的成绩，国产葡萄酒开始受到更多消费者的青睐。此外，中国消费者对于葡萄酒的认知和品味也有了显著提高，进一步推动了市场的快速增长。

2. 葡萄酒市场的定义

根据市场营销学中对于"市场"一词的定义，可对"葡萄酒市场"做出如下的界定：广义上来说，葡萄酒市场是指所有与葡萄酒产品相关的市场活动，包括生产、销售、推广、分销、消费等环节，以及与葡萄酒相关的产业链上的各个参与方，包括葡萄种植户、酿酒厂、葡萄酒贸易商及零售商等。狭义上来说，葡萄酒市场是指对葡萄酒产品感兴趣并具有购买力的一群潜在消费者，他们通过购买、消费和交流等方式来满足对葡萄酒的需求和欲望的场所。葡萄酒市场特点包括消费者对品质、口味、品牌及产地的偏好，以及对生产、销售、推广和消费方式的规范要求。

3. 葡萄酒市场的构成要素

葡萄酒市场的构成要素可以分为以下几个方面。

1）需求：主要由消费者对葡萄酒产品的需求和欲望组成，包括对葡萄酒类型、风味、品牌、产地等方面的需求特点。市场营销需要通过市场调研和分析，了解消费者对不同类型和特性的葡萄酒的偏好和需求。

2）供给：葡萄酒市场的供给方包括葡萄种植户、酿酒厂、葡萄酒贸易商、零售商、餐厅和酒吧等。这些供给方提供不同品牌、不同产地、不同价格段的葡萄酒产品，满足市场需求。市场营销需要了解供给方的特点、产品质量和品牌形象，以确定合适的营销策略。

3）买方：葡萄酒市场的买家是具有购买力且有意向购买葡萄酒产品的消费者。他们可以是个人消费者、餐厅、酒吧等商业客户。市场营销需要确定目标消费者群体，并了解他们的特征、行为和需求，以便针对性地开展营销活动。

4）竞争者：葡萄酒市场中存在着来自同一产地或不同产地的其他供给方，也存在来自相同或相似品牌的竞争者。

5）营销环境：葡萄酒市场受到经济状况、法律法规、消费者文化背景等外部环境的影响。例如，不同国家对葡萄酒进口的税收和法规要求可能存在差异，消费者的饮酒习惯和文化观念也会影响市场需求。

4. 葡萄酒市场的分类

葡萄酒种类极多，整个行业具有分散化和多样化的特点，全球葡萄酒生产商成千上万，所生产的葡萄酒种类也呈现多样化的特点。一般来讲，市场细分存在两个不同的切入点，即供应角度（产品）和需求角度（消费者）。

1）从供应角度来看，可以根据产品的不同特征进行市场细分。主要的决定因素包括以下几点。

产地：国家、地区、原产地命名保护，以及与质量相关的普遍性规则，这种规则同时也是质量和（或）特殊性的保证；容器：散装或盒装，塑料瓶装或玻璃瓶装，不同形状、尺寸的酒瓶；颜色：红、桃红、白；性质：干型葡萄酒、甜型葡萄酒、起泡葡萄酒等；外观（对于同一种颜色的酒来说）；葡萄品种（存在上百种）；酿造方法：是否有木桶味、是否加硫。

2）从需求角度来看，全球消费者的多样性同样使市场细分工作变得十分困难。主要的决定因素包括以下几点。

国籍；社会人口概况（同一国家）：年龄、收入、职业等；消费者期待：对葡萄酒的态度和期许（通过实验经济学的调查或模拟来确定）；知识水平和购买频率：葡萄酒是一种需要消费者不断学习和丰富学识的产品，可以将消费者分为新手、偶尔买酒的人、业余爱好者

和行家（鉴赏家）。

　　全面的市场细分将上面提及的供应和需求的决定因素同时纳入考量。结果的复杂性很可能导致市场细分不明晰或不具备操作性。因此，有些学者强调市场细分一元标准的重要性，并通过援引 2003 年荷兰合作银行的报告，提议以葡萄酒价格为基础对市场进行细分，如表 1-3 显示了按照葡萄酒价格进行市场细分研究的结果。

表 1-3　葡萄酒市场的细分——以价格为基础

葡萄酒等级	安永会计师事务所（2001 年）	荷兰合作银行（2003 年）
顶级（icon）	>23.00 欧元	>150 欧元
超优质（ultra premium）	9.20～23.00 欧元	14～150 欧元
高级优质（super premium）	4.60～9.20 欧元	7～14 欧元
中级优质（premium）	2.50～4.60 欧元	5～7 欧元
一般优质（popular premium）	1.20～2.50 欧元	3～5 欧元
基本（basic）	<1.20 欧元	<3 欧元

　　这种以价格为基础进行的市场细分可以区分葡萄酒的等级。从表 1-3 可以看出，不同的葡萄酒等级存在明显的价格差异。

5. 中国葡萄酒市场的特点

　　（1）市场竞争激烈　　国内葡萄酒市场处于成长期前期，竞争激烈。同时，由于国内葡萄酒市场的竞争结构，以及国外优质葡萄酒的进入和巨大冲击，在未来的一段时期内，我国葡萄酒产业将面临新一轮大规模的调整和整合，部分企业将被兼并甚至淘汰。这个时期是葡萄酒市场注重质量、个性、品牌协同发展的阶段。

　　（2）品牌竞争力大幅提升　　其一，品牌质量意识增强，多数企业开始注重品牌形象的塑造和宣传推广，形成了一批优秀的品牌，如张裕、王朝、长城等驰名商标。张裕引领的"酒庄模式"为中国葡萄酒产业发展注入了新思维，提供了新模式。其二，注重葡萄酒产品个性与质量的提升。中国已成为全球第五大葡萄酒生产国，但是，葡萄酒产品呈现出很大的同质性，基本上没有差别。随着市场竞争白热化，国内葡萄酒开始积极寻求拓展的空间和机遇，更加注重葡萄酒的质量和个性。并且从根源上寻求突破，注重葡萄园的基地占有和建设，为生产出优质个性化的极品葡萄酒提供原材料供应基础。其三，国内葡萄酒企业注重资本匹配、人才培养、市场营销组合、集约化、文化培育等竞争手段的综合利用，提升了企业整体运营能力和市场竞争能力。

　　（3）市场分层明显　　首先，葡萄酒在产品结构上发生了变化，高端产品的销售受到很大影响，中低端产品的销售则逐步增加。其次，葡萄酒的市场销售份额出现了两极分化。在整个行业大幅增长的时期，几乎每个企业都有收益，而在市场销售受阻的情况下，不少企业面临着很大的压力，但是也有部分企业的销售出现回升，甚至有的企业的销售出现大幅增长的情况。最后，葡萄酒产品呈现个性化与区域适应性。经过多年的不懈努力，个性化产品开始逐渐崭露头角。尤其是由小众葡萄品种酿制的产品已经展现出对产区的良好适应性，并初步呈现出独特的辨识度。

二、葡萄酒市场营销的概念

1. 葡萄酒市场营销的定义

葡萄酒市场营销指在葡萄酒产业中，利用市场营销原理和策略，通过对目标市场和消费者的深入研究，以实现销售增长、品牌建立和市场份额提升为目标的一系列活动。包括产品定位、目标市场选择、市场细分、竞争分析、市场调研、市场定位、品牌策略、产品开发、渠道管理、定价策略、促销活动、销售管理等方面。

2. 葡萄酒市场营销的核心概念

根据前述市场营销的相关理论，葡萄酒市场营销的核心概念主要包括以下四个方面。

（1）需要、需求和欲望 葡萄酒市场营销的核心是理解和满足消费者的需要、需求和欲望，其中包括了解消费者对葡萄酒的口味偏好、购买习惯、价格敏感度，以及对品牌和文化的认同等方面。通过满足消费者需求，提供高质量的葡萄酒产品，使消费者在享受葡萄酒的过程中感到满意。

（2）产品、价值和满意 产品是指葡萄酒的特点、品质和种类等属性。葡萄酒作为一种独特的饮品，其口感、香气和产地文化都是产品的重要组成部分。葡萄酒营销需要强调产品的差异化和独特性，突出不同葡萄品种、产地和酿造工艺的优势，满足消费者对多样性和品质的需求。

价值是指葡萄酒所带来的实用和情感上的价值。葡萄酒在消费者心目中既有实用价值，如与食物搭配的享受；也有情感价值，如与家人朋友一起分享的愉悦和社交场合的独特氛围。葡萄酒营销需要传递产品的价值，通过讲述葡萄酒的故事、人文背景和文化内涵，打造品牌的情感连接和消费者认同感。

满意是指消费者对于葡萄酒的满意程度和体验。葡萄酒营销需要关注消费者的需求和偏好，提供个性化的产品选择和服务体验，以提升消费者的满意度。通过产品的品质保障、良好的售后服务和与消费者的良好互动，建立消费者忠诚度和口碑推广，实现葡萄酒品牌的长期发展。

（3）交换、交易与关系 交换是指葡萄酒营销中的价值交换过程。葡萄酒生产商通过向消费者提供高质量的葡萄酒产品，获得消费者的货币交换。

交易是指葡萄酒营销中的买卖过程。葡萄酒生产商和消费者之间进行买卖交易，实现经济利益的交换。葡萄酒企业通过准确定位目标消费者群体，合理定价，选择适合的销售渠道和营销手段，建立可持续的交易模式，实现销售增长和市场份额提升。

关系是指葡萄酒营销中的客户关系管理。通过良好的售后服务、沟通互动和品牌信任，建立消费者忠诚度和口碑传播，获得长期稳定的市场份额。

（4）市场营销者 市场营销者指负责推广和销售葡萄酒的专业人员或团队，其任务是促进葡萄酒品牌的知名度和销售量，通过各种营销策略和活动来吸引消费者和拓展市场。市场营销者通过深入了解目标受众、市场趋势和竞争环境，制定和执行相关的市场营销计划和策略，以实现销售目标和品牌发展。

市场营销者需要具备广泛的知识和技能，包括市场分析、品牌定位、产品推广、渠道管

理、消费者行为等方面的能力。了解葡萄酒产业链，包括葡萄栽培、酿酒工艺、产品特点等，以便有效地向消费者传达产品价值和优势。

3. 葡萄酒市场营销的特点

（1）从市场营销理论的观点出发　高度竞争性：葡萄酒市场竞争非常激烈，因为存在大量的品牌和各种不同产区的葡萄酒可供选择，要求葡萄酒企业在市场营销中注重差异化和创新。

季节性销售：例如，节假日和庆祝活动通常是葡萄酒销售的高峰期，在其他时候的销量可能相对较低。企业需要结合不同季节的消费者需求，制定相应的市场营销策略，以最大化销售机会。

强调品牌和文化：葡萄酒市场非常注重品牌形象和传达的文化价值。品牌代表葡萄酒企业的信誉和质量保证，同时也传达了品牌与葡萄酒的故事和背景。

强调感官体验：消费者购买葡萄酒往往出于对口感、香气和视觉等感官体验的追求。葡萄酒企业应重视通过专业的品鉴活动、品牌故事的讲述和包装设计等方式来传达产品的感官价值，激发消费者的购买兴趣。

（2）从葡萄酒市场本身的特性出发　产区多样性：葡萄酒市场汇聚了众多产区，各产区土壤、气候与品种特色各异，赋予了葡萄酒丰富多样的风味与风格。企业需要充分挖掘和宣传产区特色，以满足消费者对不同风味葡萄酒的需求。

消费者需求差异大：消费者需求涵盖品质、价格、产地、品种及年份等。企业需细分市场，洞悉不同消费群体需求与偏好，确立产品定位并制定营销策略。

重视口碑和推荐：消费者通常倾向于相信口碑和他人推荐。因此，企业需要注重产品质量和口碑的建立，并通过社交媒体等渠道进行积极的口碑传播。

文化与历史渊源深厚：葡萄酒是一种具有悠久历史和文化背景的饮品，企业可强调产品与历史文化之关联，讲述品牌故事，建立情感认同与品牌忠诚。

三、葡萄酒市场营销的目标

葡萄酒市场营销的目标主要在于推广和销售葡萄酒品牌，促进消费者购买和享受葡萄酒的体验，以下对葡萄酒市场营销的目标进行简要阐述。

1. 提升品牌知名度

通过广告、宣传、促销等手段，将葡萄酒品牌推向市场，并使消费者熟悉和认可品牌。提升品牌知名度可树立良好声誉和知名度，增加消费者的信任与偏好。

2. 拓展市场份额

市场营销旨在扩大葡萄酒市场份额，通过调研与竞争分析，明确目标市场与消费群体，制定策略，吸引并留住更多消费者。

3. 增加销售量和收入

葡萄酒市场营销的核心目标之一是促进销售，增加销售量和收入。市场营销者通过定价策略、销售渠道选择、促销活动等手段，刺激消费者购买葡萄酒产品，提高销售业绩。

4. 建立品牌形象和认同感

葡萄酒市场营销致力于塑造品牌形象和传递品牌价值观。通过宣传品牌的历史、传统、酿酒工艺、品质等方面的优势，建立消费者对品牌的认同感和忠诚度。

5. 与消费者互动和沟通

市场营销者通过各种渠道与消费者进行互动和沟通，了解他们的需求、喜好和反馈。通过有效的沟通和互动，市场营销者能够更好地满足消费者的需求，并建立起良好的品牌与消费者关系。

第3节　葡萄酒市场营销的历史和发展

一、葡萄酒市场营销的起源

葡萄酒市场营销的起源可以追溯到古代文明时期，人们在长期的饮用和生产葡萄酒的过程中逐渐形成了相关的市场营销活动，随着人们对葡萄酒品种与风味的认识加深，葡萄酒市场营销的重要性日益凸显。

在古代和中世纪时期，葡萄酒市场主要存在于贵族和教会的内部圈子。贵族和教会通常拥有自己的葡萄园，生产的葡萄酒供自身消费和礼仪使用。葡萄酒被视为一种奢侈品，同时也与宗教仪式和社交活动相联系。此时的市场营销主要是通过口碑和媒体宣传等方式扩大品牌知名度。

随着工业革命的到来，葡萄酒的生产规模逐渐扩大，市场需求逐渐增长。这时期见证了葡萄酒行业的商业化和市场细分化。酒商开始通过广告宣传、定制葡萄酒标签和包装设计来吸引消费者，并采用更加现代化的流通渠道，如酒窖、酒吧和酒店等。

20世纪初，葡萄酒市场在全球范围内迅速发展。法国的波尔多、勃艮第，意大利的托斯卡纳和智利的中央山谷等产区崭露头角，各产区竞相销售其独特葡萄酒品牌。市场营销手段更加多样化，包括利用杂志和报纸广告、比赛和展览、产品展示会和推销员推销等。

随着互联网和社交媒体的普及，葡萄酒市场营销迈入了新时代。葡萄酒品牌通过官网和酒庄博客展示产品信息、酿酒工艺和产地故事。同时，利用社交媒体与消费者直接互动，发布产品介绍、推广活动，分享葡萄酒配对建议，举办线上品酒活动，增强用户参与度和忠诚度。现代葡萄酒市场营销还涌现了一些新趋势和新策略。例如，个性化定制葡萄酒、强调可持续发展和环保、开展葡萄酒旅游和酒庄参观等。这些新的市场营销形式对于进一步吸引消费者、提高产品价值和竞争力起到了积极的作用。

总而言之，葡萄酒市场营销的起源和发展历程经历了古代与中世纪的萌芽、工业革命时期的商业化、20世纪初的全球竞争和新世纪的数字化转型。市场营销手段不断丰富和创新，旨在满足变化的消费者需求，并建立强大的品牌形象和市场地位。

二、葡萄酒市场营销的现状

1. 概念营销

概念营销是基于市场调研与预测，提炼产品或服务特点，创造具有核心价值理念的概念，并通过此概念向目标顾客传达功能、价值、文化、时尚与科技等信息，触发情感共鸣，促使购买的新型营销理念。概念营销可以在一定程度上创造需求，帮助企业在市场上树立差异化的品牌形象。

虽然中国的葡萄酒工业化生产已经超过了 100 年，但是行业的整体启动还是得益于 20 世纪 90 年代兴起的"干白、干红热"消费环境和国家政策支持。早在 1987 年，国家三部一委对中国酒类发展方向就提出了逐步实现四个转变的要求：高度酒向低度酒转变；蒸馏酒向发酵酒转变；粮食酒向果酒转变；普通酒向优质酒转变，为日后整个葡萄酒行业的发展提供了良好的政策环境。2012 年，工业和信息化部、农业部发布《葡萄酒行业"十二五"发展规划》，针对葡萄酒行业提出注重葡萄酒原料基地建设，逐步实现产品品种多样化，促进高档、中档葡萄酒和佐餐酒同步发展。在中央政策的指导下，宁夏、四川、山东等各地方政府也纷纷出台相关政策，支持本地葡萄酒行业的发展。但是，我国是一个传统的白酒消费大国，葡萄酒在中国市场的启动和扩张，一个显而易见的障碍就是市场上的消费者不了解葡萄酒，不懂得如何去饮用葡萄酒。因此，概念营销作为创造需求和差异化营销的特性被众多葡萄酒企业频繁使用。

从 1990 年开始，中国市场逐渐掀起一股"白兰地热"。其后，20 世纪 90 年代中期开始，干白和干红开始在国内市场热销，行业进入了发展快车道。当然，在此过程中中国葡萄酒行业也呈现出更为丰富的产品类型结构。中国葡萄酒行业的概念营销基本上也是沿着这个轨迹展开了自己的演进历程。常见的十大概念营销有健康时尚概念、年份概念、品种概念、产区概念、陈酿概念、酒庄概念、树龄概念、分级概念、冰酒概念及期酒概念。

1）健康时尚概念：健康概念在葡萄酒营销中强调葡萄酒的抗氧化和心血管保健效果，这是由于葡萄酒中的多酚和其他生物活性物质的存在。在宣传葡萄酒健康概念的各个阶段，各葡萄酒企业的营销方式并未存在很大差别，但随着 20 世纪 90 年代中后期葡萄酒市场上迎来了干白和干红热潮，很多企业开始着力于将时尚元素加入营销传播策略之中，以期获得更高的顾客关注度。例如，"葡萄故乡，灿烂阳光""彩云之南，神秘之酿"等广告宣传语。

2）年份概念：指葡萄酒的生产年份在葡萄酒市场营销中的广泛应用及提及。对于有年份标记的葡萄酒，其年份通常反映了在特定年份内的气候条件和葡萄园管理等因素的影响，不同年份的葡萄酒可能在风味和品质上有所差异。例如，2001 年年初，华夏长城首次推出"1995 年份酒"，后续出现的"华夏长城 1992"和"张裕解百纳 1995"两款葡萄酒也成为行业中最著名的年份酒产品。

3）品种概念：指葡萄酒中所使用的葡萄品种。不同的葡萄品种在成熟度、风味和口感上有所不同，因此对于消费者来说，品种可以是选择葡萄酒的重要依据。《葡萄酒》（GB/T 15037—2006）对品种酒作出了这样的规定：品种葡萄酒是指用所标注的葡萄品种酿制的酒所占比例不低于酒含量的 75%（体积分数）。中国葡萄酒市场上逐渐出现了品质较高的品种葡萄酒，如张裕用烟台产区特有的蛇龙珠品种酿造的"解百纳"、龙徽"怀来珍藏"的赤霞珠和霞多丽单品种葡萄酒、华东莎当妮干白葡萄酒、山西怡园酒庄的品丽珠和梅鹿辄品种葡萄酒等。

4）产区概念：产区指葡萄酒的酿造地，其地理条件和土壤类型决定了葡萄酒的风味和质量。因此，产区常用来描述葡萄酒的独特风格和特点。《葡萄酒》（GB/T 15037—2006）对于产地酒的规定：产地葡萄酒是指用所标注的产地葡萄酿制的酒所占比例不低于酒含量的80%（体积分数）。1999年，华夏长城推出"华夏葡园"产品，成为产区概念的先导者，这一产区品牌之后也成为华夏长城高端产品的代名词。最初，中国葡萄酒市场的大品牌（如张裕、长城、王朝、龙徽等）主要集中在东部产区，而云南红（1997年）和新天（1998年）这两个葡萄酒品牌的诞生，从格局上打破了中国南部和西部无产区的问题，但也引发了后续的"葡萄酒东西部产区优劣"之争。

5）陈酿概念：强调葡萄酒的储存和陈年时间。普遍认为，以较长时间储存和陈年的葡萄酒通常会发展出更复杂、更柔和的风味。因此，陈酿概念在葡萄酒营销中可以作为高品质或特殊款式葡萄酒的卖点。2001年，威龙首次推出橡木桶陈酿酒，是在陈酿概念上做得最早的品牌，后来威龙还推出了"二十三年树龄，十年陈酿"，5升包装，定价888元/瓶的礼品酒。张裕、长城、王朝等一二线品牌也纷纷推出陈酿葡萄酒产品，如张裕窖酿系列和长城唯尊系列。陈酿这一营销概念逐渐开始在市场上流行起来，但葡萄品种是否适合陈酿、陈酿时间是否适宜、储存技术是否属于陈酿也是企业必须要诚实回答消费者的问题，否则，陈酿酒便只能停留在概念层面。

6）酒庄概念：酒庄即葡萄酒的生产厂商或酿酒厂，其声誉、历史及酿酒技术深刻影响着葡萄酒的品质与价值。在葡萄酒营销中，一些著名酒庄的名字可以成为消费者购买葡萄酒的决策因素。2002年9月，烟台张裕卡斯特酒庄揭幕，中国葡萄酒行业从此进入"酒庄时代"。在目睹了卡斯特酒庄的成功之后，许多持观望态度的其他葡萄酒品牌纷纷涉足酒庄领域，长城庄园、华夏葡园、怡园酒庄、容辰庄园、百利酒庄、中法庄园和王朝御马酒庄纷纷入市，掀起了葡萄酒企业向高端化发展的转型。2004年，业内围绕"原料种植、产品酿造和成品灌装"等环节对酒庄酒发起质疑。2005年，中国酿酒工业协会葡萄酒分会酒庄联盟成立，联盟主要宗旨是：鼓励企业树立诚信栽培和酿酒的经营理念，促进中国葡萄酒酒庄健康、持续发展。

7）树龄概念：指葡萄园中的葡萄树的年龄。通常认为，葡萄树具有一定的生命周期，在这个周期中，存在它的"黄金时期"，因此，只有达到一定"年龄"，才能够产出卓越品质的酿酒葡萄，当然这也要根据品种、产地等综合因素来界定葡萄树的"黄金年龄段"。2004年9月，云南红"老树葡萄1968"在昆明上市，宣扬树龄概念，使得树龄概念在市场上兴起。

8）分级概念：通常指葡萄酒的质量等级。分级可以基于地理产区、葡萄品种、酿造工艺等因素。《葡萄酒》（GB/T 15037—2006）将葡萄酒分为优、优良、合格、不合格和劣质品5个等级。2002年，经销商海福鑫和沙城长城合作推出星级长城，从一星到五星，通过包装塑造了不同的产品层次，可以算作国内企业对葡萄酒产品进行分级的第一次尝试。2006年2月，张裕将所产葡萄酒的档次分为"大师级""珍藏级""特选级""优选级"4个级别。但国内各葡萄酒企业自行界定分级标准，使消费者难以进行横向比较。

9）冰酒概念：冰酒是指使用冻结后的葡萄酿造而成的一种高糖度葡萄酒，具有非常甜美的口感和浓郁的水果香味。《葡萄酒》（GB/T 15037—2006）中对冰葡萄酒的定义是：将葡

萄推迟采收，当气温低于−7℃，使葡萄在树枝上保持一定时间，结冰，然后采收、压榨，用此葡萄汁酿成的酒。世界上仅德国、奥地利和加拿大的部分产区能生产冰酒，且生产标准严苛。2000 年以后，中国市场上开始出现冰酒产品，如甘肃莫高酒业公司生产的"莫高冰酒"、伊犁葡萄酒厂生产的"伊珠白冰""伊珠红冰"等品牌，但中国市场上的冰酒产品质量参差不齐，存在使用人工冷冻葡萄、添加糖分提高糖度、进口浓缩葡萄汁稀释、冰酒发酵技术掌握不准确等问题。

10）期酒概念：期酒诞生于 20 世纪初的波尔多地区，是葡萄酒行业别具特色的预售模式。酒液还在橡木桶中陈酿阶段，酒庄便开启期酒销售。购买者须在此时支付款项，提前预订成品葡萄酒。这期间，酒液会在橡木桶中历经 1～2 年的缓慢熟成，待陈酿、装瓶等工序全部完成后，购买者才会正式提货。对消费者而言，期酒购买不仅能以相对较低的价格锁定未来的优质佳酿，还有机会率先品鉴到尚未上市的新酒，享受独特的消费体验。从酒庄角度，期酒销售能使他们提前回笼资金，这些资金可投入到后续的葡萄种植、酿造工艺改进等环节。

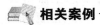 **相关案例**

葡萄酒的"风土"和原产地命名保护

在 2010 年 6 月 25 日，国际葡萄与葡萄酒组织的全体大会通过了一项关于"葡萄酒风土"定义的决议，该决议得到了 43 个成员国的一致支持。这个决议为"风土"（terroir）这一概念提供了明确定义。它指的是一个特定的地理空间，通过集体的葡萄种植经验得以发展，这个空间中存在着可识别的物理、生物环境和葡萄酒酿造技术之间的相互作用。这种相互作用赋予了该地区生产的葡萄酒以独特的特征。"风土"包括土壤特性、地形、气候条件、景观和生物多样性等要素。

"风土"概念的重要性在于它不仅强调了葡萄种植地的地理特征，还突出了葡萄酒酿造技术和生产经验在形成风土的过程中的关键作用，有助于消费者更好地理解葡萄酒的来源和品质。与此相关的是欧盟委员会承认"风土"与原产地命名保护（AOP）之间的联系。原产地命名保护制度明确了生产区域、葡萄品种、产量上限、酒精含量及栽培酿酒工艺等细则，保障特定地区葡萄酒品质与独特性。

早在 1935 年，法国葡萄酒产业便引领潮流，率先实施全球首个原产地命名保护制度，树立了产地保护与质量指标的典范。根据国际葡萄与葡萄酒组织在全球范围内确认的 2199 个原产地命名保护清单，法国是世界上拥有最多原产地命名保护的国家，总计有 330 个［在法国称为"原产地命名控制"（AOC）］。这表明法国一直致力于维护其葡萄酒的质量和独特性，并通过原产地命名保护制度来确保这一点。

2. 常用模式

葡萄酒市场营销的常用模式主要包括品牌推广、市场细分、渠道管理和消费者关系管理，下面将逐一进行详细介绍。

（1）品牌推广　品牌推广是建立和增强一个葡萄酒品牌形象和知名度的过程，可通过广告、宣传活动、参展和赞助等手段来提高品牌曝光度。同时，搭建线上和线下的渠道让消费者更易于与品牌进行接触和互动。品牌推广的主要目标是提高品牌知名度、认知度和好感度，以吸引潜在消费者的兴趣并促使其试饮和购买葡萄酒。

（2）市场细分 市场细分是将市场划分为不同的目标消费群体，然后针对每个群体制定专门的营销策略。葡萄酒市场细分应基于消费者特征、偏好及购买行为等，旨在实现差异化竞争，满足不同消费群体需求，从而提升销售量和市场占有率。

（3）渠道管理 渠道管理指建立和管理销售葡萄酒产品的渠道网络，包括选择合适的销售渠道（如超市、专卖店、网上商城等），与渠道商建立良好的合作关系并进行渠道冲突管理，从而确保产品的供应和分销顺畅。

（4）消费者关系管理 消费者关系管理旨在通过与消费者建立密切的互动和沟通，促进长期的忠诚度和回购率。消费者关系管理可以通过建立品牌形象、进行个性化营销、提供独特的消费体验及进行客户服务等方式实现，同时，要求葡萄酒企业倾听消费者的反馈和需求，不断改进产品和营销策略。

3. 国际化竞争

近些年来，受不可抗因素影响，我国的葡萄酒产业发展呈现下滑趋势。如图 1-5 所示，2012 年，国产葡萄酒产量复合年增长率达 30%，随后于同年触及产量峰值并进入调整期。至 2016 年，产量稳定在 114 万千升左右。2017 年起，因酒水市场竞争加剧，特别是白酒高端品牌精细运营与酱香型白酒的崛起，国产葡萄酒行业面临巨大挑战。再加上国内 2019 年以来的三年疫情，国产葡萄酒产量下滑严重。日益复杂的国际局势和市场竞争环境，更增添了中国葡萄酒企业做好营销的必要性和紧迫性（图 1-3）。

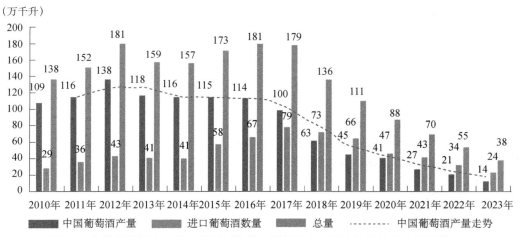

图 1-3　葡萄酒的国产与进口数量对比图（数据来源：国家统计局和海关总署）

彩图

在葡萄种植方面，2022 年全球葡萄园面积约 730 万公顷，中国的葡萄园面积达 78.5 万公顷，位列全球第三位[①]，为我国葡萄酒产业的发展奠定了良好的资源基础。我国葡萄品种优质，已建立起包括东北、胶东半岛、新疆、河西走廊等在内的众多优秀葡萄酒产区，奠定

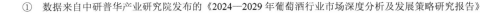

① 数据来自中研普华产业研究院发布的《2024—2029 年葡萄酒行业市场深度分析及发展策略研究报告》

了葡萄酒产业的基础架构。我国葡萄酒品牌的集中度比较高，张裕、通化、王朝、长城、华东及威龙等品牌占据的市场份额超 70%。

在进出口方面，中国市场进口的葡萄酒主要来自法国、意大利、美国、德国、澳大利亚、新西兰、阿根廷等，其中原装瓶装酒占主导，亦有国内企业进口原酒调配后加贴自有品牌。2023 年，我国进口葡萄酒约 2.43 亿升，其中散装占到总量的 36%左右，进口额约为 10.82 亿美元（约合人民币 77.86 亿元），进口量、进口额同比分别下滑 25.67%和 19.41%。

目前我国多数葡萄酒企业已意识到品牌的重要性，纷纷加大品牌建设力度，部分企业更是将资金与精力聚焦于广告投入上，通过促销、推广，提高管理技术和水平，逐渐形成了一些具有知名度的葡萄酒品牌。尽管张裕、长城、王朝等葡萄酒品牌在国内知名度逐渐提升，但其出口至国际市场的数量仍较少，国际影响力有待加强。

作为一种消费产品，葡萄酒的国内及国外销售需要有良好的销售渠道，随着国内市场扩大和进口葡萄酒增多，国内企业应提升实力应对挑战。然而，多数国内葡萄酒企业因实力不足或其他原因未能建立起国外的销售渠道，这制约了我国葡萄酒的出口扩张和国际竞争力的提升。

三、葡萄酒市场营销的未来趋势

葡萄酒市场营销的未来趋势可以从新技术、新场景、新模式和直播带货等四个方面进行说明。

1. 新技术的产生

随着科技的不断进步，葡萄酒市场营销也将借助新技术来提升用户体验和销售效果。例如，AR 和 VR 技术可营造沉浸式葡萄酒购物体验，让消费者身临其境地感受葡萄酒产地及酿造过程。而人工智能技术则可通过精准推荐和个性化营销，为消费者提供更为贴合需求的葡萄酒购买建议。

2. 新场景的应用

葡萄酒的市场营销将不再局限于传统的实体店或酒庄，而是逐渐扩展到更多新的场景中。例如，在线葡萄酒订购平台和电商平台的兴起，让消费者可以随时随地订购葡萄酒。同时，葡萄酒定制化也将成为一种趋势。

3. 新模式的演变

传统的葡萄酒市场营销模式正在逐渐演变为更加多元化和创新的模式。社交媒体平台成为重要的葡萄酒宣传和推广渠道，通过精心设计的内容和互动活动吸引更多粉丝和消费者参与。同时，共享经济模式的出现也为葡萄酒市场带来了新的机遇，如葡萄酒旅游、葡萄园共享等。

4. 直播带货的兴起

直播带货是一种趋势，正在改变传统的葡萄酒市场营销方式。通过直播平台，著名葡萄酒专家、酒庄主人或销售人员可以进行实时演示、品鉴和推广，并直接与观众互动。观众可以在观看直播的同时进行购买，提高了葡萄酒购买决策的即时性和互动性。

本 章 小 结

　　本章内容主要分为三个部分，即市场与市场营销的基础知识、葡萄酒市场营销的特定概念和葡萄酒市场营销的历史与发展。本章详细解释了市场的定义和分类、市场营销的基本概念和市场营销的理论工具，有助于读者更好地分析市场和制定营销策略。本章探讨了葡萄酒与葡萄酒市场的特点，明确了葡萄酒市场营销的独特性。最后，在葡萄酒市场营销的历史与发展部分，本章追溯了葡萄酒市场营销的起源，展示了其从早期到现在的演变历程。分析了当前葡萄酒市场营销的现状，包括成功案例和面临的挑战。此外，预测了葡萄酒市场营销的未来趋势，为读者提供了关于行业未来发展的洞见。

　　本章为读者提供了葡萄酒市场营销领域的全面知识，从基础理论到实践应用，从历史回顾到未来展望，旨在帮助读者全面理解葡萄酒市场营销，并为葡萄酒企业制定有效的营销策略提供理论支持和实践指导。

参 考 文 献

白玉苓. 2018. 消费心理学. 北京：人民邮电出版社

科特勒，陈就学，塞蒂亚万. 2022. 营销革命5.0：以人为本的技术. 上海：机械工业出版社

科特勒，卡塔加雅，塞蒂亚万. 2019. 营销革命3.0：从价值到价值观的营销. 上海：机械工业出版社

李晏墅，李金生. 2015. 市场营销学. 2版. 北京：高等教育出版社

仇向洋，朱志坚. 2008. 营销管理. 2版. 北京：北京师范大学出版社

魏亚欧. 2017. 整合、碎片、融合，找对品牌营销的入口. 国际公关，（6）：64-65

熊国钺，元明顺，吴泗宗. 2017. 市场营销学. 5版. 北京：清华大学出版社

徐鼎亚. 2019. 市场营销学. 6版. 上海：复旦大学出版社

杨家诚. 2018. 消费4.0：消费升级驱动下的零售创新与变革. 北京：中国工信出版传媒集团，人民邮电出版社

余春根，熊立. 2014. 市场营销学. 成都：西南财经大学出版社

周立华，苏航，刘春明，等. 2009. 市场营销学. 北京：清华大学出版社，北京交通大学出版社

周颖，井淼，伍青生. 2008. 市场营销学. 北京：北京师范大学出版社

【案例分析】

王朝葡萄酒公司的品牌战略

思考题

1. 分析王朝公司成立之初产品市场定位的原因。

2. 20世纪90年代后中国葡萄酒市场发生了哪些变化？

3. 王朝公司怎样应对葡萄酒市场的变化？

第二章　葡萄酒市场及消费者

【知识目标】
1. 了解葡萄酒市场，清晰其发展脉络、现状。
2. 掌握葡萄酒市场中不同类型的消费者及其行为。
3. 利用大数据、市场营销信息系统等技术前瞻葡萄酒市场。

【能力目标】
1. 了解中外葡萄酒的发展历史并进行对比。
2. 理解不同类型消费者的购买行为并制定相应的策略。
3. 了解葡萄酒市场营销前沿。

【价值目标】
在传统的市场营销基础上，将内容落实到葡萄酒市场中的生产者和消费者，从中洞察葡萄酒市场并制定相应的策略。

【思维脉络】

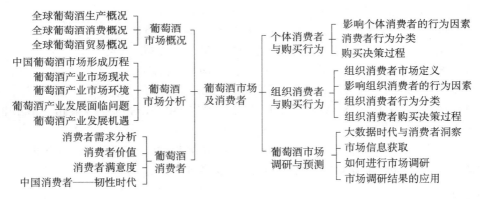

【营销观察】
销售员们接受了向僧人推销梳子的任务，然而最后的结果却不尽相同。第一个销售员空手而回，因为僧人认为自己没有头发，不需要梳子。第二个销售员售出了十多把梳子，他说："经常梳理头皮，不仅能止痒，还可以活络血脉，有益健康"。第三个销售员售出了好几百把梳子，他说："寺庙可以买些梳子送给香客，您在梳子上题上寺庙的名字，并告诉香客可以获得佛祖保佑。"

【营销启示】
了解目标客户的需求和认知是营销成功的基石；创新思维和差异化策略能够打破市场僵

局；结合客户需求与产品特点，创造新的市场机会是营销的高级策略。

【营销语录】

我们未来的富有不在于财富的积累，而在于观念的更新。

——现代管理学之父 彼得·德鲁克

营销是没有专家的，唯一的专家是消费者，你只要能打动消费者就行了。

——巨人集团董事长 史玉柱

过去的座右铭是"消费者请注意"，现在则是"请注意消费者"。

——美国西北大学整合营销传播教授 唐·舒尔茨

【政策瞭望】

随着人民生活水平不断提高，葡萄酒产业大有前景。宁夏要把发展葡萄酒产业同加强黄河滩区治理、加强生态恢复结合起来，提高技术水平，增加文化内涵，加强宣传推介，打造自己的知名品牌，提高附加值和综合效益。

宁夏葡萄酒产业是中国葡萄酒产业发展的一个缩影，假以时日，可能 10 年、20 年后，中国葡萄酒"当惊世界殊"。

——2020 年 6 月习近平总书记视察宁夏时指出

在当今社会，葡萄酒不仅仅是一种饮品，更是文化、品位与情感的载体。随着人们生活品质的提升，葡萄酒市场呈现出蓬勃发展的态势。为了更好地了解这一市场，首先需要深入剖析葡萄酒市场的概况，包括市场规模、主要产区、品种分布等方面。其次，需要对葡萄酒市场进行细致的分析，探讨其发展趋势、竞争格局及面临的挑战。同时，葡萄酒消费者作为市场的核心，其需求与行为也值得研究。无论是个体消费者，还是组织消费者，二者都是市场的重要组成部分，其购买行为都会影响市场状况。最后，通过葡萄酒市场调研与预测，能够更加精准地把握市场脉搏，为企业的决策提供有力支持。

第 1 节 葡萄酒市场概况

一、全球葡萄酒生产概况

1. 生产历史

（1）世界葡萄酒历史

- 10000 年前 葡萄用来榨汁酿酒
- 公元前 6000 年 葡萄酒酿造工艺出现
- 公元前 3000 年 有完备的葡萄种植、酿造技术
- 公元前 700 年 举行葡萄酒庆典
- 公元前 6 世纪 酿造技术传遍欧洲
- 中世纪 葡萄酒随传教士传遍各地
- 13 世纪 葡萄酒蓬勃发展
- 15、16 世纪 葡萄酒传入新世界

关于葡萄酒的起源，古籍记载各不相同，迄今为止，较为一致的观点是葡萄酒是自然发酵的产物，并非人类创造，人类只是发现了这一美妙的结果。秋天，葡萄成熟后落在地上，其中的汁液在和空气中的酵母菌接触后，最早的葡萄酒便出现了。人们尝到这自然的产物，开始模仿并不断地进行革新和改良，从而产生了现代意义上的葡萄酒产业。

据记载，葡萄种子被发现于新石器时代，这表明葡萄在那个时代不仅作为食物，而且其更主要功能是用于酿酒。史学研究发现，葡萄酒酿造技术最初起源于公元前6000年的古波斯地区（现今伊朗一带）。然而有真正可寻的资料是从埃及古墓中发现的大量遗迹、遗物。考古学家在尼罗河河谷发现了古埃及人用来装葡萄酒的土陶罐。此外，古埃及时代出土的酒壶上，刻有伊尔普一词，意为"葡萄酒"。古埃及壁画上也常常出现古埃及人种植或采摘葡萄的情景（图2-1）。

图2-1　古埃及壁画

在欧洲，希腊最先栽种葡萄与酿制葡萄酒。地中海沿岸发现了许多用于盛装葡萄酒的容器，这些容器足以表明葡萄酒在贸易中的重要性。葡萄酒还是希腊宗教仪式中不可或缺的一部分。

公元前6世纪，希腊人将葡萄种植和葡萄酒酿造技术传入高卢（现法国一带）。随后，葡萄树开始遍布罗纳河谷、勃艮第、波尔多、卢瓦尔河谷、香槟区和摩泽尔河谷。

因为宗教的缘故，葡萄酒在中世纪得到进一步发展。圣经中多次提及葡萄酒，如耶稣在最后的晚餐上说"面包是我的肉，葡萄酒是我的血"。后来，教会和僧侣由于某些原因出让了酿造葡萄酒的特权后，坊间的酒庄就成了雨后春笋。葡萄酒随着传教士的足迹传遍世界，风靡各国。

大约13世纪，随着西多会的兴旺，西多会修道院葡萄酒的名声越来越大。15～16世纪，欧洲最好的葡萄酒大多出自这些修道院中，其中尤以勃艮第地区酿造的葡萄酒为最。

17～18世纪期间，法国葡萄酒如日中天。波尔多产区和勃艮第产区的葡萄酒由于其不同的风格，代表着不同的类别，更被作为酿制葡萄酒的标准。但由于这两大产区不足以满足世界各地的需求，第二次世界大战之后，一些酒厂便在全世界范围内寻找合适的地理条件和气候条件来培育葡萄品种，改进酿造技术，整个世界的葡萄酒事业也因此兴旺发展。

（2）我国葡萄酒历史　　《诗经》是现存最早记载与葡萄相关的资料，其中"南有樛木，葛藟累之；乐只君子，福履绥之。"由此可见，在《诗经》所记录的殷商时期，人们已经通过采摘各种野生葡萄来满足日常所需。

西汉时期，司马迁所著的《史记》中首次记载了葡萄酒。公元前 138 年，张骞出使西域，途经各国。其中，"宛左右以蒲陶为酒，富人藏酒至万馀石，久者数十岁不败。俗嗜酒，马嗜苜蓿。汉使取其实来，于是天子始种苜蓿、蒲陶肥饶地。"这说明在西汉时期，我国已经掌握了葡萄种植和葡萄酿酒技术。汉代曾引入葡萄及葡萄酒酿造技术，但未传播开来，直至东汉末年，葡萄酒仍异常珍贵。

魏晋时期，由于魏文帝的倡导，葡萄酒业发展迅速。晋朝及南北朝时期，葡萄酒成为王公大臣时常饮用的美酒。盛唐时期，酒从王公贵族、文人名士的宴席上逐渐普及到老百姓的餐桌上，得益于此，葡萄酒得到进一步发展。

葡萄酒业和葡萄酒文化在我国封建王朝中达到鼎盛的朝代是元。据《元史·卷七十四》记载，元世祖忽必烈祭祀宗庙时，酒采用"潼乳、葡萄酒，以国礼割奠，皆列室用之"，体现了统治者对葡萄酒的重视与喜爱。

清朝由于闭关锁国，葡萄酒业发展缓慢。后来，随着海禁的开放，葡萄酒业逐渐恢复。

2. 生产分布及主要生产大国

1995～2022 年，全球葡萄酒产量总体在 250 亿～300 亿升范围内波动，但总体而言，世界葡萄酒产量相对稳定。全球主要产酒国情况见表 2-1。

表 2-1 全球主要产酒国近年的产量情况 （单位：亿升）

国家	2020 年	2021 年	2022 年
意大利	49.1	50.2	49.8
法国	46.7	37.8	45.6
西班牙	40.9	35.5	35.7
美国	22.8	24.1	22.4
澳大利亚	10.9	14.8	13.1
智利	10.3	13.4	12.4
阿根廷	10.8	12.5	11.5
南非	10.4	10.8	10.3
德国	8.4	8.4	8.9
葡萄牙	6.4	7.4	6.8
俄罗斯	4.4	4.5	4.7
中国	6.6	6.0	4.2

不同气候类型下种植的葡萄品种存在差异，各国酿造所使用的葡萄品种、葡萄酒类型、行业分级如表 2-2 所示。

表 2-2 全球主要葡萄酒生产大国特点

国家	主要产区	气候类型	主要葡萄品种	葡萄酒类型	分级规定
意大利	托斯卡纳、皮埃蒙特、威内托、伦巴第	地中海气候	桑娇维塞、特雷比奥罗	干型为主	DOCG DOC IGT VDT

续表

国家	主要产区	气候类型	主要葡萄品种	葡萄酒类型	分级规定
法国	勃艮第	大陆性气候	黑皮诺、霞多丽	干型为主	AOP（AOC）
	波尔多	海洋性气候	赤霞珠、品丽珠	干型，甜酒	IGP VDF
西班牙	加利西亚、里奥哈	海洋性气候、大陆性气候、地中海气候	丹魄、歌海娜	干型为主	DO
美国	加利福尼亚、华盛顿	地中海气候	赤霞珠	干型为主	AVA
澳大利亚	维多利亚、新南威尔士	地中海气候	西拉、霞多丽	干型为主	GI
中国	东北	湿润、半湿润大陆性气候	品丽珠、赤霞珠	干型为主	目前没有统一的行业规范
	新疆	干旱大陆性气候	赤霞珠、梅洛		
	宁夏	半干旱大陆性气候	赤霞珠、梅洛		
	云南	亚热带高原季风气候	弥勒、夏黑		

注：DOCG：denominazione di origine controllata e garantita，保证法定产区；DOC：denominazione di origine controllata，法定产区；IGT：indicazione geografica tipica，典型地理标志保护；VDT：vino da tavola，日常餐酒；IGP：indication géographique protégée，地理标志保护；VDF：vin de France，无特定产区的葡萄酒；DO：denominación de origen，原产地名称保护；AVA：American viticultural area，美国葡萄种植区；GI：geographical indication，地理标志。

（1）意大利 意大利拥有多种气候和土壤条件，葡萄种植环境丰富，为酿造高品质的葡萄酒提供了适宜的自然条件。得益于此，意大利葡萄酒的生产总量占世界葡萄酒生产总量的1/4。代表品牌：西施佳雅（Sassicaia）、巴罗洛（Barolo）、巴巴莱斯科（Barbaresco）、马赛多（Masseto）。

（2）法国 法国葡萄酒历史悠久，在世界享有盛誉，主要得益于法国的气候条件、土壤条件。独特的酿制工艺和技术也是法国葡萄酒在世界范围内大受欢迎的重要原因。代表品牌：拉菲（Lafite）、莎普蒂尔（Chapoutier）、吉佳乐（Guigal）、玛歌（Margaux）。

（3）西班牙 西班牙是世界著名的葡萄酒产区之一，其葡萄酒产量和出口量均居世界前列，受到世界范围内消费者的欢迎。此外，西班牙作为一个传统的酿酒国家，却勇于创新、不断创造。葡萄酒风格也因此多种多样，既有使用传统方法酿造的红葡萄酒，也有使用现代方法酿造的白葡萄酒，这些葡萄酒能够满足世界各地不同偏好的消费者。代表品牌：桃乐丝（Torres）、瑞格尔侯爵（Marqués de Riscal）、贝加西西利亚（Vega-Sicilia）、帝国田园（Campo Viejo）。

（4）美国 美国是世界上第四大葡萄酒生产国，仅次于法国、意大利和西班牙。美国最主要的葡萄酒产区位于加利福尼亚州，其中最著名的有纳帕谷产区和索诺马古产区，多产高品质的红白葡萄酒。代表品牌：贝尔福特（Barefoot）、啸鹰（Screaming Eagle）、仙粉黛（Zinfandel）。

（5）澳大利亚 澳大利亚是全球第五大葡萄酒生产国家，其生产的葡萄酒不仅品质较高而且种类多样，其新鲜、果味浓郁和平衡的特点而受到世界各地消费者的喜爱。澳大利亚的气候条件对于酿制世界闻名的葡萄酒而言至关重要，春冬两季降雨较多，夏秋两季较为炎热，充分的热积累结出高品质的葡萄。代表品牌：奔富（Penfolds）、御兰堡（Yalumba）、黄尾袋鼠（Yellow Tail）、麦格根（McGuigan）。

（6）**中国** 中国葡萄酒历史悠久，被赋予丰富的文化内涵。中国葡萄酒品种繁多，口感独特，风格迥异，不同产区和品牌都有各自的风格。随着葡萄酒酿造技术不断发展，中国葡萄酒的品质也在不断提升，在各项国际赛事中初露峥嵘。代表品牌：张裕解百纳、香格里拉、加贝兰。

二、全球葡萄酒消费概况

1. 市场规模及发展趋势

（1）**全球葡萄酒消费总量** 国际葡萄与葡萄酒组织（OIV）发布的数据表明，1995～2007 年，全球葡萄酒消费总量总体呈上升阶段，2007 年达到消费总额最高纪录，约为 250 亿升。2007 年以来，全球葡萄酒消费处于稳定阶段，总量在 240 亿升上下波动。

2020 年，新冠疫情席卷而来，世界各国采取封锁措施，中断 HoReCa 通道（酒品类业大客户渠道），全球葡萄酒市场受到严重冲击，下滑趋势加剧。2021 年，随着疫情限制的解除、HoReCa 通道的重新开放，全球大多数国家葡萄酒消费总量有所增加。2022 年，俄乌冲突爆发，能源危机和全球供应链中断使得葡萄酒生产成本迅速增加，价格出现大幅上涨。2022 年全球葡萄酒的消费量约为 232 亿升，较 2021 年下降了 1%。

（2）**全球葡萄酒消费趋势** 未来全球葡萄酒消费市场将呈现消费升级、多元化和个性化、数字化和智能化，以及环保和可持续发展的趋势。同时，消费者追求更加健康、品质、高端的葡萄酒，追求葡萄酒文化的熏陶。

2. 市场分布

（1）**全球葡萄酒消费市场分布** 全球葡萄酒消费市场分布十分广泛，主要集中在欧洲、北美、亚洲、澳大利亚和南非等地。欧洲地区因为具有酿造和饮用葡萄酒的悠久历史和文化传统，因此也是全球最大的葡萄酒消费市场，法国、意大利和西班牙作为欧洲三大葡萄酒生产国，各自孕育了众多在全球享有盛名的葡萄酒品牌。北美具有广阔的消费市场，美国作为世界第四大葡萄酒生产国，其市场上的葡萄酒品牌种类繁多。另外，随着美国消费者对葡萄酒的认知度提高，葡萄酒的销售量也在逐年提高。

此外，亚洲的葡萄酒市场发展迅速，也在逐渐扩大，尤其是中国、印度等新兴市场。2022 年，由于中国内部葡萄酒市场需求下降，中国葡萄酒消费量较 2021 年下降 16%。亚洲第二大消费国是日本，在 2022 年的葡萄酒消费量较 2021 年上升 2%，但比过去五年的平均水平低 3%。

（2）**主要消费大国** 在葡萄酒消费量方面，到 2022 年，美国仍是世界上最大的消费国，消费量 34 亿升，较 2021 年增长了 3%。2022 年，欧盟的葡萄酒消费量 111 亿升，占全球葡萄酒消费的 48%。其中，法国 25.3 亿升、意大利 23 亿升、德国 19.4 亿升，分别位居第二、第三、第四。英国是全球第五大葡萄酒消费国，2022 年的葡萄酒消费量 12.8 亿升，较 2021 年下降了 2%。亚洲市场上，中国 2022 年的葡萄酒消费量在 8.8 亿升，较 2021 年下降 16%（表 2-3）。

表 2-3　十大主要消费国家　　　　　　　　　　　（单位：亿升）

国家	2013 年	2014 年	2015 年	2016 年	2017 年	2018 年	2019 年	2020 年	2021 年	2022 年
美国	30.8	30.6	30.9	31.0	32.7	33.7	34.3	32.9	33.1	34.0
法国	27.8	27.5	26.5	28.3	28.6	26.0	24.7	23.2	24.9	25.3
意大利	20.8	19.5	21.4	22.4	22.6	22.4	22.6	24.2	24.2	23.0
德国	20.4	20.3	20.5	20.2	19.7	20.0	19.8	19.8	19.9	19.4
英国	12.7	12.6	12.8	12.9	13.1	12.9	13.0	13.2	13.1	12.8
俄罗斯	10.6	9.9	9.7	10.1	10.4	9.9	10.0	10.3	10.5	10.8
西班牙	9.8	9.8	9.8	10.6	10.4	10.7	10.2	9.2	10.3	10.3
中国	18.7	17.4	18.1	19.2	19.3	17.6	15.0	12.4	10.5	8.8
澳大利亚	10.4	9.9	10.3	9.4	8.9	8.4	8.9	9.4	8.4	8.3
葡萄牙	4.2	4.3	4.8	4.7	5.3	5.1	5.4	4.4	5.3	6.0
其他国家	78.3	77.3	76.8	75.9	75.1	74.4	72.8	72.5	73.9	72.9
世界	244.4	239.1	241.4	244.6	246.2	241.1	236.7	231.4	234.0	231.6

三、全球葡萄酒贸易概况

1. 全球葡萄酒贸易总量

2020 年，因疫情的相关限制而导致全球贸易中断，葡萄酒贸易额极低。2021 年，疫情防控常态化，经济重新复苏，全球葡萄酒出口量 111.6 亿升，较 2020 年增长了 4.4%，创有史以来最高纪录。2022 年，葡萄酒出口受到经济通胀、俄乌冲突和能源危机的严重影响，与此同时，全球供应链的中断导致海运运力放缓。总体上，2022 年全球葡萄酒出口量下降，平均价格增长（较 2021 年增长了 15%）。

2. 全球葡萄酒贸易变化趋势

伴随着世界各国的政治经济交流日渐频繁，更多新的国际市场将会被打开，为葡萄酒的贸易提供了更为广阔的发展空间，东亚地区有着巨大的市场潜力，不只是因为较为高速的经济发展速率，还因为它巨大的人口数量，所以消费需求很大（图 2-2、图 2-3）。

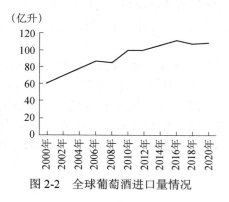

图 2-2　全球葡萄酒进口量情况

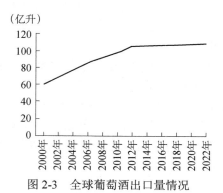

图 2-3　全球葡萄酒出口量情况

经济水平的提高改变着消费者对生活品质的追求。在经济全球化的背景之下，许多国家为了促进经济发展都在不同程度上降低了关税，为葡萄酒贸易创造了良好的海关条件。

 相关案例

中澳葡萄酒贸易摩擦

2018年，中美出现贸易摩擦，在此背景下，澳方政府频繁在贸易、投资乃至政治领域对中方挑衅。2020年，欧美各国疫情防控不力，澳大利亚总理莫里森、外长佩恩却把矛头对准中国。

2020年5月，中国宣布对澳大利亚大麦征收反倾销税。由于对华存在倾销，中国商务部已于2020年底对澳大利亚葡萄酒采取临时反倾销措施。2021年1～2月，中国海关在深圳、重庆等口岸查封约3.43吨澳大利亚进口葡萄酒，原因包括标签不合格、超标使用食品添加剂等。

2021年3月，中国商务部宣布结束对澳大利亚进口葡萄酒的反倾销调查，确认将对相关葡萄酒征收反倾销税。

互联网的发展催生了电商的兴起，电商平台提供了更多选择、更便捷的购买方式，成为葡萄酒市场的重要销售渠道，将会使葡萄酒的贸易量大大提高。《2023线上酒类消费趋势报告》显示，2018～2022年线上酒类仍呈现稳步上升的态势，洋酒、葡萄酒、白酒成交额复合年均增长分别超50%、40%、25%，获得更高速的增长。2023年随着酒消费场景的多元化发展，消费需求也得到了进一步提升。

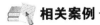 **相关案例**

张裕葡萄酒与电商

随着移动互联网时代的到来，很多酒类企业都在积极挖掘电商价值，构建电商渠道。电商不仅能够促进企业与消费者之间进行更好的互动，更为重要的是能够拓展企业的销售渠道，增加产品销量。

2013年，张裕集团成立电商分公司。张裕的线上业务主要分为几种模式，一是自建平台，二是在综合电商平台开旗舰店，三是把电商平台作为官方分销商。目前，张裕在电商渠道的销售额占总销售额的5%左右，高于行业其他企业销售额在电商渠道的占比。

电商平台能够进行大数据分析，有助于企业进行品牌建设和产品开发。比如天猫的"超级品牌日"活动，一些品牌利用热播剧吸引流量，从而通过大数据分析了解到消费者的消费习惯、特点等。此前张裕推出的葡小萄就是根据电商大数据专为电商设计的一款产品。

第 2 节　葡萄酒市场分析

一、中国葡萄酒市场形成历程

1. 新中国成立前

从清末、民国到新中国成立、改革开放、香港回归、加入世界贸易组织（WTO），葡萄酒见证了波澜壮阔的时代变迁，而其发展历程也同样跌宕起伏。

1892 年张弼士投资 300 万两白银在烟台建立张裕酿酒公司。当时他不仅从国外引进了优质葡萄品种，还首次将中国的贮酒容器"瓮"替换成橡木桶。1896 年，张弼士聘任冯巴保男爵（Max von Babo）担任张裕第一代酿酒师，中国葡萄酒现代化的序幕自此而始。张裕建立以后至新中国成立前，在各种机缘之下，青岛、北京、清徐、吉林长白山和通化相继建立起葡萄酒厂，而这些酒厂大多数由外国人建立。例如，1936 年日本人饭岛庆三创办的老爷岭葡萄酒厂、1938 年日本人木下溪司创建的通化葡萄酒酿造公司等。

2. 中国葡萄酒市场雏形初现

1949 年，国内葡萄酒酿造企业仅有 5 家，葡萄酒产量不足 200 万升。1979 年，轻工业部考察团对法国进行葡萄酒技术考察。随后，我国从法国、德国、美国、意大利引入国际名种 29 个，这些品种先后在北京通县、河北沙城、河北昌黎、新疆鄯善、山东禹城和甘肃武威等地，进行种植和实验，形成酿酒葡萄名种园，为后来我国葡萄酒产业的发展奠定了良好的基础。同年，大型葡萄酒企业中法合营王朝葡萄酿酒有限公司建立（图 2-4）。

图 2-4　中法合营王朝葡萄酿酒有限公司

20 世纪 90 年代，一大批非葡萄酒企业跨界进入葡萄酒领域，如马丁酒庄、瑞云酒庄、怡园酒庄等。1996 年，市场开放，中国民营进口商快速发展，打破了外资以及国企垄断的局面。1997 年，香港回归，干红葡萄酒开始在内地盛行，葡萄酒企业也随之增加。同时，随着计划经济逐渐退出历史的舞台，市场经济成为发展趋势，老百姓开始对品牌有了一定的认知。然而当时市场上仍以甜型葡萄酒为主，且产量短缺，市场混乱。

3. 中国葡萄酒快速发展与危机并存

2000 年以后，市场经济开始全面发挥作用，市场竞争也越来越激烈。2001 年，中国加入世界贸易组织（WTO），客观上为葡萄酒行业经济增长方式的转变、产业结构的优化升级提供了良好条件。以智利葡萄酒为代表的外国葡萄酒逐渐进入中国市场，其中法国市场份额最大，澳大利亚第二，而意大利、西班牙、美国等占比都非常小，但进口葡萄酒已经开始呈现出明显的增长趋势。

2002 年，张裕卡斯特酒庄建立，进一步带动了葡萄酒酒庄的建设，山东南山集团、香港索菲特公司等都纷纷投资建设酒庄。此外，《中国葡萄酿酒技术规范》和《山葡萄酿酒技术规范》从 2003 年 1 月 1 日开始正式实行。

2012 年随着移动互联网的普及，线上销售迎来了持续的高速发展，葡萄酒也收获了大量的基础消费者。2013 年葡萄酒行业受到反"三公"消费和"双反"调查的影响，整个行业开始进入低迷期。当年葡萄酒产量为 11.78 亿升，同比下降 14.71%。同时期各种商标之争、假酒事件也在不同程度上影响了市场的变化。2014 年自媒体疯狂发展，改变了品牌传播的渠道。与此同时，传统的垂直电商网站开始衰落，新兴的电商渠道开始兴起。

相关案例

2013 年卡斯特商标之争

1998 年，温州五金交电化工集团酒类分公司向有关部门递交了"卡斯特"商标的注册申请，几年后商标成功转让给温州商人李道之。自此，中国市场上的"卡斯特"中文商标归属于李道之，并由上海班提酒业有限公司负责运营，主要销售从法国进口的原瓶葡萄酒。与此同时，欧洲的葡萄酒 CASTEL 公司，早在 2001 年便与张裕集团联手推出了"张裕卡斯特"品牌。尽管李道之拥有了"卡斯特"的商标权，但他与 CASTEL 公司之间并无直接的业务往来，二者并无联系，商标之争也由此开始。

2013 年 3 月，法国 CASTEL 公司决定正式启用"卡思黛乐"这一中文商标，并更改了公司中文译名，从原先的"法国卡斯特兄弟简化股份有限公司"更名为"法国卡思黛乐兄弟简化股份公司"。

2016 年 1 月，经最高法院审理，认定两家公司的商业标志虽在某些方面存在相似性，但市场定位和消费群体已逐渐区分开来。最终，烟台张裕卡斯特酒庄有限公司的行为被判定为不构成商标侵权，法国 CASTEL 公司需向李道之和上海班提酒业有限公司支付 50 万元人民币作为赔偿，此判决为终审判决。

二、葡萄酒产业市场现状

1. 国产葡萄酒市场现状

随着近十年行业整合的深入，许多小型葡萄酒品牌逐渐在公众视野中消退，从而推动了中国葡萄酒品牌集中度的进一步增强。在这一背景下，像张裕、长城这样的知名品牌，通过

有效的市场策略和自身实力的不断提升，市场份额持续增长，进一步稳固了它们在葡萄酒市场的领导地位。然而，国内葡萄酒市场中头部品牌的引领能力偏弱，葡萄酒消费者也没有形成明确的消费共识。进入 2023 年，经历了长达十年的调整期，遭受疫情和行业下行双重影响的中国葡萄酒仍在低谷徘徊，见表 2-4。

表 2-4　2018～2022 年中国葡萄酒主要发展指标统计表

年份	产量/万千升	销售额/亿元	利润/亿元
2018	50.22	175.89	12.71
2019	43.97	142.79	10.15
2020	37.79	100.07	3.04
2021	26.80	90.27	3.27
2022	21.37	91.92	3.40

国家统计局最新数据显示，2022 年我国葡萄酒行业面临挑战。全年规模以上葡萄酒生产企业共有 119 家，酿酒总产量达到 21.37 万千升，但同比下降了 20.26%。同时，销售额为 91.92 亿元，同比增长 1.83%。在利润方面，累计实现利润总额 3.4 亿元，同比增长 3.98%。这些数据表明，尽管葡萄酒行业仍有一定规模，但整体呈现下滑趋势。

与 2019 年的数据对比，2022 年国产葡萄酒产量降低 51.39%，销售额降低 35.62%，利润减少 66.65%。国产葡萄酒产量较疫情前显著下滑，销售缩减至约 65% 的原有水平，利润更是锐减至 2019 年的约 33%，这一趋势凸显了行业的严峻挑战。2018 年至 2022 年，葡萄酒市场经历萎缩，但国产葡萄酒正稳步复苏。销售额占比自 2020 年起反弹，现已超越 2018 年水平，产量占比亦从 2021 年回升。

2. 国产葡萄酒现状利好因素

习近平总书记对宁夏葡萄酒产业发展高度重视、寄予厚望，两次视察宁夏都作出重要指示、提出明确要求，强调随着人民生活水平不断提高，葡萄酒产业大有前景。2021 年，宁夏国家葡萄及葡萄酒产业开放发展综合试验区正式挂牌，旨在引领产业高质量发展，促进宁夏葡萄酒融入全球市场，并努力成为"一带一路"合作的先行区。宁夏贺兰山东麓葡萄酒产业计划修订相关保护条例，出台支持政策，目标至 2025 年实现综合产值 1000 亿元。山东烟台将葡萄酒产业链列为重点发展对象，蓬莱产区推出产区课程教材，并成立旅游酒庄联盟。新疆昌吉回族自治州设立专项资金，用于葡萄酒产业的品牌扶持、酒庄建设及文旅融合等方面的发展。

中国葡萄酒的声誉与知名度持续增强。贺兰山东麓已荣登中国特色农产品优势区之列，50 余家酒庄的葡萄酒在国际大赛中斩获千余奖项，占比超过全国获奖总数的六成，产品远销 40 多个国家与地区。"贺兰山东麓葡萄酒"的品牌价值高达 281.44 亿元，在全国地理标志产品区域品牌榜上名列第九，已纳入中欧地理标志协定。

中国酿酒葡萄种植面积处于相对稳定的状态，品质和影响力不断提升。截至 2022 年，全国范围内的酿酒葡萄种植面积共有 226.19 万亩[①]，其中贺兰山东麓地区产量最大，拥有

---

① 　1 亩≈666.7m²

228家葡萄酒企业，发展迅猛（表2-5）

表2-5　2022年中国葡萄酒的实际产量

产区	酿酒葡萄种植面积/万亩	产量/万千升	企业数量/家
贺兰山东麓产区	59.2	10	228
新疆产区	33	17.1	134
山东产区	28.5	7.78	244
特殊产区	24.41	1.368	8
西南产区	19.3	3	48
京津冀产区	15.67	8.72	131
河西走廊产区	15.5	2.461	19
黄土高原产区	13.28	1.469	34
东北产区	8.96	7.67	84
内蒙古产区	4.3	1.27	10
黄河故道产区	4.07	4.015	29
合计	226.19	64.853	969

三、葡萄酒产业市场环境

1. 全球葡萄酒产业发展现状

（1）全球葡萄酒供需现状　　近年来，全球葡萄酒产销量保持相对稳定，产量大致维持在260亿升，消费量则在230亿～240亿升之间波动。2020年，由于受到全球疫情的影响，葡萄酒消费量略有下降。然而，随着2021年全球疫情逐渐受控，葡萄酒消费量回升至236亿升，与上年相比略有增加。从产量分布来看，意大利、法国和西班牙是全球葡萄酒的主要生产地，2021年三国的产量合计占全球总产量的近一半。而在消费量方面，美国长期位居榜首，2021年占比达到14%，紧随其后的是法国和意大利，分别占比10.7%和10.3%。

（2）主要地区葡萄酒产业发展情况

A. 意大利　　意大利作为世界葡萄酒的领军生产国之一，也拥有悠久的葡萄酿酒历史，其狭长的半岛地形和广泛的纬度跨度，为这片土地带来了丰富多样的自然环境。意大利高山丘陵遍布，也为葡萄生长提供了理想的土壤条件。而地中海气候更是有助于葡萄的生长，使得意大利拥有多达20个葡萄酒产区，主要包括威内托大区、普利亚大区、艾米利亚-罗马涅大区等。

意大利的酿酒历史源远流长，葡萄酒品质卓越且口感多样，因此在国际市场上深受欢迎，出口量一直名列前茅。尽管2020年受到疫情的影响，但其出口规模仍保持在62.9亿欧元的高位。到了2021年，出口额更是增长至71.1亿欧元。其中，DOP级别的葡萄酒是出口的主力军，占据了出口总额的三分之二，并且其增长势头强劲，同比增长了15.8%。而IGP级别的葡萄酒和其他类型的葡萄酒出口额也分别实现了5.4%和8.9%的增长。值得一提的是，美国、德国、英国和瑞士是意大利葡萄酒的主要出口目的地，其市场地位举足轻重。

B. 法国　　法国葡萄酒产量仅次于意大利，位居全球第二，同时消费量也排名第二。2021年，法国葡萄酒产量达到37.6亿升，较上年略有减少，减少了0.9亿升。这主要是由

于法国 2021 年春季遭遇了严重的霜冻天气，受此影响，阿尔萨斯和勃艮第等主要的葡萄酒产区遭受了重大打击。大量葡萄受到了霜霉、白粉等病害的侵袭。进入 7 月后，持续偏低的气温进一步对葡萄藤的开花和浆果的成熟造成了不利影响。

从出口角度来看，葡萄酒是法国酒类出口中的主打产品。数据显示，2021 年法国酒类出口总额达到了 155 亿欧元，其中葡萄酒占据了约 68% 的比重，尤以香槟和波尔多葡萄酒等品种为主导。

C. 美国　　美国稳居全球葡萄酒消费榜首。从 2016 年至 2021 年，其消费量始终维持在 30 亿升以上。尽管 2020 年疫情带来了一定冲击，导致消费量有所下滑，但在其他年份，美国的葡萄酒消费均呈现出稳定的增长态势。2021 年消费量为 33.1 亿升，较上年增加了 0.2 亿升，销售额为 784 亿美元，同比增长 16.5%。美国葡萄酒消费群体较广，20~29 岁消费者更倾向于饮用烈酒，饮用葡萄酒占比仅为 25%，但随着年龄的增大，消费者更愿意饮用葡萄酒。

2. 中国葡萄酒市场现状分析

（1）中国葡萄酒产业政策分析　　葡萄酒作为中国酒类重要品种之一，相关政府部门发布了《西部地区鼓励类产业目录（2020 年本）》《"十四五"东西部科技合作实施方案》等多项政策为国产葡萄酒行业发展"保驾护航"（表 2-6）。

表 2-6　近年来中国葡萄酒产业国家相关政策

时间	政策名称	颁发部门	主要内容
2019 年 8 月 26 日	关于印发 6 个新设自由贸易试验区总体方案的通知	国务院	打造食品农产品、葡萄酒进出口集散中心
2020 年 11 月 5 日	西部地区鼓励类产业目录（2020 年本）	发展和改革委员会	葡萄酒和饮料生产列入新疆地区，新增鼓励类产业
2021 年 5 月 25 日	宁夏国家葡萄及葡萄酒产业开放发展综合试验区建设总体方案	农业农村部、工业和信息化部、宁夏回族自治区人民政府	计划至 2035 年将贺兰山东麓酿酒葡萄基地的总规模扩展至 150 万亩以上，年产葡萄酒达到 6 亿瓶，并努力实现综合产值近 2000 亿元的目标
2022 年 3 月 3 日	"十四五"东西部科技合作实施方案	科技部、教育部、工业和信息化部、自然资源部、生态环境部、国资委、中科院、工程院、中国科协	支持宁夏联合中国农业科学院以及东部省市，开展葡萄酒等特色产业技术攻关

（2）中国葡萄酒供需现状分析　　我国葡萄酒生产遍布 26 个省、自治区、直辖市，尤以新疆、宁夏、山东为主要产区。然而，从 2013 年起，我国葡萄酒产量已连续九年呈现下滑趋势。这主要是由于进口葡萄酒大量涌入中国市场，对国产葡萄酒企业构成了不小的冲击，挤占了其市场份额。此外，中国传统的酒桌文化中，与葡萄酒相比，白酒的地位更为稳固，而酿酒葡萄的投入成本较高但收益相对较低，导致农户的种植积极性下降，缺乏足够的资金投入来提升葡萄品质，从而进一步影响了葡萄酒的产量。

目前，我国尚未形成浓厚的葡萄酒消费氛围，多数消费者尚未形成定期饮用葡萄酒的习惯，这使得整个行业在应对风险时显得较为脆弱。近年来，受疫情和烈酒市场的双重冲击，我国葡萄酒的需求量显著下滑，2022 年 1 月至 7 月的葡萄酒表观需求量仅为 32.5 万千升。

（3）中国葡萄酒市场规模分析　　随着国内需求量的持续减少，葡萄酒企业面临着严峻的挑战。规模以上企业的销售收入不断下降，从 2015 年的 466.05 亿元减少至 2021 年的 90.27 亿元，同时利润也呈现大幅下滑的趋势，2021 年利润仅为 3.27 亿元。绝大部分葡萄酒生产企业经营困难，在 2021 年 116 家规模以上葡萄酒企业中，亏损企业达 28 个，企业亏损面为 24.14%，亏损企业累计亏损额 2.87 亿元，行业总体仍处于亏损边缘。

（4）中国主要地区葡萄酒产业发展情况

A．新疆　　新疆作为葡萄栽培的先行地和葡萄酒的源头，其独特的自然条件为酿酒葡萄的优质生长提供了有力保障。该地区种植的酿酒葡萄品质卓越，是我国酿酒葡萄种植和葡萄酒酿造的重要基地，对推动中国葡萄酒产业的发展具有举足轻重的地位。2021 年新疆维吾尔自治区落实葡萄酒产业发展专项资金 572.5 万元，在当地政府部门大力支持下，新疆地区已成为我国最大的葡萄酒产区，截至 2021 年底，全区共有葡萄种植和葡萄酒生产销售企业 1302 家，葡萄酒庄 134 家，产量达约 23 万千升，产品类型丰富，包括干红葡萄酒、干白葡萄酒、甜型葡萄酒、起泡葡萄酒、葡萄烈酒、特色果酒及加强型葡萄酒等。目前，新疆已初步确立四大主要产区，分别是天山北麓、伊犁河谷、吐哈盆地及焉耆盆地。根据新疆维吾尔自治区政府发布的《新疆维吾尔自治区葡萄酒产业"十四五"发展规划》，至 2025 年，计划将酿酒葡萄种植面积扩大至 100 万亩，葡萄酒产量提升至 60 万千升，并预计实现销售收入 348.4 亿元。

B．宁夏　　宁夏地区凭借得天独厚的自然地理条件和相对较低的生产要素成本，成为我国葡萄酒产业发展的重要区域之一。近年来，宁夏葡萄酒产业实现了显著增长，2021 年酿酒葡萄种植面积达到 52.5 万亩，产量约为 3 亿瓶，综合产值超过 300 亿元。该地区已初步形成多个酒庄集群，成为全国葡萄酒庄最为集中的产区之一。

四、葡萄酒产业发展面临问题

1. 市场竞争优势匮乏

近几年来，我国葡萄酒企业的销售额每年缓慢下降，销售难度高，库存数量多，宣传和销售渠道少。我国的葡萄酒既没有罗曼尼和拉菲那样的知名度，也没有博若莱新酒那样的宣传手段。与国外的葡萄酒相比，我国葡萄酒市场竞争优势较小，在销售渠道、市场策略、价格定位、促销手段、门店服务等方面都存在一定的差距，使得我国本土生产的葡萄酒在市场中长期优势匮乏。

2. 项目投资不足且引资困难

我国绝大多数葡萄酒企业利润不高，甚至处于连年亏损的状态，这使得国内大多数投资商对于本土葡萄酒产业的投资意愿较低。同时，白酒消费始终占据主导地位，全国各地的葡萄酒产业项目不断减少，新疆、宁夏、陕西等优质产区的葡萄酒生产不足，获得投资十分困难。特别是葡萄种植基地前期生长需数年，回报周期长，而白酒企业的利润相对较高，周期短。项目投资严重不足，引资困难，直接导致葡萄酒产业发展趋势逐年下滑。

3. 产业发展不平衡不均匀

我国的葡萄酒产业发展局限性较强，东部地区与西部地区存在较大差距。在我国东部地

区可用于葡萄种植的土地面积匮乏，受气候条件的影响，酿酒葡萄的种植产区土地面积少。土地的匮乏成为东部抑制葡萄酒增长的最大阻碍。而我国西部地区，如新疆、甘肃、宁夏等地的土地资源虽然多，但因气候原因种植出的葡萄普遍存在糖高酸低的情况，而且西北地区经济发展较为迟缓，葡萄酒行业的发展受资金、市场、技术等多方面的制约。东部地区知名企业、规模大的企业较多，一体化生产程度高，品牌效应较好，经营状况良好。西部地区知名企业极少，企业规模普遍较小。

五、葡萄酒产业发展机遇

1. 政策利好日益明显，产区品牌效应进一步放大

2020 年 6 月，习近平总书记在宁夏考察时指出，宁夏要把发展葡萄酒产业同加强黄河滩区治理、加强生态恢复结合起来，提高技术水平，增加文化内涵，加强宣传推介，打造自己的知名品牌，提高附加值和综合效益。2021 年，宁夏成功设立了宁夏国家葡萄及葡萄酒产业开放发展综合试验区，致力于将其塑造为国际知名的葡萄酒产区，进一步提升宁夏葡萄酒的知名度和国际影响力。新疆产区计划在"十四五"期间实现酿酒葡萄种植面积达 100 万亩，葡萄酒产量达 60 万千升，销售收入达 348.4 亿元的目标，为新疆葡萄酒产业的发展注入新的动力。烟台市已将葡萄酒产业链列为优先发展的 16 个关键产业链之一，并计划投入高达 4000 万元的资金以支持葡萄酒产业的蓬勃发展，旨在打造具有国际声誉的葡萄酒产区。

2. "中国葡萄酒" IP 的知名度和美誉度进一步提高

中国葡萄酒产业的自信在稳步增强，这种自信源于文化、产业和品质的多重进步。随着葡萄酒教育、栽培酿造和文化建设体系的日益完善，中国葡萄酒产业取得了瞩目成就，成功塑造了"中国葡萄酒"品牌的核心基础。从行业协会提出的"中国风土，世界品质"口号，到领军企业倡导的"品过世界，更爱中国"，再到"中国葡萄酒" IP 的深入打造，这些都彰显了中国葡萄酒产业从业者对产业、文化和品质的自信。这不仅标志着中国葡萄酒产业从品质时代迈向了品牌时代，也预示着中国葡萄酒将迈向更广阔的国际舞台。

3. 中国葡萄酒行业将迎来增长，主要经济指标将回升

过去十年，我国葡萄酒产业在提升品质、塑造品牌和建设文化方面取得显著成就。这些成果加上全行业从业者共同努力，成功打造出"中国葡萄酒"这一独特的品牌形象。同时，国货风潮的兴起也为我国葡萄酒产业的发展注入了新的活力，进一步推动了其在国际市场上的竞争力和影响力。

4. 葡萄酒品类普及化是行业未来努力的最主要方向

在竞争激烈的中国市场，面对其他酒种的竞争压力及非传统葡萄酒饮用区的挑战，葡萄酒行业应专注于持续优化产品品质，大力推广并普及"轻饮用、慢享受、随意葡萄酒"的创新理念。致力于简化消费者的购买和饮用体验，使葡萄酒成为轻松、便捷的日常饮品，拓展市场空间。

第 3 节　葡萄酒消费者

一、消费者需求分析

1. 品质与口感

消费者希望购买到口感醇厚、香气浓郁、香气复杂度高、回味悠长的优质葡萄酒。因此，葡萄酒酒庄的庄主和管理者就需要关注葡萄的品种、酿造的工艺，以及陈年的时间长短等因素，来确保所生产的葡萄酒具有较高的品质。在中国，有许多知名的葡萄酒产区，如新疆、宁夏、山东等，这些地区所种植葡萄品质优良、风味独特，这就为这些地区葡萄酒酒庄提供了丰富且优质的原材料。

2. 价格

价格是消费者购买葡萄酒的重要考量因素。在品质保证的前提下，消费者更倾向于选择性价比高的葡萄酒。因此，在制定定价策略时，酒庄需要综合考虑，以满足不同消费者的需求。

3. 品牌

消费者在购买葡萄酒时，往往会选择知名品牌，知名品牌代表着较高的品质保障和信誉保障。酒庄管理者需要通过广告宣传、口碑营销等方式提高品牌的知名度和美誉度。

4. 包装设计

现代消费者更偏爱富有创意和个性的包装设计，这大大增强了产品的吸引力，促使消费者产生购买欲望。因此，葡萄酒生产商应致力于包装设计的创新和个性化，以满足消费者的审美需求。葡萄酒企业可以借鉴一些国际知名品牌的包装设计，同时结合中国传统文化元素，打造出独具中国特色的葡萄酒。

5. 风格

有些消费者喜欢干型葡萄酒，有些消费者喜欢甜型葡萄酒；有些消费者喜欢果香浓郁的葡萄酒，有些消费者喜欢橡木桶陈酿的葡萄酒。葡萄酒生产商需要提供多样化的产品，以满足不同消费者的不同需求。葡萄酒企业可以通过培育优质的葡萄品种、精进酿造技术，以开发出更多种类的产品。

6. 购买渠道

购买渠道也是消费者在购买葡萄酒时需要考虑的重要因素之一。有些消费者喜欢在实体店购买，有些消费者喜欢在网上购买。因此，对于葡萄酒生产商来说就需要拓展出更多种类的销售渠道，以便消费者能够轻松、方便地购买到产品。葡萄酒企业可以利用电商平台，如淘宝、京东等，开展线上销售业务，以及寻找合适的地域开办品牌活动或者实体店。

7. 售后服务

售后服务对提高消费者的满意度和忠诚度具有很重要的意义。消费者在购买葡萄酒后，可能会遇到一些问题，如产品保质期或者储存方法等。葡萄酒生产商需要提供态度温和、专业的售后服务，以帮助消费者解决售后问题。葡萄酒企业可以建立专业的客服团队，为消费者提供及时、专业的咨询和解答服务。

8. 礼品属性

葡萄酒作为一种高档消费品，具有一定的礼品属性。消费者在购买葡萄酒时，可能会考虑其作为礼品的适用性。因此，葡萄酒生产商可以通过推出礼盒装、定制款、联名款等产品，满足消费者送礼的需求。

二、消费者价值

消费者价值是指消费者从某一特定产品服务或品牌中获得的一系列利益。希斯提出了影响消费者选择行为的五种价值（表2-7），并认为价值是其选择行为的重要驱动因素。

表 2-7　消费者价值

消费者价值	含义
功能价值	消费者通过商品的功能或物理属性而感知到的效用
社会价值	消费者产品选择与某个或某些社会群体有所关联，并从此联结中所获取的效用，即通过与具备某些人口、社会经济与文化等方面特征的一定群体相关联
情感价值	消费者通过选择某种产品或服务而体验的感觉和情感状态
知识价值	消费行为能为消费者带来好奇、新鲜、满足的感受或求知欲望
情境价值	消费者在特定环境或情境中发生的消费行为中所感知到的效用

三、消费者满意度

1. 消费者满意度定义

消费者满意度是指消费者对葡萄酒产品和服务的感知，即他们的期望和实际经验之间的差异。根据 Howard 和 Sheth（1969）的研究，满意度可以由三个维度来衡量：认知满意度、情感满意度和行为满意度。认知满意度关乎消费者对产品特性与性能的直观评价；情感满意度涉及消费者在使用产品过程中所获得的情感满足；而行为满意度则体现在消费者在购买及使用产品时所表现出的行为。消费者满意度不仅是对产品或服务的直接评价，还影响着他们的忠诚度和口碑，进而对企业盈利及市场表现产生深远影响。

2. 获得消费者满意度的益处

满意度可以提高品牌的市场份额和销售额。首先，消费者满意度高的品牌能够吸引更多的消费者，并提高回购率。其次，满意度可以建立良好的品牌声誉和口碑。消费者满意度高的品牌可以积累正面的口碑，有利于品牌形象的塑造和传播。满意度高的消费者也会积极向其他人推荐此品牌，提高品牌知名度和认可度。此外，满意度高的消费者往往会对品牌保持更高的忠诚度，使品牌被竞争品牌掠夺的风险降低。

3. 缺乏消费者满意度的影响

（1）缺乏消费者满意度会导致销售额下滑　　如果消费者对葡萄酒品牌不满意或缺乏忠诚度，他们很可能会转向竞争品牌，导致品牌的销售额减少。

（2）缺乏消费者满意度会降低品牌的声誉和口碑　　消费者的不满意和不忠诚往往会通过传播负面口碑来影响其他潜在消费者对品牌的认知和购买意愿。

（3）缺乏消费者满意度可能会导致市场份额和竞争地位的下降　　如果品牌无法吸引和保持消费者的满意度，竞争品牌有可能占领更大的市场份额，影响品牌在市场上的地位。

4. 如何提高消费者满意度

关注产品质量和差异化。消费者对葡萄酒的满意度很大程度上取决于其质量和品质的感知。首先，品牌应确保产品的质量和口感，并通过独特的品牌故事和特点实现差异化。其次，通过提供个性化的服务和体验来增加消费者的满意度。最后，通过建立积极的沟通和互动来培养消费者的满意度。定期与消费者保持联系、回应反馈、关注需求，加强消费者对品牌的信任和认同，提高品牌忠诚度。

四、中国消费者——韧性时代

1. 重塑中国消费市场的五大趋势

（1）中产阶级壮大　　2022 年，中高收入及高收入家庭在中国城镇家庭消费市场中占据了过半份额，并预计将持续快速增长。据麦肯锡全球研究院（MGI）数据显示，从 2019 年至 2021 年，年收入超过 16 万元人民币的城镇家庭数量以 18% 的复合年增长率增加，从 9900 万户迅速攀升至 1.38 亿户。预计到 2025 年，还将新增 7100 万户家庭进入这一高收入区间，彰显了中国消费市场的巨大增长潜力。

麦肯锡中国区的咨询业务对中国消费者的调研也支持了这一宏观经济观点。近 54% 的受访者对未来五年家庭收入增长持乐观态度，尽管这一比例略低于 2019 年的 59%。在 2022 年 8 月的调研中，有 49% 的中国受访者认为经济将在两三个月内恢复，甚至超越疫情前的增长速度，而发达国家的消费者中持这一观点的比例仅为 11%～26%。

（2）高端化势头延续　　2019 年，中高收入与高收入家庭的开支差异不大，但随着较低收入消费者减少开销，2022 年的情况开始出现分化。高收入消费者在快消品领域的支出普遍呈增长趋势。麦肯锡中国区咨询报告显示，37% 的受访者计划增加洋酒消费，35% 打算提高运动饮料的支出，而 32% 则有意增加果汁的开支。这些高收入受访者表示，他们正在经历消费升级，更倾向于在提升外貌和改善体验方面选择价格更高的品牌和产品。

（3）选择更明智，消费未降级　　尽管消费者的整体支出趋于保守，但其也通过一些调整来维持自己的生活品质。高收入群体虽然减少了购物频次或调整了特定品类的偏好，但并未转向更廉价的品牌或产品，这主要得益于各大品牌（尤其是中国本土品牌）在增强自身竞争力、推出更具差异性的产品方面的努力。而较低收入消费者则选择更具价格优势

的购物渠道，如社区团购或电商平台购买食品和日用品，或选择同一品牌中价格更实惠的产品线。

（4）**产品为王**　中国消费者在2022年购买快消品时最重视的因素中，"功能"比"情感"因素更为重要。从面霜配方到心仪羽绒服的填充类型及品质，中国消费者对其所购产品的特性和规格了如指掌。尽管消费者的信心和支出可能因宏观经济环境的变动而有所起伏，但中国消费者在产品研究和购买方面的要求将日益严苛。

（5）**本土企业市场份额提升**　相关数据显示，49%的中国消费者认为本土品牌的品质优于国外品牌。同时，选择本土品牌的第三大原因就是其高品质，仅次于性价比和支持本土企业。简而言之，中国消费者更加关心产品能够提供哪些实际益处和功能，而非品牌的原产地。正是这种倾向使得近年来中国消费者更倾向于购买本土品牌的产品。

2．中国消费者的代际变迁

（1）**宏观背景：中国消费韧性及世代人群迁移**　预计到2030年，中国中产及以上人口将新增8000万，品质消费趋势日益显著，这种追求品质的态度覆盖多个消费品类。目前，中国总人口的八成由四个世代组成（婴儿潮世代：指出生于1946～1964年的人群；X世代：1965～1980年；Y世代：1981～1996年；Z世代：1997～2012年），其中X和Y世代在人口数量和总收入上均占据主导地位。四个世代的消费者成长背景迥异，形成了各具特色的群体记忆、价值观和消费倾向。

（2）**代际特征：时代变迁下的代际需求和差异**　Z世代以个性鲜明、文化自信为特点，他们积极探索个人志趣，推动亚文化圈层的发展，并在个人形象、生活方式和商品设计的美学偏好上展现出先锋个性。他们渴望在成长中找到属于自己的天地，以舒缓压力，释放情绪。Y世代作为独生子女第一代，承载着家庭的期望和资源，他们勇于竞争，目标明确，习惯借助专业服务和产品来实现目标，并愿意为专业付费。在事业和家庭兼顾的人生阶段，他们追求高效生活，渴望在忙碌中找到从容与自我时光。X世代注重社交融入，追求传统意义上的成功。他们更倾向于线下社交，通过彰显身份来寻求与群体的匹配，维护社会关系。

第4节　个体消费者与购买行为

一、影响个体消费者的行为因素

不同的消费者拥有不同的特质，这取决于他们所处的文化、社会背景及个人的状态。消费者的特质与消费者的心理结合起来促使消费者们做出不同的购买决策。

1．文化因素

文化因素是影响消费者购买需求的基本因素之一，具体包括文化、亚文化和社会阶层三部分。

（1）**文化**　文化是人类在社会实践过程中所获得的物质、精神的生产能力和创造的物质、精神财富的总和。由于不同消费者在不同文化环境下成长，对世界的认知可能完全不同，因此他们对商品的评判也完全不同。比如中国消费者在酒水选择上更加偏向白酒，而法国消费者更喜欢葡萄酒。

（2）**亚文化** 亚文化是与主流文化相对的非主流、局部性的文化现象，它是在主流文化或综合文化的背景下，特定区域或集体所特有的观念与生活方式。这种亚文化既包含与主流文化相通的价值观念，又具备其独特的价值与观念表，见表2-8。

表 2-8 家庭生命周期与购买行为

家庭生命周期	定义	购买行为
单身阶段	—	年龄较小，消费观念紧跟潮流，注重娱乐产品和基本的生活必需品的消费
新婚夫妇	—	经济状况较好，具有比较大的需求量和比较强的购买力，耐用消费品的购买量高于其他阶段
满巢期（Ⅰ）	指最小的孩子在 6 岁以下的家庭	需要购买住房和大量的生活必需品，购买力不足，对新产品感兴趣并且倾向于购买有广告的产品
满巢期（Ⅱ）	指最小的孩子在 6 岁以上的家庭	经济状况较好，但消费慎重，已经形成较稳定的购买习惯，极少受广告的影响，倾向于购买大规格的产品
满巢期（Ⅲ）	指夫妇已经上了年纪但是有未成年的子女需要抚养的家庭	经济状况尚可，消费习惯稳定，可能购买富余的耐用消费品
空巢期（Ⅰ）	指子女已经成年并且独立生活，但是家长还在工作的家庭	经济状况最好，可能购买娱乐品和奢侈品，对新产品不感兴趣，也很少受到广告的影响
空巢期（Ⅱ）	指子女独立生活，家长退休的家庭	收入大幅减少，消费更趋谨慎，倾向于购买有益健康的产品
鳏寡就业期	—	尚有收入，但经济状况不佳，消费量减少，消费集中于生活必需品
鳏寡退休期	—	收入很少，消费量很小，主要需要医疗产品

（3）**社会阶层** 社会阶层是依据职业、收入、教育和资产等因素划分的。由于不同社会阶层的消费者在选择和使用产品上存在差异，他们的消费决策可能会截然不同。

2. 社会因素

参照群体是个体在购买或消费决策中用以参考、对比的对象，这些对象可以是朋友、家人等个人或群体。随着技术进步，参照群体也涵盖了个体未曾直接接触的群体。如今，流行的关键意见领袖（key opinion leader，KOL）便是一个典型的参照群体代表。不同平台出现的不同领域 KOL，为消费者提供了不同参考意见，消费者会选择听取自己熟知的博主的建议，从而辅助完成购买决策。

3. 个人因素

（1）**年龄与经济状况** 消费者随着年龄的增长，消费的欲望和偏好会逐渐发生变化。年轻人与老年人的消费观念出现较大差异。同时，随着年龄变化，消费者身份也会发生变化，每一个身份都会影响到消费者的决策。

（2）**个人偏好** 个人偏好多种多样，在很大程度上影响消费者的购买决策。

品牌偏好：消费者购买产品时会选择相对熟悉的品牌，这一点常常体现在日常服饰、电子产品消费上。

价格敏感：不同消费者对于产品价格变动的敏感程度存在差异，这主要受到产品对消费者需求的价格弹性的影响。

消费者社会责任：最为常见的是环保主义消费者，在选购商品时他们偏向选择更加环保的产品，以此完成某些社会责任。随着碳达峰、碳中和目标的提出，绿色消费的观念将进一步影响消费者的决策。

4. 心理因素

（1）马斯洛需要层次理论　美国心理学家马斯洛将人的需要划分为生理、安全、社交、尊重和自我实现五个方面。生理需要是最基础的需要，包括对衣、食、住、行等维持基本生活方面的需要；安全需要强调稳定、安全和秩序；社会需要更多地表现为归属与爱；尊重需要指自尊心和希望得到他人尊重的需要；自我实现需要则是人们追求实现自己的能力或者潜能，实现自我价值的需要。

（2）知觉　知觉是客观事物直接作用于感官而在头脑中产生的对事物整体的认识。对同一个事物，不同的人会有较大的差异，这是因为在形成知觉时会产生不同的效果。

二、消费者行为分类

1. 个人特征

消费者购买行为类型是依据消费者为满足特定需求和欲望而展现的购买行为特征进行划分的。消费者个人特征是影响消费者购买行为最直接、最决定性的因素（表2-9）。

表 2-9　消费者个人特征

类型	定义	消费者行为
习惯型	指消费者往往热衷于一种或几种葡萄酒的品牌	消费者对一些葡萄酒品牌十分熟悉，购买时不必经过挑选和比较，容易促成重复购买
理智型	指消费者根据自己的经验和学识辨别葡萄酒	消费者对各种葡萄酒进行认真的分析、比较和衡量才做出决定，主观性强
冲动型	指消费者在外界因素影响下，没有计划或无意识的购买行为	此类行为易受葡萄酒外观质量和广告宣传的影响，以直观感觉为主
感情型	这种购买行为兴奋性较强，情感体验深刻，想象力与联想力特别丰富	购买葡萄酒时，消费者往往易受情感驱使和销售宣传的影响，常以葡萄酒品质是否符合其情感需求作为购买决策的依据
疑虑型	指消费者因担心受骗或失误而在购买过程中犹豫不决	这种购买行为的消费者擅长细致观察，行事审慎稳重，体验深刻但常存疑虑
不定型	指缺乏有关的商品知识、一般的购买经验与主见，在随意性心理驱使下购买商品	缺乏购买经验，购买心理不稳定，在选购葡萄酒时大多没有主见

2. 经济水平

高水平消费的消费者往往更在意葡萄酒的品牌和质量保障，在家庭聚会和商务应酬时可选择葡萄酒。一般水平消费的消费者在满足生活必需品的前提下，比较在意葡萄酒的价格和价值是否相匹配，会考虑葡萄酒是否合自己的口味，价格能否接受。

3. 产品了解程度

有一定的葡萄酒知识基础的消费者，在购买前会先明确自己的需求，使用场合、预算、口味偏好等。对于葡萄酒爱好者而言，葡萄酒瓶上的标签，即可看出葡萄酒的很多信息。他们会参考产区、葡萄品种、酒精度、年份、葡萄酒分级、味道等，选择满足自己需求的葡萄酒。例如，品丽珠原产于法国，是世界著名的古老红葡萄酒，我国最早在 1892 年由西欧引入山东烟台。品种果香浓郁，口感较清淡柔和，大多不太能久藏。很多葡萄酒爱好者都会选择这类葡萄酒。

不太了解葡萄酒的消费者，对葡萄酒的认知度低，对葡萄酒的功能品鉴、文化礼仪了解得非常少，消费葡萄酒大多是因为好奇，或被动购买葡萄酒用来送礼。他们更容易被广告和销售人员的推荐所影响，缺少主观决定性，购买时根据推荐选择合适的葡萄酒。

三、购买决策过程

1. 购买决策的参与者

一个人的身份和立场决定了他思考的角度。同样地，在购买决策过程中，人们也会充当不同的角色，见表 2-10。

表 2-10　购买决策的参与者

角色	特征
发起者	首先提出或有意向购买某一产品或服务的人
影响者	其看法或建议对最后决策具有一定影响的人
决策者	对为何买、买什么、买多少、哪里买、是否买等方面的购买决策做出完全或部分最后决定的人
购买者	实际进行购买的人
使用者	实际消费或使用产品或服务的人

如果是一个人进行购买决策，这五个角色他都会相继或统一展现出来；如果决策过程由多人参与，那么他们就组成了一个购买决策单位。了解并分辨出顾客在购买行为中扮演何种角色，有助于营销人员更有针对性地制定营销策略。

2. 购买决策行为类型

消费者在购买商品时，对不同类型的商品会表现出不同的思维倾向和购买行为，如购买矿泉水和汽车的决策方式就存在显著差异。阿萨尔（Assael）基于购买者的参与程度和品牌差异，将购买行为划分为四种类型，如表 2-11 所示。

表 2-11　购买行为的四种类型

		购买者参与程度	
		高	低
品牌差异程度	大	复杂的购买行为	寻求多样性的购买行为
	小	降低失调感的购买行为	习惯性的购买行为

（1）复杂的购买行为　　当购买者高度参与且所考虑的品牌间差异显著时，其购买行为被称为复杂的购买行为。对于价格高、购买频率低、存在风险且能体现个人特点的产品，消费者会深度介入并全面细致地经历购买决策的各个环节。消费者在选购过程中不仅需要了解此产品的相关信息，从而对产品产生信念，信念产生购买意愿，同时，消费者也需要身边人员的支持，以决定最终选择。

（2）降低失调感的购买行为　　购买者参与程度高，购买的产品价格高、购买频率低、有风险，但其品牌之间无明显差异时的购买行为称为降低失调感的购买行为。由于各品牌产品的差距不大，此时消费者更关注价格或购买的便利程度，在简单地进行比较之后迅速做出购买决定，但是在购买之后更容易产生失调感并试图降低失调感，如在购买产品后发现所买品牌的缺点或其他品牌的优点，就可能会在心理上感到不协调。

（3）寻求多样性的购买行为　　寻求多样性的购买行为常见于价格低、购买频率高且品牌差距大的产品中。消费者在购买这类产品时并不会深入搜集产品相关信息且没有过于明显的前期评估比较行为，只是在需要购买时才对同类产品加以比较，且不会有明显的稳定性，下次购买时更倾向于选择不同的品牌。

当企业处于市场优势地位时，应以大量相关但款式不同的产品占据货架空间，避免脱销并用高频率的广告鼓励消费者在同品牌中进行选择；而当企业处于劣势地位时，需要用折扣、赠券等方式降低价格、赠送样品，以及强调试用新品的广告来鼓励消费者改变原习惯性购买行为或提高产品曝光度从而增加消费者选择的可能。

（4）习惯性的购买行为　　购买者参与程度低且品牌间差异不大的购买行为称为习惯性的购买行为，如购买食盐、矿泉水等。不同品牌的产品差异并不大，消费者对于产品的选择是完全随意的，对于某一品牌的复购行为大部分原因也是出于习惯。

3. 购买决策模型

购买决策模型更多用于复杂的购买行为，其他的购买行为类型是复杂的购买类型的简化形式（图2-5）。这个模型表明，消费者的购买决策贯穿其整个购买过程，而不是普遍认为的从进入店铺到付款后离店的简短过程，它早在消费者确定其需要时就开始，在购买后也并未结束，而是会持续一段时间。因此，营销人员对品牌与产品的营销策划要关注到消费者购买决策的各个阶段。

图 2-5　购买决策模型（来源：编者绘）

（1）确认需要　　购买行为始于消费者对解决某问题或满足某需求的意愿，即确认需求。这种需求产生于消费者当前状态与理想状态之间的差距，状态可涵盖内在生理、心理及外在物理需求。消费者此时与饱、暖的正常状态（理想状态）的差距就形成了对食物、水、衣物的需要。需要产生后可能逐渐变强，形成内驱力，最终引起购买行为，也可能逐渐减弱至消失。

（2）搜集信息　　当消费者对某种需要逐渐变强并决定购买时，便会进入到搜索信息阶段。在复杂的购买行为中，由于品牌差异程度很大，消费者需要了解本产品不同品牌的信息。消费者的信息来源一般有以下几种，见表2-12。

表2-12　消费者信息来源

信息来源	来源途径
个人来源	通过家庭、朋友、邻居、熟人等个人日常关系获得相关信息
商业来源	通过营销企业提供的信息，如广告、网站、推销员、包装等
公共来源	通过社会组织或非日常交往关系的个人（街访等）提供信息，如大众媒体、社交媒体、消费者评级机构等
经验来源	通过直接经验得到的信息，如使用产品、处理或检查产品、观看他人

　　一般情况下，消费者得到的大部分信息来源于媒体及商业渠道，通过个人来源和经验来源的信息较少。但消费者对信息的信任程度正好相反，他们更会相信来源于自己的经验和周围人的信息。这就需要营销者对产品信息的传播策略有更准确的把握，将营销者所能控制的消息渠道更多作为"告知"和"曝光"用途，同时对产品的"评价"作用需要设法刺激个人来源和经验来源传播。

　　（3）**评估备选方案**　　一般而言，消费者对于产品的评估涉及产品属性、品牌信念、效用评价及评价模式四个方面。产品属性指产品所具有的能够满足消费者需要的特性。品牌信念是消费者对品牌优劣的整体评价。每个品牌都有其独特属性，消费者会针对这些属性进行实际水准的评估，并将这些评估整合起来，形成对该品牌优劣的总体看法，进而产生对该品牌的信念。效用评价指消费者对该品牌每一属性的效用功能需要达到何种水平的评价。评价模式指在明确了上述三个问题之后，消费者会根据实际情况再运用一些评价方法对不同的品牌进行筛选，如说价格区间、外观等。

　　（4）**购买决策**　　消费者在评估备选方案阶段对品牌进行排序后形成购买意图，随后对最喜欢的品牌做出购买决策。但是，消费者根据哪种属性进行排序会因需求而异，常见的购买决策如表2-13所示。

表2-13　购买决策类型

购买决策	含义
产品种类决策	在资金有限的情况下优先购买哪一类产品
产品属性决策	该产品应具有哪些属性
产品品牌决策	在挑选出的产品中购买哪一品牌
时间决策	在什么时候买
经销商决策	到哪一家商店购买
数量决策	购买多少数量的产品
付款方式决策	一次性付款还是分期付款，现金购买还是其他方式购买等

　　需要注意的是，购买决策只是对购买意向的进一步思考，而不是购买行为。购买行为会进一步受到一些因素的影响，包括其他人的建议与环境因素。就环境因素而言，一方面，消费者在备选评估方案时会考虑预期收入、预计价格等因素，如消费者知道在"双11"和

"6·18"等促销活动中会有大量商品降价，那么在购买产品时，消费者会优先考虑在这些促销期内线上购买。这些消费者可以预测到的影响因素称为预期环境因素。另一方面，消费者在进行购买行为时也会受到销售态度、广告促销、购买条件等因素的影响。例如，消费者在实体店试用时感受到某个销售员的态度很恶劣，那么消费者对这个品牌产生的负面感受将会导致其对品牌信念降低，从而影响最终的购买行为。这些消费者预测不到的突发情况造成的影响称为非预期环境因素。

（5）购后过程　　消费者的购后过程分三个阶段：购后使用和处置、购后评价、购后行为。

消费者通过产品使用过程中对其需要的满足程度和产品生命周期内的服务进行评价，检验自己购买决策的正确性，以作为后续购买行为的参考。对达到或超过预期的产品，消费者就会增加复购的可能性，并推荐给周围的人群；对不满意的产品，消费者会抱怨、投诉、不再购买甚至劝阻他人购买。

根据销售数字法则，一个满意的顾客可以影响 25 个顾客，25 个顾客中会有 8 个顾客有购买意愿，8 个有意愿购买的顾客至少可以成交 1 个；而一个不满意的顾客可以带走至少 50 个潜在顾客。营销人员应当主动采取措施促使消费者发生有利于产品的行为，对于已经产生的不满或投诉要给予积极且正面的回应，避免发生更大的不利于产品的行为。

第 5 节　组织消费者与购买行为

一、组织消费者市场定义

组织消费者市场是指企业、政府部门和非营利组织为生产经营或履行职责而购买产品和服务的市场，与面向个人的消费者市场形成对比（表 2-14）。组织消费者是为了组织再生产或消费目的而购买、使用产品或服务的成员，其购买行为特指为出售、租赁或供应给其他组织用于生产而购买产品或服务的行为。

表 2-14　组织消费者市场与个体消费者市场区别

	个体消费者市场	组织消费者市场
目的	个人或家庭为了满足某项需求而购买的某种商品或服务	为了组织的生产或消费而购买的产品或服务
需求	需求直接来源于个体消费者	更多来自组织消费者的需求
体量	消费者众多但购买数量较少	购买者较少但购买数量巨大
策划流程	由少数人决定	涉及多人

二、影响组织消费者的行为因素

一些营销者认为，组织消费者的购买行为主要受到经济因素的影响。然而现实往往更加复杂，影响组织消费者行为的因素可以归纳为以下四大类：环境因素、组织因素、个际关系因素及个人因素（图 2-6）。

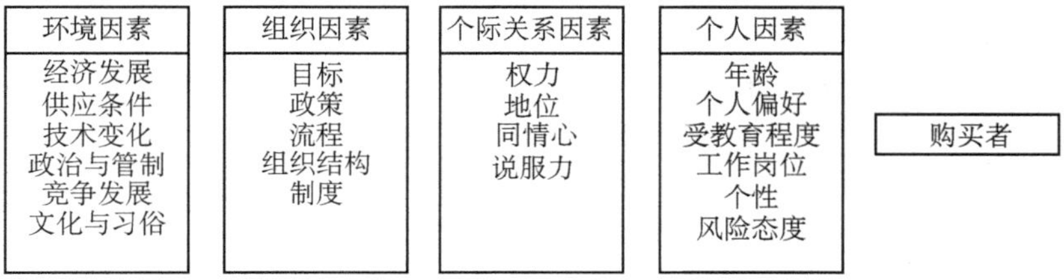

环境因素	组织因素	个际关系因素	个人因素	
经济发展 供应条件 技术变化 政治与管制 竞争发展 文化与习俗	目标 政策 流程 组织结构 制度	权力 地位 同情心 说服力	年龄 个人偏好 受教育程度 工作岗位 个性 风险态度	购买者

图 2-6　组织消费者购买行为的影响因素（来源：编者绘）

1. 环境因素

影响组织消费者行为的环境因素包括：经济发展、供应条件、技术变化、政治与管制、竞争发展、文化与习俗。

当宏观经济萎靡时，组织消费者就会适当缩减购买预算，而随着一些政策的发布，如某国颁布法律，要求禁止使用不符合标准的原材料加工生产产品，则组织消费者将不会选择购买不符合要求的原材料，无论价格高低。组织消费者在制定组织消费决策时，还会考虑到技术与供应条件的因素，技术的进步将导致企业购买者的购买需求发生改变，原材料是否可以做到稳定供应也是组织消费者应考虑的因素。

2. 组织因素

影响组织消费者行为的组织因素包括：组织消费者所处组织的目标、政策、流程、组织结构与制度。

购买组织都会有自己的目标、政策、流程、组织结构与制度。营销人员在制定营销方案的过程中，应当充分了解目标客户所在组织的目标与政策。同时，营销人员还需要了解目标的采购流程与组织结构，综合考量会影响到组织消费者最终进行决策的组织因素。例如，一家追求品质与个性化的酒庄，需要选购合适的包装材料，营销人员就应当放弃千篇一律的设计，重点介绍定制化服务和优秀的产品的质量以此来吸引组织消费者的注意。

3. 个际关系因素

组织消费者的购买行为往往涉及许多个体，不同个体之间的复杂关系也会对组织消费者行为产生影响。这些个体在组织用户内部扮演着不同的角色，如使用者、影响者、决策者、批准者、采购者和信息控制者。

由于所处职位、地位的不同，因而具有不同的态度和说服力，由此产生了复杂的利益与相互关系。了解组织消费内部的个际关系是很困难的，这对营销人员判断个际关系的能力提出了挑战。厘清组织用户内部参与购买过程的每个人在购买决策中扮演着什么样的角色，他们之间有什么关系，会对组织消费活动产生什么样的影响等问题，可以帮助营销人员更好地促成交易。

4. 个人因素

个人因素在组织购买决策中除了涵盖参与者的年龄、受教育程度、个性、个人偏好及风险态度外，还包括他们在组织内的具体工作岗位。不同工作岗位的购买过程参与者倾向于更

关注与自身职责相关的企业需求。例如，工程技术人员侧重于产品性能，操作人员注重产品使用的便捷性和可靠性，财务人员则更看重产品的经济性，而领导层则更为关注产品的安全性。

三、组织消费者行为分类

1. 新购

新购是指购买者第一次购买某种产品或服务。新购具有复杂、风险性高的特点，这需要企业收集更多信息，仔细甄别判断。新购这种行为往往是企业受到某种刺激而产生的，如企业新产品生产或者更新换代需要新的材料、零部件；或者为了扩大生产购买新的生产机器等。企业需要采购以往未采购过的新产品时，较难找到借鉴经验，需要进行新购。对于这类购买行为，营销人员需要积极向购买者提供高质量产品、优质服务及全面的商品信息，争取让购买者购买产品。

2. 修正重购

修正重购，即变更重购，是指生产者市场的用户在采购过程中，为优化采购任务，会调整采购方案，涉及产品规格、型号、价格、数量及条款的适度变动，并可能寻找更适宜的供应商。

修正重购的原因众多，计划外的发展在一定程度影响着企业修正重购，如购买的质量存在问题，企业资金减少需要修改部分产品的配置；客户的需求变化也影响着企业重购，如客户对产品质量或者服务水平提出更高的要求；供应商的变化同样会引起修正重购，如供应商改变某项产品的价格，企业可能提出修改价格重购；供应商对某产品进行升级也会促使企业修正重购。

3. 直接重购

直接重购是指企业采购部门根据先前的订货记录，直接向原有的供应商进行购货，过程中不涉及任何变动，完全依据以往经验和常规操作进行重复性购买。相比于上述两种购买行为，直接重购相对简单。直接重购有相对成熟的程序，相关内容也较为熟悉。当供应商提供的产品质量稳定可靠、配送准时，且价格具有竞争力时，企业倾向于选择直接重购。此外，直接重购的决策也依赖于购买者与供应商之间建立的良好关系。

四、组织消费者购买决策过程

组织消费者购买决策过程是组织消费者做出购买决策的过程，需要注意的是，由于生产者购买类型不同，购买决策过程也有所不同。直接重购的决策阶段最少；修正重购的决策阶段较多；新购的决策阶段最长（图2-7）。

问题识别 ⇒ 需求描述 ⇒ 产品规格 ⇒ 供应商搜寻 ⇒ 提案征集 ⇒ 供应商选择 ⇒ 合同谈判 ⇒ 绩效评估

图 2-7　组织消费者购买决策过程（来源：编者绘）

1. 问题识别

当公司中有人意识到一个问题需要采购某种物品才能得到满足时，采购过程就开始了。产生意识通常有两种因素，一是内部刺激，开发新产品需要新材料，或已购材料不符合要求，需要购买价格和质量更加合适的。二是外部刺激，可能是采购者在互联网或现实中突然获得某种想法或灵感，或听取消费者提供的意见。

2. 需求描述

采购者需要确认所需商品的总体特征和数量，采购者可以和工程师协商商品的各个特征。

3. 产品规格

专家小组对所需品种进行价值分析，做出详细的技术说明。目的是以最少的资源耗费，生产出或取得最大功能，确认产品规格以取得最大的经济效益。价值分析公式：

$$V = \frac{F}{C}$$

式中，V 表示价值；F 表示功能（指产品的用途、效用、作用）；C 表示成本。

4. 供应商搜寻

新购需耗费较多时间挑选合适的供应商。采购人员常借助工商名录等资料寻找潜在供应商，或向其他企业咨询以了解供应商的信誉情况。

5. 提案征集

在此阶段，采购者会邀请符合条件的供应商提交书面提案，并可能要求部分供应商进行正式报告。

6. 供应商选择

在选择供应商时，通常会综合评估其经营绩效、供货实力及品质保障能力，并定期依据质量、物流、价格、逾期率及协作意愿等指标进行全面评分。

拥有卓越领导能力的企业决策者、具备高素质的管理团队、稳定且高效的员工队伍、先进的机器设备、精湛的技术实力及完善的管理制度。这些标准共同构成了评估供应商是否合格的重要依据。

7. 合同谈判

合同谈判旨在确保买卖双方按合同要求履行义务，涉及多个层面的集成与协调：包括授权承包商适时开展工作，监控其成本、进度计划和技术绩效，检查分包商产品质量，控制变更并确保获得适当批准及通知相关人员，按合同条款建立卖方执行进度与费用支付的联系，进行采购审计，完成正式验收与合同归档工作。

8. 绩效评估

通过评估采购过程中的效率和效果可以发现存在的问题和不足之处，并提出改进意见。同时，还需要积极收集供应商的反馈意见和建议，以便更好地优化采购流程和提高产品质量。

第6节　葡萄酒市场调研与预测

一、大数据时代与消费者洞察

市场营销信息系统（marketing information system）是一种旨在支持企业营销决策的结构化信息系统。通常包括内部报告系统、市场情报系统、市场研究系统、分析营销系统、营销决策支持系统，每个系统都有其特定的作用。

内部报告系统核心在于收集企业内部数据，如销售、库存和财务等，这些数据由企业日常运营自动生成，为管理者提供企业实时运营状况的洞察。市场情报系统聚焦从外部渠道搜集市场相关信息，涵盖竞争对手动态、行业走势、宏观经济状况以及消费者行为等多个方面。市场情报可通过多种方式获取，包括订阅行业报告、社交媒体监控、参加行业会议等。市场研究系统专注于开展更为系统和组织化的市场调研，以收集针对特定问题的数据。研究手段既可以是定性的，也可以是定量的，包括问卷调查、焦点小组讨论和一对一访谈等多种方法。分析营销系统专注于对收集到的大量数据进行深度处理和分析，运用统计分析、预测模型和评估工具等手段，识别市场趋势，评估营销活动的成效，预测市场变化。

营销决策支持系统是一个交互式软件，可以辅助营销经理利用工具和数据做出决策。营销决策支持系统结合了分析模型、历史数据、交互式查询系统等，以提供对特定营销问题的见解和解决方案。

二、市场信息获取

市场信息，即为商品流通、生产与服务过程中涉及的各种相关信息、数据等。狭义上，它主要关注商品销售信息，如销售状况、消费者行为、销售渠道及技术等。而广义上，市场信息则更为广泛，涵盖了社会环境、需求、流通渠道、产品、竞争者及原材料供应等多方面的市场动态。

1. 评估所需信息

（1）**内部数据分析**　　通过企业内部的财务报表、销售数据、市场研究等信息来了解企业的经营情况和市场表现。这些数据可以提供企业盈利能力、客户需求和趋势等方面的信息。

（2）**行业报告**　　通过行业报告、统计数据及市场研究公司发布的调查报告等来了解整个行业的趋势和发展情况。这些报告通常会提供市场规模、增长率、竞争格局、消费者趋势等方面的信息。

（3）**竞争对手分析**　　评估特定市场时，深入分析竞争对手的产品特性、所占市场份额、定价机制及品牌形象等信息，有助于更清晰地把握市场环境并发现潜在机遇。

2. 信息来源

（1）市场人员的市场调研及客户的反馈　市场信息的收集工作主要由市场人员或销售人员承担，但他们的学识和经验对获取信息的真实性和有效性有着重要影响。因此需要提供相关的培训，同时采取表格化的信息收集方式，以尽量减少他们的分析判断职责。

（2）相关报纸、杂志、电视报道　专业的报刊等公共媒体能够广泛提供行业内的有效信息，因其受众层次较高，它们更倾向于传播策略性和战略性的信息，且多为宣传性质的公共资讯，不涉及商业机密。

（3）权威部门的信息披露　国家主管部门与行业组织主要披露的信息包括行业规划、政策限制、发展前景预测等。

（4）互联网发布　新兴媒体的作用不容忽视，其时效性尤为突出。由于互联网信息泛滥，需要对其真实性进行严格的验证和筛选。

（5）业内人士的发言及交流、传播　业内人士由于了解内幕，信息往往比较真实。但为避免其个人情感倾向导致信息失真，需要谨慎核实其提供的信息。

三、如何进行市场调研

1. 确定研究问题和研究目标

市场调研的首要步骤是确立调查目标，这一步骤至关重要。首先需要识别企业在经营管理中面临的挑战，随后深入剖析这些问题，并根据问题的性质确定需要调查的具体信息，从而确立研究的核心目标（图 2-8）。

2. 制定研究计划

在明确了研究目标和研究问题之后，接下来需要围绕调查内容、调查方法和调查方式制定详尽的研究计划方案。研究计划具体包括研究的目标、研究的对象、研究的内容、研究的方法、抽样方法、研究的进度及有关经费预算等内容。

3. 二手信息收集

通过网络搜索、数据库查询、行业报告等获取第二手资料，包括市场规模、竞争对手等信息。

4. 计划执行

专业的市场调研人员会严格按照调研方案中设定的时间、地点、方法和内容开展资料搜集工作。搜集到真实、有用的资料是市场调研成功的关键所在。由于市场调研所搜集的资料往往分散且凌

图 2-8　市场调研流程图
（来源：编者绘）

乱，因此需要进行系统的整理和分析。

调研实施应该遵循调研方案和调研工具的要求，按照预定的时间、预算、人员等资源，进行有效的信息和数据的收集和传递。

5. 结果评估

收集的数据需进行深入分析和解读，以揭示市场动向、竞争者动态及消费者需求等关键信息。在此过程中，务必确保数据的有效性和可信度，关注其适用性、相关性、可比较性、可测量性，以及客观性与中立性，确保数据的稳定与可复制。撰写报告时，需明确报告的目的与受众，用简洁明了、有力的语言和图表，展现调研的全貌与成果，为市场决策提供有力支撑与参考。

四、市场调研结果的应用

案例：黄尾袋鼠葡萄酒进军美国市场

图2-9　企业产品示例
（来源：酒庄官网）

黄尾袋鼠（Yellow Tail）是澳大利亚的一家家族葡萄酒生产企业Casella Family Brands旗下的产品（图2-9）。在21世纪初期，黄尾袋鼠计划进军美国市场，但面临巨大的挑战，因为当时美国市场上的葡萄酒品牌众多，竞争激烈。Casella Family Brands进行了深入的市场调研，发现美国市场上大部分葡萄酒品牌都聚焦于复杂的品鉴过程和专业术语，这对于普通消费者来说较难理解和接近。他们注意到市场中存在一个未被充分开发的细分市场——那些对葡萄酒感兴趣但被现有复杂度吓倒的普通消费者。

基于上述发现，Casella Family Brands针对美国市场精心推出了全新系列产品。这些葡萄酒散发着浓郁的橡木香气，且价格适中，真正实现了物美价廉，赢得了消费者的广泛好评。同时，黄尾袋鼠采取了以下措施。

产品定位：黄尾袋鼠将其葡萄酒定位为易饮、简单且乐趣十足的产品，以吸引非传统的葡萄酒消费者。

包装设计：他们采用了鲜明的色彩和标志性的袋鼠图案，使产品在货架上容易被识别，与传统葡萄酒品牌区分开来。

营销传播：黄尾袋鼠强调轻松愉悦的饮酒体验，避免使用复杂的葡萄酒术语，使营销信息更加平易近人。

定价策略：他们设定了亲民的价格点，旨在降低消费者的购买门槛。

2001年，黄尾袋鼠葡萄酒在美国市场崭露头角，主推西拉和霞多丽两大品牌，当年便实现了50万箱的骄人销量。到了2003年，黄尾袋鼠更是以卓越的品质和出色的市场表现，荣登全美国750毫升装红葡萄酒销量榜首，力压众多加利福尼亚州知名品牌。而在2005年，黄尾袋鼠推出的"黄尾珍藏系列"中的RESERVE SHIRAZ更是赢得了《葡萄酒观察家》90分的高度评价。同年，在零售巨头Costco的助力下，黄尾袋鼠的年销量达到了惊人的750万箱，这一数字甚至超过了当时美国市场上所有进口法国酒的总和，彰显了黄尾袋鼠葡萄酒的卓越品质和强大市场号召力。这种以消费者为中心的策略和市场调研的准确应用使得黄尾袋鼠迅速成为美国市场上最受欢迎的进口葡萄酒之一。他们的成功证明了即使在竞争激烈的市场中，通过精确的市场调研和明智的策略实施也能够实现显著的增长。

本 章 小 结

　　本章内容主要分为六部分，即葡萄酒市场概况、葡萄酒市场分析、葡萄酒消费者、个体消费者与购买行为、组织消费者与购买行为、葡萄酒市场调研与预测，帮助读者分析葡萄酒市场与消费者需求，从而更好地帮助企业在葡萄酒市场中获取竞争优势。企业要根据消费者差异进行分析，更好地了解时代变革中的用户需求，精准把握用户需求，采取不同的营销策略，服务于不同的消费者，推动产品和营销策略及时有效地优化迭代，助力产品、营销与消费者之间形成相互促进的良性循环，在市场中始终保持竞争优势。

参 考 文 献

科特勒. 2001. 营销管理. 梅汝和，梅清豪，周安柱，译. 北京：中国人民大学出版社

马椿荣. 2014. 消费者价值研究理论综述. 商业时代，（10）：60-61

John A，Jagdish N. 1969. The Theory of Buyer Behavior. New York：Wiley

【案例分析】

宁夏贺兰山东麓文旅发展

思考题

1. 宁夏贺兰山东麓在吸引消费者方面有何优势？

2. 与其他地区相比，贺兰山东麓的发展模式有何区别？试用本章内容进行分析。

第三章　战略规划：葡萄酒企业战略与营销管理

【知识目标】

1. 了解企业战略的概念和重要性。
2. 熟悉企业战略制定的方法和流程。
3. 掌握不同类型的企业战略，如成本领先战略、差异化战略等。
4. 了解战略规划在葡萄酒行业中的应用。
5. 了解战略实施和控制的重要性。

【能力目标】

1. 能够分析和评估葡萄酒企业的内外部环境因素，为战略制定提供依据。
2. 能够制定适合葡萄酒企业的战略目标和发展路径。
3. 能够设计战略规划和行动计划，确保战略的有效实施。
4. 能够评估和调整战略效果，进行战略控制和持续改进。

【价值目标】

　　帮助读者深入了解和掌握企业战略的重要性，提高对企业长远发展的认识和把握；掌握制定企业战略的方法和技巧，提高战略制定的准确性和有效性；了解葡萄酒行业战略规划的特点和要求，为其在该行业的经营决策提供指导。培养读者对企业战略实施和控制的重视，提高企业绩效和可持续发展能力。

【思维脉络】

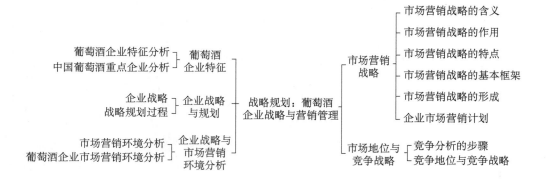

【营销观察】

龟兔重赛

在首次与乌龟的赛跑失利之后，兔子深入反思并总结了教训，于是向乌龟发起了再次挑战。比赛开始后，乌龟沿着规定的赛道努力前进，内心深感自己这次比赛胜算不大。然而，当乌龟抵达终点时，却发现兔子并未出现。正感疑惑时，兔子气喘吁吁地赶到。乌龟好奇地问道："兔兄，这次你没停下来睡觉吧？"兔子叹息道："这次没睡，但是我跑错了路。"原来，兔子过于渴望获胜，在赛道上全力冲刺，希望尽快到达终点。但当他估计即将到达终点时，抬头一看，却发现自己跑错了路线，结果依然没能赢过乌龟。

"先谋后事者昌，先事后谋者亡。"兔子即使拥有很强的赛跑能力，但没有事前规划正确的路线，还是导致了最后的失败。处在百年未有之大变局的时代，随着环境不确定性的加剧，企业要想在激烈的市场竞争中脱颖而出，就要做出正确的战略规划，制定有效的发展战略并坚定地执行，从而获取竞争优势与可持续发展。

【营销启示】

把握市场需求对于制定行之有效的营销策略至关重要；在葡萄酒行业的激烈竞争中，唯有持续创新并灵活应对市场变化，方能崭露头角；塑造良好的品牌形象与口碑，则是赢取顾客信赖与忠诚的核心要素。

【营销语录】

做战略上正确的事情要比立即获利更重要。

——现代营销学之父 菲利普·科特勒

一个市场的顾客是有差异的，他们有不同的需要，寻求不同的利益。企业必须对市场进行细分，而不是仅停留在产品差异上。

——美国营销学家 温德尔·史密斯

应当把消费者看作一个特定的群体，称为目标市场。

——著名营销学大师 杰罗姆·麦卡锡

在企业内部，只有成本。

——现代管理学之父 彼得·德鲁克

【政策瞭望】

市场是全球最稀缺的资源。经过多年发展，我国已形成超大规模市场，这是构建新发展格局的独特优势和必要条件。

——国务院关于印发《"十四五"市场监管现代化规划》的通知

企业的战略规划并非空洞无物的言论，而是在全面考量外部环境与内部条件的基础上，进行战略的制定、执行与适时调整。这一流程并非遵循简单的线性逻辑，而是需要依据之前战略实施的效果反馈来进行不断地修正与完善。从这个角度看，战略规划实质上是一个循环不息、动态演变的过程，涉及不断地更新与优化。具体而言，葡萄酒企业的战略规划包含企业整体的战略与规划、企业战略与市场营销环境分析、市场营销战略，以及市场地位与竞争战略等内容，这些内容在逻辑上是环环相扣的。此外，企业完成基于前期的行业、市场分析

及内外部环境分析制定的战略规划，实际上能够为后续企业制定具体的产品、价格、渠道和促销策略奠定良好的基础。

第1节　葡萄酒企业特征

一、葡萄酒企业特征分析

1. 全球产销量小幅波动，中国市场增长乏力但潜力较大

（1）全球产销量小幅波动　　根据国际葡萄与葡萄酒组织（OIV）发布的《2023 年全球葡萄酒报告》，过去五年，由于中国葡萄园扩张速度减慢，加上欧盟实施了新的种植授权制度，使得全球葡萄酒的产销量保持相对稳定。这一稳定趋势已持续八年，种植面积一直维持在 330 万公顷左右。就产量而言，2022 年全球葡萄酒产量为 258 亿升，较 2021 年微降1%。总体来看，全球葡萄酒产量已经连续四年保持在大约 260 亿升的水平。全球葡萄酒的主要产地主要集中在北温带的欧洲地区，如意大利、法国、西班牙等地，2022 年，分别为意大利（49.8 亿升）、法国（45.6 亿升）、西班牙（35.7 亿升），这三国的产量占全球葡萄酒产量的 51%；从销量上看，自 2018 年起，全球葡萄酒消费量开始下降，2020 年受新冠疫情的影响，全球主要葡萄酒市场再次受冲击，下滑趋势加剧（图 3-1）。2022 年，俄乌冲突及与此相关的能源危机和全球供应链的中断，导致生产成本飙升，这也导致葡萄酒的价格出现显著的增长。2022 年，美国仍是全球最大的葡萄酒消费国，消费量 34 亿升，较 2021 年增长了 3%，恢复到了疫情前的水平。尽管葡萄酒在我国的知名度和认可度不断提升，但在国际市场中仍面临竞争力相对较弱的挑战。近年来，我国葡萄酒产销量保持小幅波动，并未出现显著增长。需求和供给只有轻微增加，并且在疫情期间甚至呈下降趋势。

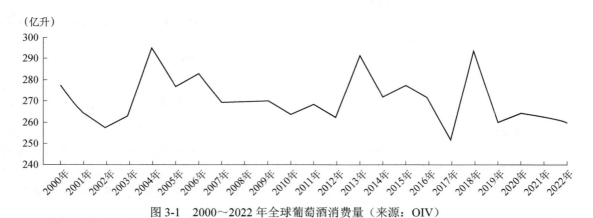

图 3-1　2000～2022 年全球葡萄酒消费量（来源：OIV）

（2）中国市场增长乏力但潜力较大　　据公开数据，2022 年全球葡萄酒消费量大约为232 亿升，相比 2021 年略有 1% 的下滑。这一减少趋势始于 2018 年，主要原因是中国的消费量在逐年递减，自 2018 年来，中国每年葡萄酒消费量平均减少 200 万升。中国葡萄酒消费市场小幅波动而非显著增长，可能受到多方面因素影响。首先，从种植葡萄、采摘、酿造到销售，虽然科技进步对各个环节都有一定的影响和促进，但整体产业链上游的关键因素，

如种子、化肥和机械等变化并不大。其次，在考虑替代品和市场竞争时，葡萄酒进口量保持稳定，并未出现大幅波动。再者，我国尚未形成广泛的葡萄酒消费文化，消费者需求也仅呈现出平稳的态势，未出现大幅增长。最后，在产业链末端的线上线下销售渠道也没有突破性拓展。因此，我国葡萄酒产业链处于渐进性（非突破性）创新发展阶段，市场需求增长总体较为乏力。

虽然目前我国葡萄酒消费量仍相对疲软，但市场潜力较大。根据 OIV 发布的统计数据，2022 年，美国、德国及英国的葡萄酒进口量继续稳居世界前三名，中国位列全球第八。尽管同比略有下滑，中国依然是亚洲地区葡萄酒进口量最大的国家。白葡萄酒、桃红葡萄酒等具有不同色泽的品种，以及甜度较高的甜葡萄酒、半甜葡萄酒等正通过多元化渠道进行市场推广，吸引着更多年轻消费者的关注。国家也陆续出台了相关政策，在资金、技术、人才等多方面鼓励葡萄酒行业发展。

2. 国际竞争激烈，国内差距缩小

（1）国际竞争激烈　　我国葡萄酒市场具备巨大潜力，外资渗透力度正在逐渐加大。由于进口葡萄酒在葡萄品种、酿造工艺、历史和品牌等多个方面具备优势，因此占据了绝大部分市场份额。国产品牌市场份额较低，出口情况也不容乐观。

（2）国内消费差距缩小　　随着葡萄酒产区等概念逐渐深入人心，中国葡萄酒业与市场已经开始打破"东高西低"的生产增长和市场需求规律，呈现出东西部并驾齐驱的发展态势。虽然我国葡萄酒生产与消费的主要区域仍集中在东部和南部沿海发达地区，尤其是北京、江浙沪、珠三角等经济发达地区的消费比重较大。在产区等概念的推动下，重庆、成都、西安、兰州和乌鲁木齐等地区葡萄酒消费也出现了新的转折。西部葡萄酒市场的消费热度正在逐渐上升。以成都为例，作为葡萄酒消费相对成熟的城市，已经积累一批忠诚度高的消费群体，其消费水平与东部城市不相上下。

3. 深耕差异化，迎来品牌时代

（1）国产葡萄酒深耕差异化　　一方面，部分品牌选择追求高端化。当前，我国国内企业在低端产品上存在显著的同质化现象。近年来，在我国葡萄酒行业中，高端产品在企业收入中所占比例不断增加，这表明居民消费正逐渐向高端化转变。2019 年，高端葡萄酒的消费量已占市场 40%。高端市场必将成为竞争的关键领域。

另一方面，部分葡萄酒企业选择进军葡萄酒下沉市场。对于面临更广泛潜在用户群体的情况，下沉市场和平价化可能是一些葡萄酒企业更为明智的选择。部分葡萄酒企业为了吸引更多潜在消费者，可能会考虑推出价格适中的百元大众酒以增强竞争力。另有数据显示，随着葡萄酒文化日益普及，葡萄酒消费逐渐扩展到三四线城市，而这些城市的消费比例也在逐年上升。

（2）国产葡萄酒迎来品牌时代　　目前，消费者对于高品质小资情调和精致生活的追求日益增加，葡萄酒正好满足了这一需求。总体而言，随着我国葡萄酒产业教育、栽培酿造和文化建设体系逐步完善，国产葡萄酒品质不断提升。国产葡萄酒品牌正在努力打造"中国葡萄酒"IP，中国酒业协会也在大力提倡"中国风土，世界品质"，推广新饮酒文化，致力于

让中国葡萄酒根植风土，香飘海外。

二、中国葡萄酒重点企业分析

1. 企业格局

（1）葡萄酒行业进入壁垒　　葡萄酒行业存在较高的进入门槛，这些门槛主要体现在资金、品牌和人才等多个方面。就资金而言，从葡萄种植到原酒陈酿再到成品销售的整个产业链周期较长，且资金需求量大。在品牌建设上，塑造一个知名品牌的前期投入巨大。当前，中国葡萄酒市场上已经汇聚了如拉菲、卡思黛乐等进口品牌，以及张裕、长城等国内知名品牌，这使得品牌进入的壁垒相对较高。在人才方面，酿酒师和品酒师在葡萄酒发酵、陈年等关键环节上具有至关重要的作用。然而目前我国拥有丰富理论知识和酿造经验的人才数量相对较少，这导致新进入者难以生存。

（2）葡萄酒行业企业格局　　截至 2022 年 12 月 20 日，已有 1680 家葡萄酒企业获得生产许可证，酿酒葡萄种植面积总计约 127.5 万亩，为约 150 万人提供了就业机会。2021 年张裕在中国市场的占有率为 28.7%，威龙则占据了 4.5% 的市场份额[①]。行业头部效应显著，已经形成了一个头大尾小的市场格局。在市场持续低迷的大环境下，原本就实力较弱的中小型葡萄酒企业的生存状况变得更为严峻。

2. 重点企业分析

（1）烟台张裕葡萄酿酒股份有限公司　　烟台张裕葡萄酿酒股份有限公司（简称"张裕"），其前身是创立于 1892 年的张裕酿酒公司，为我国最早的葡萄酒生产商。1994 年，该公司进一步扩展，成立了烟台张裕集团有限公司。在接下来的 1997 年和 2000 年，张裕的 B 股和 A 股相继成功上市，成为国内葡萄酒行业中唯一一家同时发行 A、B 股的上市公司。至今，张裕已在烟台、辽宁、北京、宁夏、陕西、新疆等六大葡萄酒产区建立了 8 家酒庄。此外，该公司还在法国、西班牙、智利、澳大利亚等地收购了 6 家酒庄。目前，张裕在全球共有 14 家酒庄、21 家工厂及 1 座国际葡萄酒城，其葡萄园总面积达到了 25 万亩（即 1.67 万公顷），是国内规模最大的葡萄酒企业。值得一提的是，在 2023 年，张裕被知名品牌价值评级机构 Brand Finance 评为"2023 全球葡萄酒与香槟品牌"的第一名。

（2）通化葡萄酒股份有限公司　　通化葡萄酒股份有限公司（简称"通葡"）历史可追溯至 1937 年，作为一家老字号国货品牌，通葡始终秉持"以中国葡萄　酿造中国酒"的理念，坚守使用本土山葡萄原料进行葡萄酒生产和制作，并致力于将具有中国特色的葡萄酒推广到全球。具体而言，通葡充分发挥本土山葡萄的原料优势——山葡萄更适宜用于酿造甜型酒，而甜型酒更符合我国消费者的饮食习惯，这让以山葡萄为原料的通化甜型酒具备显著的口感优势。目前通葡拥有丰富的产品矩阵，公司旗下有甜酒、干红、晚收、冰酒、烈酒、露酒等多个产品品类，其中"红梅""爱在深秋""翡翠堡冰酒""天池"等品牌已经成为通化产区山葡萄酒的代表。

（3）宁夏西鸽酒庄有限公司　　宁夏西鸽酒庄有限公司（简称"西鸽酒庄"）是中国精

品葡萄酒领域的标杆性企业，成立于 2017 年，坐落于宁夏贺兰山东麓青铜峡鸽子山核心产区，拥有 3.2 万亩葡萄园，年设计产能 1000 万瓶。酒庄以"让世界爱上中国葡萄酒"为初心，通过品牌建设与国际影响力的双重发力，迅速成长为行业领军者。在品牌建设方面，西鸽酒庄坚持"政府主打产区品牌、酒庄主打产品品牌"的战略，构建了以"藤上藤"正牌酒为核心的高端产品矩阵，并通过"3126"酿造法则（发酵 3 个月、橡木桶陈酿 12 个月、瓶储 6 个月）确保品质。其产品连续斩获品醇客、布鲁塞尔等国际大赛奖项，累计获奖数百项，并成为首个通过世界最高标准"BRCGS 国际质量认证"和 IFS 双认证的中国酒庄。

国际影响力方面，西鸽酒庄依托贺兰山东麓产区的全球声誉（区域品牌价值达 320.22 亿元），跻身 2023 年"国际葡萄酒产品品牌榜"第 15 名，与张裕、长城并列中国品牌前三。产品出口至英国、瑞士、澳大利亚、加拿大等 40 余个国家和地区，2022 年出口额同比增长 500%，并创下宁夏单批次葡萄酒出口额最高纪录。此外，西鸽在西藏左贡县布局高原产区，打造奢华葡萄酒品系，探索多元化风土表达，成为首个跨产区规模化发展的中国酒企。

第 2 节 企业战略与规划

一、企业战略

企业战略是企业为应对复杂多变、充满挑战的经营环境而精心策划的长远性、全局性规划，它融合了历史经验的总结、现状的深入调查及对未来的精准预测。对于拥有多个事业部门的企业而言，其企业战略通常呈现出明显的层次性。具体而言，这些层级可以细分为公司层战略、业务层战略及职能层战略（图3-2），每一层级都承担着不同的战略角色和职责，共同构成企业完整而系统的战略体系。

图 3-2　企业战略层次（来源：编者绘）

1. 公司层战略

公司层战略（corporate-level strategy）又称企业总体战略。这一战略的核心在于根据企业的既定目标，审慎选择适宜的经营领域，并合理调配企业所需的资源，确保各项经营业务能够相互支持、协调并进，共同推动企业实现长远的发展目标。公司层战略可分为三大类：增长战略、稳定战略和收缩战略。

（1）增长战略　增长战略亦称为发展型或扩张型战略，主要包括四个特征：①发展速度，不满足现有产品市场的发展速度，着力加快企业发展；②战略重点，摆脱或消除行业中价格竞争的威胁，较快进入行业或争取市场领先地位；③竞争手段，不断开发新产品、新市场，采用新材料、新工艺，寻找老产品的新用途；④利润水平，高于行业平均水平的利润率，甚至拉开较大距离。

增长战略分类包括专业化增长战略、一体化增长战略、多元化增长战略。

A. 专业化增长战略　专业化增长战略是指企业将全部资源和能力聚焦于自身擅长的核心业务，通过专注于某一领域来推动企业成长，指企业集中生产某一产品或提供某项服

务，以此在特定市场或多个小市场中占据较大的市场份额。

B. 一体化增长战略　　一体化是指将原本分散的、由多个企业分别进行的生产经营活动通过特定方式整合至单一企业内，实现统一的生产经营管理。一体化增长战略主要关注如何界定企业的经营范围，主要研究与企业当前业务活动紧密相关的竞争态势及上下游生产活动的整合问题。

该战略包含纵向、横向一体化。纵向一体化旨在同一行业内拓展企业的竞争领域，进一步分为前向一体化和后向一体化。前向一体化是指企业将业务活动延伸至其产品或服务的终端用户，如对中间产品进行深加工、建立分销网络、增设储运设施等；而后向一体化则是向控制企业资源投入的方向扩展，如掌控原材料供应、中间产品的自我生产等（图3-3）。横向一体化指与同行业、生产相似产品或采用相近工艺的企业进行联合，以扩大生产规模、降低成本并稳固市场地位。

图3-3　纵向一体化示意图（来源：编者绘）

相关案例

TCL在国内彩电行业中已经崭露头角，成为领头羊。探究其成功的原因，主要得益于他们自己搭建的销售网络。在彩电这个领域，核心技术大多掌握在外国公司手中，因此国内企业在技术方面并没有明显优势。面对这种情况，TCL选择通过控制销售渠道来增强自身的竞争力。从1992年成立第一家销售分公司开始，TCL就一直在推进他们的销售渠道控制战略。这种控制力使得TCL在众多彩电品牌中凸显出来。

虽然这种纵向一体化的战略帮助TCL取得了成功，但并不是所有企业都能从中受益。这种战略可能会带来高昂的管理成本，因为它本质上是一种多元化经营的模式。当企业扩展到新的领域时，可能会遇到许多管理上的挑战。TCL的成功并非一蹴而就，他们构建销售网络的过程是长期且复杂的。TCL的多元化策略使得销售网络能够带来更广泛的经济效益，不同产品可以共享销售成本。但即便如此，TCL每年在销售网络上的投入也接近10亿。这种高成本使得企业在选择战略时需要谨慎考虑。在制定战略时，企业需要综合考虑上下游的供求关系和成本问题。最关键的是，企业应该始终记住，纵向一体化的最终目的是建立持久的竞争优势。

C. 多元化增长战略　　多元化增长战略是指企业同时生产和提供两种或更多种经济用途明显不同的产品或服务的一种经营策略。当企业发展至一定阶段，为追求更长远的发展，可能会采取这种成长或扩张的策略。企业选择多元化经营意味着将资源和精力从现有的产品和市场中分散出来，投入到相对不熟悉或全新的产品和市场中。这种转变虽然为企业开拓了新的发展空间和增长点，但同时也伴随着不可避免的风险。

（2）稳定战略　　稳定战略，即基于企业的经营环境和内部条件，旨在保持起点范围与水平的经营状况，精心谋划与布局。其特点如下：继续沿用相似的产品或服务，为原有的客户群体提供持续支持；致力于维持并可能微增现有的市场份额与产销规模，稳固和强化企业在市场中的竞争地位；在战略周期内，期望每年的业绩能够按相近的比率增长，实现平稳而持续的发展。

（3）**收缩战略**　　收缩战略，即企业从现有的战略经营领域和基础水平进行收缩与撤退，是一种与战略起点偏离较大的经营策略。其特点如下：对现有产品或市场进行缩减、调整或完全放弃，实施撤退策略；逐步缩减产销规模，降低市场占有率，并调整某些经济效益指标；以改善企业现金流量为核心目标，实现更高收益和资金价值。

2. 业务层战略

业务层战略（business-level strategy），亦称竞争战略或经营层战略，旨在通过有效利用某一特定产品市场的核心竞争力，为企业赢得竞争优势。它涉及一系列相互协调的使命和行动，体现公司在单个产品市场上的竞争策略选择。

在葡萄酒营销领域，业务层战略涉及公司在业务运营层面的关键决策与行动，确保在激烈的市场竞争中保持独特优势。这一战略理念由哈佛商学院著名战略管理学家迈克尔·波特提出，具有普适性，可应用于不同行业和企业，以实现竞争优势和持续增长。波特认为：一个企业只能拥有两种"基本的竞争优势，即成本领先与产品差异化"，这二者与某一特定的业务范围相结合可以得出三个基本业务层（竞争）战略。

（1）**成本领先战略（overall cost leadership strategy）**　　又称为低成本战略，指企业通过实施一系列行动，以比竞争对手更低的成本向顾客提供可接受且具有某种特性的产品或服务，从而获得竞争优势。其主要特点如下：企业通过各种有效手段来降低成本，确保整体运营成本比竞争对手更低，甚至是行业内的最低水平；企业努力在一段时间内保持并巩固这种成本优势；通常针对行业内最典型的客户群体销售标准化的产品或服务，但这并不意味着企业会忽视产品的差异化竞争优势。

由于各个企业的特性不尽相同，实施成本领先战略时可能会面临品质和创新受限、盈利潜力受限等问题。实施成本领先战略需满足一定的适用条件。

规模经济：能够在大规模生产中降低成本。包括通过大批量采购获得更有竞争力的原材料价格，通过自动化和流程优化提高生产效率等。

市场需求：适用于价格敏感的市场和消费者。

资金实力：具备足够的资源和资金实力。减少成本通常需要投资于技术和设备，且在实施期间可能会面临短期的利润下降。

（2）**差异化战略（differentiation strategy）**　　通过突出产品或服务的独特属性，使企业在竞争中脱颖而出。在产品设计、品质提升、创新研发、服务优化及品牌形象塑造等方面与竞争对手形成区别。

差异化战略涵盖产品差异化、服务差异化、品牌差异化和形象差异化等多个方面。通过提供独特的产品，差异化战略使企业构建市场进入壁垒、降低顾客对价格的敏感度、增强议价能力及抵御替代品的威胁。同时也可能带来高成本、高风险和差异缩小等问题。因此，实施差异化战略需满足一定的适用条件。

市场需求：市场中存在对特定产品或服务的差异化需求。

创新能力：具备创新能力，以开发和提供独特的产品或服务。包括产品设计、技术、制造方法、营销策略等方面。

资金和资源：具备足够的资金和资源来实施差异化战略。包括开发和设计独特产品或服务所需的研发费用，以及市场推广和品牌建设所需的资源。

（3）目标集中战略（focus strategy）　指企业将资源和精力聚焦于一个或少数核心目标，以求达到最高效率和最大产出。重在深耕核心业务或特定市场，通过专注于特定领域以形成竞争优势。

📓 相关案例

在传统的牛排包装行业中，牛排的生产过程比较复杂。牛群通常在不同的农庄和农场饲养，然后经过屠宰，再将整块的牛排送到零售商那里。零售商再对牛排进行进一步的处理和包装，最后卖给消费者。这个过程不仅劳动密集，而且成本也比较高。

但是，俄亥俄州的一家牛排包装公司改变了这种模式。他们建立了一个大型的自动化屠宰场，并且选择在交通便利的地方，这样牛群运输的成本就会降低。在加工厂里，他们采用更精细的切割技术，将牛肉分成更小的块，这样不仅便于包装，也方便运输到零售商那里。这家公司认为，传统的长途运输牛群是非常昂贵的，而他们的新方法可以显著减少这部分费用。同时，通过精细切割，他们还减少了牛肉的浪费，进一步降低了生产成本。

---

3. 职能层战略

职能层战略（functional-level strategy）聚焦于企业内部的各个职能部门，核心目标在于优化资源配置，确保各项战略得以高效实施，提升整体组织效率。涵盖市场营销策略、品牌管理策略、产品开发和创新策略、销售和渠道策略、财务管理策略及人力资源管理策略等多个关键领域。

（1）市场营销策略　制定和实施葡萄酒营销的战略规划，涵盖了目标市场的甄选、目标客户群体的明确界定、市场定位的精准设定，以及推广与宣传策略的精心策划。

（2）品牌管理策略　管理和推进葡萄酒品牌的发展和营销，包括品牌定位和差异化、品牌形象的塑造和传播、品牌管理和控制等方面的决策和实施。建立和推广具有个性化、独特和可信任的品牌形象，提高品牌对目标客户的吸引力和目标客户对品牌的认知度。

（3）产品开发和创新策略　制定和推进新产品的开发和创新。了解消费者需求和市场趋势并进行产品研究和开发，推出具有竞争优势和差异化的新产品。

（4）销售和渠道策略　管理和发展葡萄酒的销售渠道和销售网络，包括零售渠道、餐饮企业、酒吧、网上销售平台等。制定销售目标和销售计划，确定合适的分销策略和政策，以提高销售量和市场份额。

（5）财务管理策略　制定和执行葡萄酒营销的财务管理策略，包括预算管理、成本控制、投资决策、财务分析等方面的决策与实施。建立健全的财务系统和流程，及时进行财务分析和报告，以支持决策和提高经济效益。

（6）人力资源管理策略　管理葡萄酒营销的人力资源，包括人员招聘、培训与发展、绩效管理、员工激励等。

二、战略规划过程

在企业管理实践中，制定一套完善的计划对于日常的管理活动无疑具有显著的益处。战略规划能够帮助企业确定长期发展的目标和方向；帮助企业合理配置资源；有助于企业洞悉市场变动与行业趋势；帮助企业预见并应对潜在的风险与挑战。从静态计划过程来看，企业战略计划过程可分为以下几个阶段（图3-4）。

图 3-4　战略计划过程与层次（来源：编者绘）

1. 确定企业使命

企业使命，即企业之所以存在的核心意义，旨在实现其既定的目标与理念。作为企业发展的起点与导向，企业使命详细描绘了其核心宗旨、价值观及在业务运营中所追求的愿景。而战略规划，则是基于企业使命，结合内外部环境的变迁与需求，制定出的具体策略与行动计划。企业使命与战略规划密切相关，二者相辅相成，共同推动企业朝着既定的目标和愿景迈进。

2. 确定企业具体目标

企业使命需要转化为各个管理层次的具体目标，形成一套不同层次的目标体系。在确定企业具体目标时，应注意企业目标要具备可量化和可衡量性、可实现性、与企业战略一致性、挑战性、追踪和反馈性，以及持续性和适应性。需要注意的是，企业的具体目标应该与整体战略目标相互衔接和支持，形成一个有机的整体。目标的制定是一个动态、持续的过程，必须紧密跟随市场条件、竞争态势及企业发展变化，并进行及时调整与更新，确保目标的时效性与实用性。

3. 设计企业业务组合

在明确了企业使命和企业目标的基础上，管理者现在必须对业务组合进行分析和规划。业务组合（business portfolio）即企业或组织拥有的不同业务部门或业务线的集合。业务组合的构成可以有不同的分类方法，如以下几种常见的分类。

1）垂直整合：同一产业链或价值链中拥有不同环节的业务，以实现供应链和价值链的整合。

2）水平扩张：同一领域或行业中扩大业务范围，增加相关的产品或服务。

3）不相关多元化：在完全不同的行业中开展业务，以达到风险分散和利润增长的目的，这种多元化业务组合可以是通过收购、合资或创业来实现的。

4）国际扩张：在不同国家或地区开展业务，以扩大市场份额和国际影响力，这种业务组合可通过独资设立子公司、合作伙伴关系或跨国并购来实现。

　　最好的业务组合是找到能发挥企业优势、回避劣势、适应环境和有效利用市场的组合。为了完成这项工作，企业必须分析现有业务组合并决定企业成长战略。

（1）分析现有业务组合

　　A. 战略业务单位的划分　　战略业务单位的划分是一个持续优化与调整的过程，它需紧密结合企业内外部环境的变化，并综合考虑企业战略方向、市场需求动态及内部资源状况。

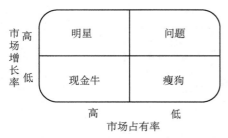

图 3-5　波士顿矩阵法（来源：编者绘）

　　B. 战略业务单位的评估　　波士顿矩阵（Boston Matrix）法：波士顿矩阵法是一种经典的产品组合管理工具（图 3-5）。该方法将产品或业务单位按市场份额和市场增长率分为四大象限。每个象限反映了不同的业务状况与发展策略。明星产品，因其高市场份额和快速增长率，成为投资的重点；问题产品虽然增长迅速，但市场份额偏低，需加大资源投入以提升地位；现金牛则凭借稳定的高市场份额，为企业提供可靠的现金流；而瘦狗产品，由于双低特征，往往面临退出市场的考虑。

　　通用电气公司矩阵（GE/McKinsey Matrix）法：通用电气公司矩阵法是由通用电气（General Electric）公司和麦肯锡公司（McKinsey）合作开发的一种业务组合分析工具（图 3-6）。这种方法类似于波士顿矩阵法，但在选择评估维度上有所不同。通用电气公司将产品或业务单位的市场吸引力和竞争优势进行评估，并将其划分为九个象限。例如，高成长、战略和资源象限代表着有前途、投资和重点发展的业务，而等待、停止和遗弃象限则代表着需要考虑放弃、退出或重组的业务。

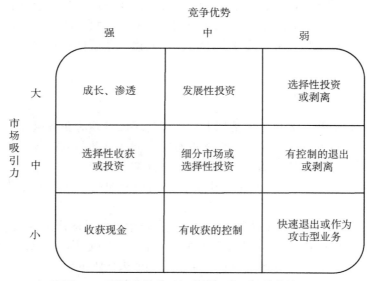

图 3-6　通用电气公司矩阵法（来源：编者绘）

波士顿矩阵法与通用电气公司矩阵法均为业界广泛应用的业务组合分析工具。两者均能深入剖析企业产品或业务在市场中的定位与发展潜力，进而为战略规划与资源配置提供有力支持。通过这些工具，企业可以更清晰地认识到自身业务的优劣势，并据此制定更为精准的发展策略。

（2）决定企业的成长战略

A. 密集型增长战略　　密集型增长战略是指企业在现有市场领域内扩大市场份额和增加销售额的策略，这种策略注重利用现有产品或服务及现有市场渠道来实现增长。企业可以通过加大市场推广、提高产品质量和服务水平、优化供应链等方式来增加市场份额和销售额。密集型增长战略一般适用于市场份额较小但市场增长潜力较大的情况，企业通过积极投入和竞争来争取更大的市场份额（图3-7）。

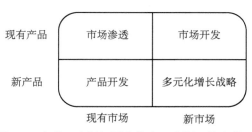

图3-7　产品、市场拓展方格表（来源：编者绘）

B. 一体化增长战略　　垂直一体化，葡萄酒企业可以通过垂直一体化战略控制其供应链的不同环节。例如，企业可以选择直接参与葡萄种植、酿酒过程和葡萄酒销售环节，从而掌握更多的生产和销售环节，减少依赖外部供应商和分销商。

水平一体化，葡萄酒企业可以通过水平一体化战略与其他葡萄酒企业或相关领域的企业进行合并或收购。

范围一体化，葡萄酒企业可以通过范围一体化战略拓展自己的业务范围。例如，该企业可以进一步扩大产品线，推出与葡萄酒相关的延伸产品，如配餐服务或配件销售。

C. 多元化增长战略　　同心多元化，这种多元化增长战略的目的是在已有的核心能力和资源基础之上拓展业务，利用公司的竞争优势进入相关的市场。例如，生产和销售其他类型的酒类产品，或探索进入与葡萄酒相关的市场，如酒具和葡萄酒配件销售。

水平多元化，这种多元化增长战略的目的是通过利用现有的渠道和客户关系，将现有产品或服务延伸到新的市场。例如，进入相关的饮料市场，如葡萄酒饮料或非酒精饮料，进一步满足消费者不同的口味偏好和需求。

综合多元化，这种多元化增长战略通过进入与其现有业务完全无关的新市场或领域来实现多元化增长。这种多元化增长战略的目的是通过在不同行业或市场中分散风险，寻找新的增长机会。例如，投资或并购其他非饮料领域的企业，如旅游、餐饮或酒店业。

第3节　企业战略与市场营销环境分析

一、市场营销环境分析

市场营销环境是指企业所处的外部环境，包括市场、竞争对手、消费者、供应链等各种因素。市场营销环境的特征包括以下几方面。

复杂多变：市场营销环境受到诸多因素的交织影响，这些因素相互关联、相互制约，共

同塑造了一个复杂且多变的市场环境。企业需要时刻保持对环境变化的敏锐洞察，并灵活调整市场策略，以适应不断演变的市场需求。

不确定性：市场营销环境的不确定性较高，因为环境因素往往是动态变化的。企业需要通过市场调研和预测等手段来降低不确定性，并制定相应的市场策略。多元化：市场营销环境中存在多个影响因素，如消费者需求的多元化、竞争对手的多样性等。企业应根据不同因素的动态变化，灵活制定市场策略，以满足多样化的市场需求。

市场营销环境分析是指对市场营销环境进行系统性、全面性的研究和评估，以获取有关市场环境的信息。通常包括以下几个方面。

1. 宏观环境

宏观环境包括政治、经济、社会、技术、环境和法律等因素，通过对这些因素的分析评估，可以了解这些因素对市场的影响和潜在机会或威胁。对市场宏观环境分析的常用方法是PEST 分析法，即在政治（political）、经济（economical）、社会文化（social and cultural）和技术（technological）环境构成的空间内进行分析，见表 3-1。

表 3-1　PEST 分析

宏观环境因素	主要内容
经济环境	①收入；②储蓄；③信贷
政治环境	①政府的有关经济方针政策；②政府颁布的各项经济法令法规；③群众团体
社会文化环境	①风俗习惯；②宗教信仰；③价值观念；④受教育程度和职业
技术环境	技术变化在当前形成的最明显的趋势

2. 行业竞争环境

行业竞争环境错综复杂，涉及同行业内竞争对手的数量、竞争格局的演变、产品差异化程度的高低及市场份额的分配等关键因素。深入剖析这一环境，有助于企业明确自身的竞争优势与不足，从而精准制定市场策略。行业竞争环境分析通常包括以下几个方面（图 3-8）。

1）竞争对手分析：竞争对手的数量、规模和市场份额等。了解竞争对手的竞争能力和策略，可以帮助企业评估自身的竞争地位，并采取相应的竞争策略。

2）供应商和买家分析：供应商的力量和影响程度可以影响企业的采购成本和产品质量，买家的力量则影响产品价格和市场需求。了解供应商和买家的需求和利益，有助于企业制定更合适的合作策略和营销策略。

3）替代品和潜在进入者分析：替代品的存在可以减少企业产品的需求和市场份额，潜在进入者可能增加市场竞争的激烈程度。了解替代品和潜在进入者的特点和竞争优势，有助于企业制定相应的防御策略和市场拓展策略。

4）行业发展趋势和市场规模分析：通过对行业发展趋势的预测，企业可以及时调整战略，抓住机遇，避免市场风险。

5）关键成功因素分析：了解行业中的关键成功因素，有助于企业制定相应的竞争策略和资源分配策略。

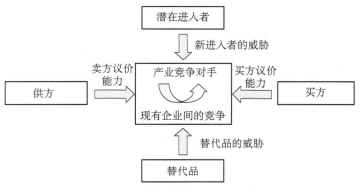

图 3-8　波特五力竞争模型（来源：编者绘）

3. 微观环境

在对宏观环境和行业环境进行分析的基础上，企业可以进一步对自身展开深入分析，采用 SWOT 分析模型进行评估（图 3-9）。SWOT 分析模型，也称为态势分析模型，其四个核心要素分别是优势（strength）、劣势（weakness）、机会（opportunity）和威胁（threat）。这一模型旨在全面梳理与研究对象紧密相关的各种内部优势与劣势，以及外部的机会与威胁。

图 3-9　SWOT 分析模型（来源：编者绘）

4. 消费者行为

消费者行为分析旨在深入研究目标客户群，涵盖他们的需求、偏好、购买习惯及决策过程等方面。消费者行为分析通常包括以下几个方面。

1）消费者需求分析：包括功能需求、情感需求和社会需求。需求分析可以帮助企业确定产品研发和市场定位的方向，满足消费者的实际需求。

2）购买决策过程分析：如问题识别、信息搜寻、评估与选择、购买行为及后续行动等。通过了解这一过程，企业能够洞悉消费者的决策动机与方式，进而针对不同阶段的消费者特性，制定精准有效的市场策略。

3）影响消费者行为的因素分析：包括个人因素、社会因素和文化因素。个人因素包括个体的人格特征、生活方式和态度等；社会因素包括家庭、朋友、社会群体和文化环境等；文化因素包括价值观念、信仰和习俗等。

4）消费者反馈和满意度分析：通过调研和市场反馈听取消费者的意见和建议，改进产品和服务，提升消费者满意度和忠诚度。

二、葡萄酒企业市场营销环境分析

1. 我国葡萄酒市场发展状况分析

近年来，我国葡萄酒行业蓬勃发展，已然跃升为全球葡萄酒消费市场的领军力量之一。然而，2020 年全球葡萄酒产业遭遇疫情冲击，据中国酒业协会统计，2020 年我国葡萄酒市场的销售额锐减，降幅达到了约 20%。

（1）产量整体呈下降趋势　2015～2022 年，我国葡萄酒的产量整体呈现下滑态势（图 3-10）。具体来说，到 2022 年，我国规模以上葡萄酒生产企业的数量达到 119 家，其葡萄酒产量共计 21.37 万千升，与上一年相比减少了 22.1%。2023 年 12 月，全国规模以上企业的葡萄酒产量达到 2.2 万千升，与去年同期相比下滑了 12%。但从整年的角度看，从 2023 年 1 月到 12 月，规模以上企业的葡萄酒产量累计达到 14.3 万千升，实现了 2.9% 的同比增长。这一系列数据清晰地反映了我国葡萄酒产量的变化趋势。尽管全年小幅增长，中国规模以上葡萄酒产量去年只有 9 月是同比增长的，实质上还在下降[①]。

图 3-10　2015～2022 年中国葡萄酒产量

（2）表观消费量呈波动下滑趋势　2022 年中国葡萄酒表观消费量[②]为 54.95 万千升，其中国产葡萄酒产量仅占 39.61%，较 2021 年下降 1%，较 2015 年下降 28%[③]。2016～2022 年国内市场表观消费量急速下降，从而也显著影响了全球葡萄酒消费的下滑（图 3-11）。中国酒业协会指出，近年来国产葡萄酒市场表现持续疲软，除了疫情的影响外，还受到酿酒葡萄基地建设历史遗留问题、与进口葡萄酒的竞争，以及葡萄酒消费与产业发展陷入瓶颈等多重因素的制约。具体而言，基地建设方面存在优质种苗匮乏、机械化水平偏低、种植热情不足及保障体系不完善等问题，这些都严重影响了国产葡萄酒的品质与产量。同时，随着进口葡萄酒的不断涌入，市场竞争愈发激烈，国产葡萄酒面临着巨大的压力。此外，葡萄酒消费

---

① 数据源于国家统计局

② 表观消费量是指当年产量加上净进口量（当年进口量减出口量）

③ 数据源于 OIV 报告

市场的饱和及产业发展中的种种困境，也进一步加剧了国产葡萄酒的困境。因此，要想实现国产葡萄酒的复兴，就必须从这些方面入手，加强基地建设、提升品质与竞争力、拓展消费市场并推动产业创新与发展。

图3-11　2016～2022年中国葡萄酒表观消费量

（3）区域差异化发展　我国葡萄酒行业在各个地区发展不平衡，主要集中在河北、宁夏、山东等地。这些地区的葡萄酒产量和品质逐步提升，打造了一些有影响力的本土葡萄酒品牌。

2. 葡萄酒企业宏观环境分析

1）经济环境：葡萄酒产业的发展与经济形势紧密相连。经济的增长与稳定无疑会增强民众的消费能力，进而促进葡萄酒市场的需求扩张。当经济出现衰退时，消费者往往会对非必需品进行开支削减。

2）政策环境：政府的相关政策和法规对葡萄酒产业的发展具有重要影响。政府的税收政策、贸易政策、监管措施等，将直接影响企业的成本、进出口环境及市场准入等因素。

3）社会文化环境：消费者对葡萄酒品质、品牌声誉、饮酒文化等因素的认同与接受程度，会直接影响到葡萄酒市场的发展。

4）技术环境：科技的发展对葡萄酒企业的生产、酿造工艺、供应链管理等方面产生深远影响。新的科技应用可以提高生产效率、改进产品质量，并且可以通过电子商务和数字化营销手段拓展市场渠道。

3. 葡萄酒行业竞争环境分析

1）竞争对手：国际品牌和知名酒庄在品牌影响力和产品口碑方面具备竞争优势，而国内品牌则在市场分布和价格竞争方面占据一定优势。公开数据显示，2019～2023年，我国葡萄酒进口量、进口额整体上呈波动下降趋势，进口量由2019年的6.62亿升锐减至2.5亿升，进口额由35.36亿美元下降至11.6亿美元，缩水到原来的1/3，这使得国内品牌的竞争优势得以加强。

2）替代品：除了传统的白酒、啤酒等传统酒类产品的替代作用，随着大众对健康饮食和生活方式的关注度不断提升，葡萄酒企业在面临新机遇的同时也面临了严峻挑战。露酒、

黄酒、"健康白酒"和各类米酒等主打健康养生的酒类产品可能会对葡萄酒企业的生产和营销产生一定影响。

3）潜在进入者：近年来，国家不断加大对葡萄酒产业的扶持力度，并逐步完善相关政策体系。在2022年的两会上，更是明确提出要加强中国葡萄酒品牌建设，并加大对酿酒葡萄种植业的支持力度，以期推动我国葡萄酒产业的持续健康发展。这为新进入者提供了机遇，吸引了众多潜在竞争者涌入该行业。

4）买方议价能力：近年来，我国葡萄酒行业发展迅速，国内葡萄酒市场供过于求的现象时有发生，提升了消费者的议价能力。

5）供应商议价能力：优质葡萄作为核心原材料，对葡萄酒品质起着决定性作用。每年葡萄的产量不仅直接关系到葡萄酒的生产成本，还影响着葡萄酒市场的供应与需求平衡。

4. 葡萄酒企业消费者市场分析

1）消费者群体：葡萄酒消费者群体可以划分为大众消费者和高端消费者。大众消费者主要关注价格和品质，他们对葡萄酒的认识和了解相对较少，并且偏向于购买经济实惠的产品。高端消费者对葡萄酒的品质和品牌持有更高的认知，他们在选购时更侧重于葡萄酒的地理产区、年份及口感等精细要素。

2）消费习惯：消费者的葡萄酒消费习惯深受地域和文化差异的影响。在西方一些国家，酒文化深厚，葡萄酒在社交场合中扮演着重要角色。相比之下，亚洲国家葡萄酒消费习惯虽然起步较晚，但正逐渐兴起。

3）偏好和需求：消费者的葡萄酒口味偏好各异。在口感上，消费者的选择也多样化，干型、半干型和甜型葡萄酒都各有市场。购买葡萄酒的目的也不尽相同，这些差异使得葡萄酒市场更加丰富多彩，满足了不同消费者的需求。

4）品牌和声誉：消费者往往对知名品牌和获奖的葡萄酒抱有更高的信任感，他们深信这些品牌能够提供高品质且值得信赖的产品。因此，企业应当高度重视品牌建设和声誉管理，通过不断提升品牌形象和口碑，吸引并留住消费者，从而建立起长期的消费者忠诚度。

5）数字化趋势：随着互联网和电子商务的发展，越来越多的消费者通过在线渠道购买葡萄酒。2023年全国春季糖酒会期间，中国酒业协会携手京东超市及京东消费与产业发展研究院，共同发布了《2023线上酒类消费趋势报告》，对线上酒类市场的发展进行了深入的剖析。报告指出，从2018年至2022年，线上酒类市场总体呈现出稳步增长的态势。其中，洋酒、葡萄酒及白酒的成交额复合年增长率分别超过了50%、40%和25%，显示出强劲的增长势头。线上渠道不仅为消费者提供了便捷的购买途径和更多的选择空间，同时也为葡萄酒企业搭建了一个与消费者直接互动和推广的有效平台。

第4节　市场营销战略

一、市场营销战略的含义

市场营销战略（marketing strategy）是指企业在一定时期内为实现创造顾客价值和获得可盈利顾客关系的目标，所制定的整体营销构想与规划。现代营销学之父菲利普·科特勒则将市场营销战略定义为业务部门在目标市场达成各类营销目标的广泛指导原则。市场营销战略是企业发展所需的重要战略之一，其涉及两个关键问题：为哪些顾客服务（市场细分和目标市场选择）？怎样为他们创造价值（市场定位）？接着制定市场营销计划——4P，向目标顾客传递价值。

二、市场营销战略的作用

1. 界定变化中的市场机会

市场机会的产生往往源于环境变迁、信息滞后及市场内诸多其他因素的交织影响。这些机会具有鲜明的动态性与时效性，其变化之快要求企业不断开展市场调研以捕捉潜在机遇。在探索市场机会时，结合产品与市场的组合策略，可以从市场渗透、产品开发及市场开发等多个维度进行考量，以发现并利用这些宝贵的市场机会。

2. 进行长期规划

企业的内外部环境因素始终在演变，这些变化在为企业带来机遇的同时，也伴随着潜在的风险。通过市场调研，企业能够预测市场走向、化解潜在风险，并开拓新的战略业务单元，从而寻求新的增长点。根据张裕葡萄酒 2022 年的企业报告，中国葡萄酒行业当前处于低迷状态，市场的全面复苏需要付出长时间的艰苦努力。为应对这一挑战，张裕计划在 2023 年进一步深化营销体系的改革，并加大创新力度，以期在困境中突破市场，实现不低于 42 亿元的营业收入。张裕葡萄酒以长期市场营销规划为指引，坚守长远发展战略，在 2023 年实现了业务的多元协同发展。在行业低迷时期，公司稳步推动高端化转型，并提升了中高端产品在市场中的份额。

3. 资源整合，实现资源配置效率最大化

企业的资源是有限的，企业不可能无限制地将资源投入到所有战略业务单元中，因此企业就需要从整体上对已有资源进行有效整合以创造新的资源价值。为了确保市场营销目标的有效达成，市场营销组合是对可控的多重策略，如产品、价格、渠道等进行全面考量与整合。通过合理配置资源，力求实现资源利用效率的最大化，并优化市场营销组合的协同性，进而取得最优的市场营销效果。云南民族大学副教授殷晓茵在"葡萄酒产区文旅融合的动力机制与创新路径构建"报告中提出，资源本身并不等同于产品，关键在于将葡萄酒产区的资源整合为具有竞争力的产品，进而塑造为品牌，利用品牌力量争取更广泛的市场份额，推动产业链各要素的聚合，最终实现产业链的深度融合与发展。

4. 实现企业的可持续发展

科学发展观提出，企业应当具有可持续发展的能力。可持续发展是指企业在经济利益、社会责任和环境责任三个方面实现平衡发展，以提高企业长期竞争力和社会责任。因此，企业要从长远发展的角度出发，将可持续发展作为一种战略理念，纳入企业的价值观体系中，在追求经济利润的同时还要注重社会责任和环境保护。有效的市场营销战略能够使企业精准投放有限资源于生产经营，进而将生产优势转化为商品竞争力，再将商品优势转化为市场影

响力，最终转化为可持续发展的动能。以烟台张裕葡萄酿酒股份有限公司为例，自 1892 年在烟台成立以来，该公司一直坚守实业兴邦的使命，秉承绿色环保的生产理念，积极承担社会责任，致力于可持续发展。公司积极响应国家号召，助力乡村振兴，采用"公司+农户"或"公司+合作社+农户"的合作模式，有效利用胶东半岛、宁夏等地区的闲置土地，如坡地、荒地，建设酿酒葡萄基地，并实行保底收购政策以保障果农利益。此外，公司还向果农提供资金和技术支持，提升基地的科学管理水平。在革命老区龙口市黄城阳村，张裕公司购买当地农产品，积极帮助解决滞销问题。

三、市场营销战略的特点

1. 长远性

市场营销战略需要考虑企业的长远发展，它是对企业未来较长时期内市场营销的整体构想和全盘规划。

2. 全局性

市场营销战略是全局性战略，其对企业的市场营销活动具有重要的指导意义。市场营销战略确定以后，各部门需要去贯彻和实施该战略并为之付出坚持不懈的努力，其目标的制定和实施等都需要服从于市场营销战略。

3. 应变性

市场是不断变化的，因此市场营销战略也应当随机应变。市场营销战略应当根据企业的外部环境变化及企业内部资源的变动进行适当调整，以适应不断变化的环境。

4. 顾客导向性

市场营销战略是以顾客为导向的。市场营销战略的制定首先要分析市场的需求，接着根据市场需求来确定企业的生产内容、生产形式、销售模式、售后服务等。

5. 影响因素多样性

市场本身由生产者、消费者等诸多方面构成，影响市场的因素很多，包括政治、技术、文化、经济等。这些因素多种多样，相互影响、相互作用，给市场营销战略的制定带来了一定难度。

四、市场营销战略的基本框架

市场营销战略是连续决策的过程，其基本思路是：企业的高层管理人员确定市场营销的使命、愿景和目标，然后进行市场营销战略的外部环境分析，确定外部环境中存在的机会与威胁，同时进行市场营销战略的内部资源分析，确定自身的优势与劣势。这里的分析工具可以采用 SWOT 分析法。在分析结果的基础上，首先可以确定宏观的市场营销战略，接着根据市场营销战略来制定相对微观具体的策略和目标方案。根据策略和目标的要求，管理者应当对资源进行合理配置，以确保市场营销战略能够顺利实施。在具体的实施过程中，还需要对实施效果进行评价和反馈，各种相关信息应及时反馈到营销管理系统中。通过对反馈的及时分析，采取适当的控制措施，确保战略实施的有效性。如果目前的战略、策略和目标无法适应当前环境变化，那么企业就要考虑重新制定市场营销战略。市场营销战略是一个动态调整、不断变化的连续过程，其基本框架如图 3-12 所示。

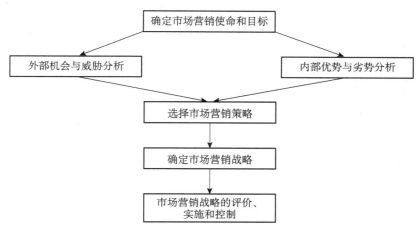

图 3-12　市场营销战略基本框架（来源：编者绘）

五、市场营销战略的形成

市场营销战略的形成可分为三个阶段（图 3-13）。

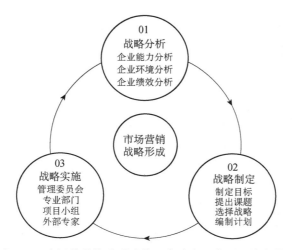

图 3-13　市场营销战略形成的三个阶段（来源：编者绘）

1. 战略分析阶段

战略分析阶段是形成市场营销战略的准备阶段，主要采取以下三个步骤。

（1）企业能力分析　　通过对企业能力进行分析，确定企业的优势和劣势，提出市场营销战略着眼点。对企业能力进行分析，主要是分析企业的经营资源、经营职能、竞争能

力等。

（2）企业环境分析　　除了基础的内外部环境分析之外，还应该重点关注数字化技术对企业的影响。目前，数字化技术正在改变葡萄酒产业的运营方式。随着互联网和移动技术的普及，消费者可以更加方便地获取葡萄酒的信息和购买渠道。在线葡萄酒平台和移动应用的崛起为消费者带来了更为丰富多样的选择和前所未有的便捷。与此同时，数字化技术在生产和供应链管理的各个环节也扮演了举足轻重的角色。举例来说，通过物联网技术和大数据分析的应用，葡萄酒生产商能够实现对葡萄种植与酿造过程的精准监控，进而提升生产效率并确保产品质量的卓越。

（3）企业绩效分析　　首先，企业需要分析自己当前的经营绩效，并对下一年的绩效做出预测。在分析内外部环境因素的基础上，企业需要分析和预测未来在该环境中企业的销售额及盈利变化趋势。其次，根据预测结果，企业需要分析当前的市场营销行为与未来趋势是否匹配，如果存在不匹配的地方要据此提出整改建议，为企业制定市场营销战略提供依据。

2. 战略制定阶段

制定市场营销战略，是发现企业在发展过程中的战略性问题，并探讨解决方法的过程，其不仅是建立市场竞争优势的手段，也是适应新市场环境的关键举措。制定市场营销战略，包括制定长远的市场营销目标、提出市场营销战略课题、选择市场营销战略、编制市场营销战略项目计划等内容。

3. 战略实施阶段

在战略实施阶段，企业需要确立负责执行市场营销战略的组织机构。企业能否实现其长远战略目标主要取决于是否能够建立一个有利于有效实施该战略的组织机构。一般而言，在企业里承担市场营销战略分析、市场营销战略决策、市场营销战略组织实施的机构有管理委员会、专业部门、项目小组和外部专家四种。

六、企业市场营销计划

市场营销管理的核心要素包括计划的制定、组织的构建及控制的实施。市场营销计划，作为企业根据市场状况、企业目标和文化所精心策划的行动方案，是指导企业经营活动和具体行动的关键依据。而市场营销组织则是计划得以执行和落地的基石，其有效性直接关联着营销计划的顺利执行与成功实现。市场营销控制则通过一系列度量工具等手段，对营销活动和项目进行精准评估，检查计划的完成情况，并根据实际情况做出必要的调整与改进。

1. 市场营销计划的定义和内容

市场营销计划，作为一个宏观且核心的工具，旨在指导和协调企业的营销努力方向。它立足于深入的市场机会分析，从战略和战术两个层面进行精细操作，成为实现营销目标不可或缺的过程和手段。营销计划的制定是一个持续不断的流程，组织首先需明确目标，随后对市场环境展开全面分析，涵盖市场状况、产品状况及竞争态势等多个维度。通过这一系统性的过程，企业能够更精准地把握市场动态，为营销活动的顺利开展奠定坚实基础。可以通过

SWOT 分析法分析企业面临的主要机会和威胁，以及企业内部的优势和劣势；也可以通过财务分析来控制企业成本，树立具体的营销目标并对利润进行确定和控制。在企业中，既有规定企业营销大方向的战略计划，也有为实现营销目标而制定的具体策略、计划和行动方案。在当今社会，营销计划的重要趋势就是关系营销。市场营销计划的内容主要由以下八个部分组成（图 3-14）。

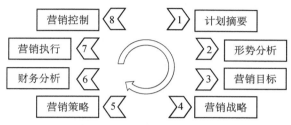

图 3-14　市场营销计划的内容（来源：编者绘）

2. 市场营销计划执行过程

在市场分析的基础上，制定市场营销计划的过程是在营销活动中提出"做什么"和"为什么"的问题；而市场营销计划的执行则是解决"谁去做""何时做""怎么做"的问题。

（1）市场营销计划执行的步骤　企业营销计划的成功执行，依赖于行动方案、组织结构、决策和报酬制度、人力资源及管理风格之间的协调与配合。只有当这些要素相互一致、互相支持时，才能实现营销计划的有效实施（图 3-15）。

图 3-15　市场营销计划执行步骤（来源：编者绘）

（2）市场营销计划执行中常见的问题　市场营销计划的执行是一个复杂艰巨的过程。美国的一项研究表明，90% 的参与者认为，他们制定的营销战略和计划没有得到有效执行。企业在营销计划执行过程中常会出现以下三方面问题。

缺乏具体的行动方案。有些计划之所以会失败，往往是因为计划人员没有给出具体的、能让企业内部一致执行、协调的行动方案。

计划脱离实际。计划脱离实际是由两层差距造成的。在企业中，计划人员和执行人员通常不是同一批人员，而专业人员在制定计划时往往会忽略执行中的细节，使得计划过于笼统和形式化，不便于执行人员理解、执行，这是第一层差距。第二层差距是计划人员和执行人员的信息不对称，两者缺少有效的沟通，导致计划人员不能及时掌握计划执行的动态，制定

出不合时宜的计划或者不能及时对行动方案进行纠偏。

执行人员的操作风险。市场营销计划执行中，企业人员的两个主要问题会造成计划的失败和偏差。第一个问题是缺乏专业能力。执行人员缺乏所需要的专业素养导致计划理解出现偏差和未能按照计划完成。通常这类原因导致的问题可以通过加强人员培训、人力资源重新调配等来解决。第二个问题是短期目标和长期目标相矛盾。企业往往是通过短期工作绩效，如销售量、利润率和市场占有率等来进行评定与奖励，所以管理和执行人员会追求短期效益的最大化来保证利益最大化。然而这些活动可能会造成和企业长期目标、利益相背离的情况。这层矛盾和差距是由董事会和高管层的利益诉求不同造成的。许多公司通过适当的措施，如年终奖扣留70%，根据第二年的年度评定发放等，以克服这种长期目标和短期目标的矛盾，求得两者的平衡协调。

第 5 节　市场地位与竞争战略

一、竞争分析的步骤

竞争分析主要有以下几个步骤（图3-16）。

图 3-16　竞争分析的步骤（来源：编者绘）

（1）识别竞争者　企业的实际和潜在竞争者众多，其中新出现的对手或新技术可能比当前的竞争者更具威胁。因此，企业应从行业和市场两个角度来辨识竞争者。以我国葡萄酒行业的领军企业烟台张裕葡萄酿酒股份有限公司为例，它除了需要关注王朝酒业、怡园酒业等现有竞争者的动态外，还需特别留意新涌现的竞争者。

（2）分析竞争者　一旦企业确定了首要竞争者，就必须辨别竞争者的特点，分析其他葡萄酒企业的战略、目标、优势与劣势，以及它们的反应模式。

（3）设计竞争情报系统　为了更有效地针对竞争者采取对策，企业需要设计一个竞争情报系统。选择要攻击或回避的竞争者，并对其有效分类，之后着手收集其信息资料，并估计与分析其实力和战略，最后再将竞争对手的关键信息送到有关决策者手上。

（4）竞争战略决策　根据企业在目标市场中的地位，进一步自身定位为领导者、挑战者、追随者或补缺者。不同市场地位的企业会依据其特定的市场定位来制定相应的战略决策。

（5）**平衡顾客导向和竞争者导向**　　只面向竞争而忽略了顾客的重要性对企业来说同样是危险的事情。虽然竞争导向相当重要，但企业不应当将重点过分集中于竞争者身上，企业需要在竞争者和顾客之间找到一种好的平衡。葡萄酒企业应当在关注竞争者的同时，也要关注顾客的需求变化，及时提供满足其需求的产品。

二、竞争地位与竞争战略

依据企业在行业内的竞争地位，竞争者可分为四种类型，即市场领导者、市场挑战者、市场追随者及市场补缺者。由于各企业在市场中的地位不同，其在竞争中所追求的目标与战略也各异。一个成功的竞争战略，需要兼顾进攻与防守两方面的行动。商场如战场，战场中的用兵之道常被借鉴到市场竞争的经商之道中。

1. 市场领导者战略

大多数行业都有一个公认的市场引领者，即在该产品市场中占据最大份额的企业。此领导企业在价格设定、新品研发、市场拓展及营销推广等方面均对业内其他公司产生引领作用，并拥有品牌忠诚度、广泛渠道及丰富经验等市场优势。然而，市场领导者的运营并不轻松，除非享有独占市场的法定特权，否则必须时刻保持警惕以稳固其领导地位。

为保持领先优势，市场领导者需采取以下策略：首先，探寻扩大总需求的方法；其次，通过有效的防御和进攻策略保护现有市场份额；最后，在市场规模稳定的情况下，仍应寻求进一步拓展市场份额的途径。具体而言，市场领导者的战略主要有以下几种。

1）扩大总市场战略。总的来说，领导者应该寻找其产品的新用户，开辟产品新用途，不断采用市场渗透、市场开发、地理扩展、增加使用量等办法扩大市场。作为全球布局最为深入和广泛的葡萄酒企业之一，张裕在全球范围内拥有 14 座酒庄和覆盖 25 万亩的葡萄种植基地。这一全球化布局使得张裕能够有效地整合世界各地的优势资源，包括高品质的原料、顶尖人才、精湛的酿造技艺及多样化的市场渠道。

2）保护市场份额战略。在积极拓展市场整体规模的同时，占据行业领导地位的公司也必须时刻保持警惕，以确保其现有业务不受竞争对手的侵蚀。作为行业的领军者，应摒弃安于现状的态度，转而积极推动新产品研发、优化客户服务体验、提升分销效率及降低成本。拥有 130 多年历史的张裕，始终坚守酿酒主业，深耕酿酒技术，致力于传承中国故事，彰显国家自信。凭借其卓越的工艺和品质，张裕不仅引领了中国葡萄酒行业的发展，更在国际市场上占据了一席之地，与世界知名品牌并驾齐驱。保护市场份额行之有效的办法是实施防御战略，防御战略的目标就是要减少受到攻击的可能性，将攻击的目标引到威胁较小的地带，并设法减弱进攻强度。具体而言，领导企业可以采用六种防御战略。

阵地防御：通过主动挑战自我、增强品牌实力来构筑坚不可摧的防线。

侧翼防御：建立辅助性防御阵地，以备反击之需。

以攻为守：采取积极的防御策略，在竞争对手发动进攻前，主动出击。

防守反击：受到攻击后，迅速做出反击，可正面迎击或侧翼包抄。

运动防御：通过市场拓展和多样化，将防线扩展到新领域，以备攻防之需。

收缩防御：有时需战略撤退，放弃弱势领域，集中优势资源于强势领域。

3）扩大市场份额战略。市场领导者还可以通过进一步提升其市场份额来提高利润率。然而，需要权衡提高市场份额所带来的成本与潜在收益，因为有时成本可能会超出收益的价值。同时，也必须考虑到可能引发的反垄断问题。

 相关案例 ——————————————————————

张裕的全球化之路

在葡萄酒行业中，张裕不仅是中国市场的佼佼者，更在全球范围内位列前茅。2020年和2021年，张裕连续两次被国际知名品牌评估机构 Brand Finance 评选为全球最具价值的两大葡萄酒品牌之一，其实力不容小觑。2023年是张裕海外拓展的第十个年头。在过去的十年里，张裕已经在全球建立了14座专业酒庄，遍布全球主要的葡萄酒生产国家，并管理着25万亩的葡萄园，成为世界上布局最广、最深的葡萄酒企业之一。作为中国首家实现全球化布局的葡萄酒企业，张裕通过其6座国外酒庄，成功地实现了全球资源的有效调配与整合。由此，张裕实现了一个前辈们不敢奢望的梦想：从一家中国本土葡萄酒生产企业，转变为一个拥有多个国际优秀品牌和产品的国际运营商。

张裕如何成为让更多消费者认可的国际品牌？——"三聚焦"。

聚焦高品质。品质是一个品牌的核心，高品质一定是未来中国市场上葡萄酒产品成败的决定性力量。聚焦中高端。在市场竞争中，走低价路线很容易造成两败俱伤，张裕的全球化战略也一定要做中端生意、高端生意，不做低端的。聚焦大单品。国内几乎每一个公司都在喊这个口号，而真正要打造大单品，一定是聚焦在少数品牌上，把优势的资源花在少数品牌上。通过"三聚焦"和海外进口酒市场的核心发力，才能将张裕打造为消费者认可的国际化品牌。

---

2. 市场挑战者战略

在行业中位列第二、第三或更后位置的企业常被称为追随者或居次者。以中国葡萄酒行业为例，王朝酒业、怡园酒业等可归入此列。这些企业有两种主要战略可选：一是作为市场挑战者，积极攻击领先者和其他竞争对手，力求占据更多市场份额；二是选择作为市场追随者，保持竞争参与，避免扰乱现有市场格局。

作为市场挑战者，首先需要确定战略目标和挑战对象：攻击市场领导者、攻击与自己实力相当者、攻击地方中小企业。然后需要选择一个总的进攻战略。可以有以下五种可能的进攻。

正面进攻：找到竞争对手的主要弱点直接攻击，如针对产品或价格进行挑战。

侧翼进攻：集中力量攻击对手的薄弱环节，以优势兵力击败敌人。

包围进攻：全方位的大规模攻击，通过多方面快速进攻深入敌方领域。

迂回进攻：绕过敌方，攻击更易进入的市场以扩大资源。方法包括经营无关产品、进入新市场或引入新技术。

游击进攻：小型、间断性的攻击，旨在骚扰对方以降低其士气，最终占据据点。方法包括选择性减价和密集促销等。

相关案例

张裕、长城掀起"百元大战"，欲开启葡萄酒消费"日常化"

2021 年的全国糖酒会上，张裕和长城这两大国产葡萄酒企业都把目光投向了大众市场，特别是价格在百元左右的葡萄酒。张裕计划将百元左右的解百纳作为他们的核心产品，并持续关注这种大单品。长城则在会上推出了新品牌"玖"，这个产品是他们针对年轻消费者特别设计的。

这两家公司在推广策略上都强调了"接地气"和"年轻化"。张裕希望让葡萄酒文化更贴近普通人，让葡萄酒成为日常饮品，而长城则希望通过"玖"这个百元产品，与年轻一代建立联系，探索新的营销方式。

3. 市场追随者战略

大多数企业喜欢追随而不是向市场领导者挑战。它们常常仿效市场领导者，为购买者提供相似的供应品，从而使其市场份额显出高稳定性。

市场追随者需明确如何维系老客户并吸引新客户。为维护其特色与优势，追随者需保持低成本、高质量的产品与服务，以抵御挑战者的冲击，同时规划一条能避免竞争性报复的发展路径。具体来说，其战略可归为以下四类。

仿制者：直接复制领导者的产品和包装，并通过非正规渠道销售。此战略为紧密跟随。

紧跟者：在模仿领导者产品的基础上，对名称和包装做细微调整。此战略为距离跟随。

模仿者：在某些方面效仿领导者，但在包装、广告和价格上有所区别，与领导者保持互不干扰。此战略为选择跟随。

改变者：在接纳领先产品的基础上进行改进，并可选择销售给其他市场。许多改变者有可能成长为未来的挑战者。此战略被看作是创新超越。

 相关案例

国窖 1573：高端白酒阵营里怎能没我

白酒价格不仅与品牌战略定位紧密相关，更是市场行情的"晴雨表"，因此价格自然成为企业和消费者共同关注的焦点。随着行业的逐渐复苏和消费升级的推动，白酒价格也开始回升。茅台、五粮液、国窖 1573 等知名白酒品牌也顺应这一趋势，进行了新一轮的价格调整。

2017 年 5 月，国窖 1573 的批发价格已经达到 680 元，距离其设定的 720 元目标价格已不远。国窖 1573 将自己定位为与五粮液相当的品牌，并坚定地跟随这轮白酒价格调整的趋势。得益于白酒市场的回暖和自身的市场基础，国窖 1573 也成了这一价格调整的主要受益者。

2016 年 9 月，国窖 1573 宣布，由于产能已达饱和并且完成了年度销售指标，因此将暂停接收新订单和供货。这一举措预示了国窖 1573 即将涨价。果然，随后的 2016 年 10 月，

国窖 1573 实施了价格双轨制，并正式上调了出厂价至每瓶 660 元。仅仅两个月后，国窖 1573 再次提价，将计划外出厂价涨至每瓶 740 元。

除了停止供货和提价外，国窖 1573 还对经销商的成交价进行了指导，并对违规的经销商进行了处罚。尽管国窖 1573 的涨价策略并不新奇，但非常有效。2017 年一季度，国窖 1573 的回款额接近 40 亿，这一令人瞩目的成绩进一步巩固了其在高端白酒市场的前三地位。

4. 市场补缺者战略

另一种市场追随策略是成为小领域市场的领导者或补缺者，即专注于服务市场的某些细分领域，避免与主流大企业正面竞争，而是通过专业化运营在市场中占据一席之地。通常，小企业会避开与大企业的直接竞争，转而瞄准小市场或被大企业忽视的市场部分。

作为补缺者，其核心任务有三项：开辟新的补缺市场、拓展现有补缺市场的规模，以及保护并稳固自身在补缺市场中的地位。市场补缺的主要风险是市场补缺可能会枯竭或受到攻击。在补缺中的关键概念是专业化。具体而言，补缺者的专业化方案可以有：①最终用户专业化；②顾客规模专业化；③地理区域专业化；④产品或产品线专业化；⑤服务项目专业化；⑥特定顾客专业化；⑦质量价格专业化；⑧分销渠道专业化；⑨垂直层面专业化；⑩客户订单专业化。

由于补缺者通常在市场中处于相对较弱的地位，因此企业需要持续不断地开拓新的补缺市场，坚持"补缺观念"，而不仅仅局限于填补某一个特定的市场空白。这也是多元化补缺策略相较于单一补缺策略更受欢迎的原因。通过在两个或更多的补缺领域发展实力，企业能够增加自身的生存机会。

📖 相关案例

奥兰中国接地气

2012 年，奥兰酒庄进入中国市场，早期主要为中国市场提供优质的西班牙葡萄酒原酒和瓶装酒解决方案，以原厂委托制造（OEM）和原厂委托设计（ODM）模式给品牌方提供定制化的供应链服务。2015 年，进入"品牌化"转型阶段。葡萄酒市场竞争激烈，新兴品牌要脱颖而出并不容易，尤其是与王朝、长城、张裕等行业老牌企业竞争。在郑俊杰（奥兰中国董事长）看来，明确自我定位至关重要。他强调："我们团队中的品控和产品负责人大多是 95 后，这样做的目的是更好地理解和迎合年轻人的需求和喜好。"因此，郑俊杰将奥兰中国定位为一家专为年轻人打造时尚葡萄酒的全方位酒业公司。

那么，年轻人究竟喜欢喝什么样的葡萄酒呢？郑俊杰给出的答案是：他们更偏爱单宁低或酒精度数较低的葡萄酒。为了迎合这种口味，他从葡萄种植这一最上游环节着手改变，特地在西班牙瓦伦西亚及中国的烟台、贺兰山等葡萄酒产区，精心挑选了酸涩度较低的优质葡萄品种。接下来，面对醒酒操作复杂的问题，奥兰酒庄的团队选择了技术突破的路径。他们运用了气囊式压榨、快速脱皮脱籽技术和膜技术等新科技手段，有效地缩短了葡萄的发酵时间，从而实现了开瓶即可饮用，无须醒酒的便捷体验。此外，针对传统红酒饮用方式过于正式，缺乏个性化的问题，奥兰中国在 2016 年推出了专为年轻群体设计的奥兰小红帽系列。

该系列在产品设计上别出心裁，选用了"小红帽"这一富有神秘童话色彩的 IP 作为外观主题；在价格上也充分考虑到年轻人的消费习惯，以几十元的亲民价格即可购买到一瓶；在营销推广方面，奥兰中国与新生代演员侯明昊携手合作，充分利用了明星的消费影响力。这些举措取得了显著成效，仅在 2021 年，奥兰中国就成功进口了近 450 万瓶西班牙奥兰小红帽干红葡萄酒。

本 章 小 结

　　本章内容主要分为五部分，即葡萄酒企业特征、企业战略与规划、企业战略与市场营销环境分析、市场营销战略、市场地位与竞争战略。首先，本章对公司层、业务层和职能层的企业战略及企业战略规划进行了深入剖析，并结合案例介绍了市场营销环境分析所使用的工具和方法。在此基础上，重点讲解了市场营销战略的定义、作用、特点、基本框架和形成过程。此外，详细阐述了企业如何通过对自身在市场中地位的分析来寻求适宜的竞争战略以赢得市场竞争。总之，本章为读者提供了关于企业战略规划的理论体系和实践指导，有助于提升企业实现组织目标并获得可持续的竞争优势。

参 考 文 献

李桂华，卢宏亮. 2020. 营销管理. 北京：清华大学出版社

唐文龙. 2017. 中国葡萄酒产业竞争战略. 北京：新华出版社

武文珍，潘红梅，戴屹. 2021. 市场营销学. 北京：清华大学出版社

周琦. 2022. 奥兰中国接地气. 21 世纪商业评论，（4）：74-75

【案例分析】

海伦司的企业战略

　　资料来源：孙彩虹，肖瑶，王婷婷. 2022. 喜忧参半：海伦司五味杂陈的青春饭（2022-07）. 大连：中国管理案例共享中心

　　思考题

　　1. 从 2009 年诞生至成为国内小酒馆第一股，海伦司发展之路上主要运用了怎样的公司总体战略？

　　2. 结合酒馆行业的市场环境及海伦司自身特点，分析海伦司适用于什么竞争战略？

　　3. 海伦司是如何实现成本领先战略的？这一战略的实施有何利弊？

第四章 价值设计：产品策略

【知识目标】

1. 掌握产品与产品分类的基本概念和原则。
2. 了解产品组合与产品线的概念，运用相关策略进行优化和管理。
3. 理解服务的性质与特征，掌握服务质量管理的原理和方法。
4. 理解品牌的含义与作用，熟悉品牌资产的构成与特征。

【能力目标】

1. 运用产品设计和管理的基本原理和方法，进行产品设计和优化。
2. 根据市场需求和产品生命周期制定营销策略。
3. 掌握产品生命周期各阶段特征，制定营销策略。
4. 结合案例进行产品策略分析。

【价值目标】

通过本章学习，学生应理解在产品设计、开发和营销过程中，始终以顾客价值为导向，将有助于企业在竞争激烈的市场中脱颖而出。顾客价值导向的产品策略可以提高顾客满意度、忠诚度和口碑，从而带来更高的市场份额和利润水平。

【思维脉络】

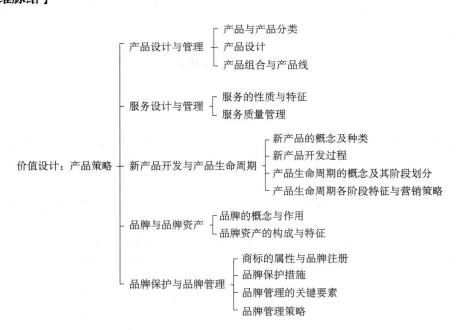

【营销观察】

医驼背

一位自诩为矫正驼背的医疗专家，在广告牌上宣称："无论背弯如弓、似虾或饭锅状，我的治疗都能立即见效！"一位患有驼背的人信以为真，便寻求他的帮助。这位医生没有开具处方，也没有给予任何药物，而是将一块木板平放，让驼背患者俯卧其上，随后用另一块木板覆盖患者背部，并用绳索固定。然后，医生亲自踩踏在木板上，不顾患者的呼救声，持续施压。最终，患者的背部虽被矫正，却也付出了生命的代价。患者的儿子与医生理论，医生却辩称："我只负责矫正驼背，至于他的生死，我并不关心。"

【营销启示】

顾客需求具有多样性和复杂性，企业营销挑战在于探寻能满足顾客需求的产品与方法。成功的营销策略需确保所提供的解决方案能够真正满足顾客需求。然而，现实中许多企业在广告中过分夸大其产品的功效，导致顾客在购买和使用后未能达到预期效果，进而产生投诉无门的困境。

为避免上述问题，企业需关注顾客需求并提供切实可行的解决方案。此外，企业还应建立完善的售后服务体系，以便在产品使用过程中出现问题时，能够及时响应顾客诉求，维护企业声誉和顾客满意度。

【营销语录】

产品策略的核心在于找到一个独特的价值主张，使其在市场上脱颖而出。

——竞争战略之父 迈克尔·波特

品牌是一种心灵认同，它在消费者心中建立起信任和忠诚。

——品牌战略专家 大卫·阿克

品牌不仅仅是一个标识或名称，它是公司的核心价值和文化传承。

——现代营销学之父 菲利普·科特勒

伟大的产品来自两个方面的结合——科技方面和消费者方面，两者你都需要。

——苹果公司联合创始人 史蒂夫·乔布斯

【政策瞭望】

到 2025 年，品牌建设初具成效，品牌对产业提升、区域经济发展、一流企业创建的引领作用更加凸显，基本形成层次分明、优势互补、影响力创新力显著增强的品牌体系，品牌建设促进机制和支撑体系更加健全，培育一批品牌管理科学规范、竞争力不断提升的一流品牌企业，形成一批影响力大、带动作用强的产业品牌、区域品牌，中国品牌世界共享取得明显实效，人民群众对中国品牌的满意度进一步提高。

到 2035 年，品牌建设成效显著，中国品牌成为推动高质量发展和创造高品质生活的有力支撑，形成一批质量卓越、优势明显、拥有自主知识产权的企业品牌、产业品牌、区域品牌，布局合理、竞争力强、充满活力的品牌体系全面形成，中国品牌综合实力进入品牌强国前列，品牌建设不断满足人民群众日益增长的美好生活需要。

——国家发展改革委等部门《关于新时代推进品牌建设的指导意见》

产品策略涵盖产品设计、服务设计、新产品开发、品牌建设等多个方面，是企业在复杂多变的市场环境中实现市场目标和竞争优势的重要手段。本章以产品策略为核心，将深入探讨五个方面：产品设计与管理、服务设计与管理、新产品开发与产品生命周期、品牌与品牌资产，以及品牌保护与品牌管理，旨在帮助读者深入了解价值设计的关键环节。通过学习本章的内容，读者能够掌握产品策略的基本概念、方法和实践，从而为企业的产品创新和管理提供理论支持。

第 1 节　产品设计与管理

一、产品与产品分类

1. 产品及产品整体概念

产品是指通过交换提供给市场满足消费者或用户某一需要和欲望的任何有形物品和无形的服务。20 世纪 90 年代以来，菲利普·科特勒等学者更倾向于使用五个层次来表述产品整体概念：核心产品、形式产品、期望产品、延伸产品、潜在产品。这些层次反映了产品从设计、生产到销售、售后服务的全过程，有助于企业更好地满足消费者的需求、提高市场竞争力。

1）核心产品：核心产品指的是产品向消费者提供的根本价值，它直接回应了消费者的基本需求，代表了产品的基本功能或好处。以手机产品为例，其核心产品可能就是提供便捷的通信服务。

2）形式产品：形式产品指的是基础利益的具体表现形式，它包括了消费者能够直观感受到和操作的产品的各个方面。这通常涵盖产品的质量和外观、设计特点、标识及其包装等元素。对手机来说，形式产品包括手机的硬件部分，如屏幕、电池、摄像头等。

3）期望产品：期望产品指的是消费者在购买时所期待的，与产品紧密相连的一系列特性和条件。这包括他们对产品质量、操作便捷性、产品特性等的预期标准。例如，消费者在购买手机时可能会期望手机具有较高的性能、易用的操作系统和良好的售后服务等。

4）延伸产品：延伸产品指的是消费者在购买实体商品及其期望特性时，额外获得的各种益处的集合。这包括但不限于产品手册、质量保证、装配服务、维护支持、配送服务及技术指导等，其主要目的是辅助消费者更高效地利用产品，同时提升产品的整体价值。例如，手机厂商提供的售后服务、软件更新等。

5）潜在产品：潜在产品是现有产品未来可能的演变形态，即产品在未来的发展中可能产生的新价值和利益。比如，未来手机有望成为智能家居的中枢，向用户供应更加丰富的智能化解决方案。

产品的整体理念明确展示了以客户为核心的现代营销理念，它的内容和范围都映射出一种以用户需求为导向、由用户需求来驱动的思考方式（图 4-1）。

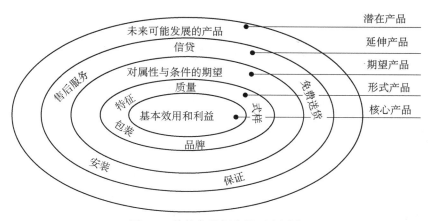

图 4-1　整体产品概念的五个层次

根据产品整体概念五个层次，可以对葡萄酒产品进行拆解。

1）核心产品：葡萄酒的核心产品是它所提供的饮用价值，即通过发酵过程将葡萄中的糖分转化为酒精，为消费者提供一种具有独特风味和口感的饮品。此外，葡萄酒还具有一定的营养价值，如含有丰富的抗氧化剂（如白藜芦醇）等。

2）形式产品：葡萄酒的形式产品包括其物理属性，如颜色、香气、口感、酒精度等。此外，还包括包装、瓶盖、酒标等外部特征。形式产品是消费者在购买和饮用过程中可以直接感知到的部分。

3）期望产品：消费者在购买葡萄酒时，通常会期望产品具有一定的品质、口感和价格等方面的特点。品质方面，消费者可能会期望葡萄酒具有独特的风味、丰富的层次感和优雅的口感等；价格方面，消费者可能会根据葡萄酒的产地、品种、年份等因素来判断其价格是否合理（图 4-2）。

核心产品（饮用价值）　　　形式产品（酒瓶、酒塞）　　　期望产品（香气特点）

图 4-2　葡萄酒产品的核心产品、形式产品和期望产品

4）延伸产品：葡萄酒的延伸产品主要体现在附加的服务和体验上。例如，葡萄酒生产商可以提供品酒会、酒庄参观、线上品鉴课程等增值服务，以增强消费者的购买体验。此外，葡萄酒的佐餐建议、储存方法等也是延伸产品的一部分。

5）潜在产品：葡萄酒的潜在价值主要涉及其未来可能衍生的新型价值与益处。举例来说，消费者对葡萄酒认知及品鉴技巧的增强，可能会使他们对葡萄酒的可持续性发展、有机耕作方法，以及生物动力学实践等理念产生更深的兴趣。此外，葡萄酒在健康、美容等方面的潜在作用也属于潜在产品的范畴（图 4-3）。

延伸产品（酒庄品鉴会）　　　潜在产品（生物动力制剂）

图 4-3　葡萄酒产品的延伸产品、潜在产品

2. 产品分类

产品分类是一个广泛的概念，通常用于区分和描述不同类型的产品。根据不同的标准，产品可以分为许多不同的类别。以下是几种常见的分类方法。

1）用途导向分类：依据应用领域被划分为消费品、制造业产品及半成品等类别。消费品特指最终由消费者直接使用的项目，包括家用电器、各类食品、服装等。制造业产品指那些作为生产其他商品的中间环节，如基础材料、组件等。半成品包括在制造流程中仍需进一步处理的物料，如钢材、布料等。

2）产品性质导向分类：根据性质分为有形产品、无形产品和混合产品。有形产品指具有物质形态的产品，如汽车、电视等。无形产品指无物质形态的产品，如服务、软件等。混合产品指既有物质形态又有非物质形态的产品，如电脑。

3）产品来源导向分类：根据其来源分为自制产品、外购产品和合作产品。自制产品是企业自主制造的成果，如富士康自行组装的 iPhone 手机。外购产品是企业从外部供应商处采购的货品，如餐饮业者引进的各类食材。合作产品则涉及不同企业间的协同制造，如汽车生产商与其配件供应商之间的联合开发。

4）产品生命周期导向分类：依据在市场上的存在时间分为新产品、成熟产品和衰退产品。新产品指刚推出的产品，如新一代智能手机。成熟产品指已推出一段时间的产品，如经典款鞋包。衰退产品是指市场需求逐渐减少的产品。

以上是产品分类的几种常见方法。在实际应用中，企业可以根据自己的需要采用不同的分类方法。

1）根据耐用性和是否有形，产品可分为非耐用品（如食品、润滑油）、耐用品（如电器、设备）和服务（如理发、按摩）。

2）根据消费者的习惯和特点，消费品一般分为便利品（如香烟、肥皂、零食）、选购品（如服装、家具）、特殊品（如汽车、音响）和非渴求物品（如人寿保险、墓地）。

3）工业组织购买的工业用品分成三类：材料和部件、资本项目（如装备+附属设备：厂房+发电机、电梯）、供应品和服务（如打印纸、铅笔等耗材）。

二、产品设计

1. 产品设计的基本原则和方法

产品设计的基本原则和方法是一个广泛的主题，涉及多个学科，包括工程学、心理学、人类学等。本节将简要概述产品设计的基本原则和方法。

产品设计的基本原则包括以下几点。

1）人体工学设计原则：产品设计需与人体的生理结构和尺寸相适应，旨在增强产品的用户友好度和舒适度。这涵盖了人体工学尺寸、形态、重量和操作方法等方面。

2）易用性设计原则：产品设计应易于用户理解和操作，以减少用户的学习难度。这包括直观的操作界面、明确的指示标志、简易化的操作流程等。

3）耐用性设计原则：产品设计应具备高可靠性，保证在既定使用环境下的稳定运行。这涉及使用耐用的组件、合理的结构规划，以及严格的质量把关等。

4）安全性设计原则：产品设计应遵循安全规范，确保在常规及非常规使用情况下用户的安全。这包括使用无害材料、防滑设计，以及安全防护措施等。

5）美观性设计原则：产品设计应追求美观，提升产品的艺术感和用户的满意度。这包括设计上的美观造型、色彩的和谐搭配、流畅的线条设计等。

产品设计可采用的策略涵盖以下几个主要方式。

1）原型开发：原型开发策略指的是迅速构建产品模型并执行测试，通过创建多样化的原型并吸纳用户反馈，以持续改进产品设计。

2）用户体验分析：用户体验分析策略通过观察、访谈、问卷等手段搜集用户对产品的使用体验和需求，从而指导产品设计的改进。

3）情景模拟：情景模拟策略通过绘制连续的场景图来模拟产品使用情境，帮助设计师更深入地把握用户的实际需求和产品的操作逻辑。

4）设计评估：设计评估策略通过专业评审和同行评议等机制对产品设计进行深入分析，旨在识别并解决可能存在的问题，提升设计质量。

对葡萄酒产品而言，葡萄酒产品设计的基本原则和方法同样涵盖了多个方面，包括葡萄酒的物理属性、风味口感、品牌形象等。

（1）葡萄酒产品设计的基本原则　　口感与风味：葡萄酒的口感与风味构成了产品开发的核心要素。这涉及对选用的葡萄种类、产地特性及酿造技术等方面的精心挑选，旨在赋予葡萄酒独一无二的风味特色和精致的口感体验。

质量控制：在葡萄酒的产品规划中，必须确立产品质量的稳定性与可靠性，确保每一瓶葡萄酒都能达到既定的品质标准。涉及对葡萄种植、葡萄酒酿造、储存运输等环节的质量控制。

安全性：葡萄酒产品设计应充分考虑产品的安全性，包括无害的酒精含量、无添加剂、符合卫生标准等。

环保可持续：葡萄酒产品设计应关注环保和可持续发展，如采用有机种植、生物动力法等环保方式生产葡萄酒。

品牌形象：葡萄酒产品设计应注重品牌形象的建设，包括酒标设计、包装风格、宣传推广等，以提升产品的市场竞争力。

（2）葡萄酒产品开发策略　　酿造技术选择：选择合适的酿造技术是葡萄酒产品开发的关键步骤。酿酒专家需依据葡萄种类和产地特性，挑选恰当的酿造流程，以凸显葡萄酒特有风味。

风味调配：通过不同葡萄品种的混合调配，酿酒师可以创造出层次分明、风味丰富的葡萄酒，这是产品开发中的一项关键技术。

酒标创意：酒标的设计对于产品至关重要。它应清晰地呈现葡萄酒的关键信息，如所用葡萄、产地和年份，并强化品牌个性的表达。

包装创意：包装不仅是保护葡萄酒的物理结构，也是展示产品特性、吸引消费者注意力的重要手段。

需求分析：深入的市场调研对于葡萄酒产品的设计至关重要。企业需要通过调研来把握消费者的偏好和市场动向，从而开发出满足市场期待的葡萄酒。

2. 产品设计的关键步骤

1）目标与需求界定：产品设计的初步阶段，设计团队需确立产品的目标市场、功能目标、用户期望及市场定位。此过程通常包括市场调研、用户访谈、竞争对手分析等手段。

2）创意生成：目标和需求明确后，设计团队着手进行创意生成。这一阶段涉及生成多样化的创意，并对潜在的设计方案进行筛选与改进。常用的技巧有头脑风暴、思维导图、初步草图等。

3）原型开发：创意生成后，设计团队着手开发产品原型。原型的制作有助于深入理解设计概念，并检验产品的功能与实用性。原型可区分为低保真与高保真两种，常见的制作方法涵盖纸本原型、电子原型、实体模型等。

4）测试与评审：原型开发阶段结束后，需要对产品原型执行测试与评审。这包括进行用户测试、专家评估、市场反馈收集等，目的是识别问题并进行设计改进。

5）设计细化：依据测试与评审的反馈，企业应对产品设计进行必要的调整与优化。这可能包括对产品结构、用户界面、视觉元素等进行微调。

6）制造与推广：设计细化完成后，产品进入生产环节。生产阶段须保证产品质量、控制成本并提高生产效率。产品制造完成后，便着手进行市场推广和产品销售。

相关案例

小米公司的 Xiaomi Robot Vacuum-Mop 2C 是一款具有代表性的产品设计案例。小米公司成立于 2010 年，是一家以智能手机、智能硬件和物联网（IoT）平台为核心的互联网公司。2021 年，小米推出了 Xiaomi Robot Vacuum-Mop 2C，这是一款集成了扫地和拖地功能的智能家居清洁设备。该设备配备了尖端的激光雷达导航技术及智能路径规划程序，能够自动进行地面清洁，极大地提升了用户的清洁效率和便利性。

在产品设计过程中，小米公司注重用户需求和市场调研，通过与多家国际知名企业合作，不断优化产品性能和设计。Xiaomi Robot Vacuum-Mop 2C 的外观采用了简约的圆形设计，色彩搭配协调，符合现代家居审美。此外，小米公司在产品宣传和销售方面也取得了成功，通过网络平台和实体店销售，使 Xiaomi Robot Vacuum-Mop 2C 成为一款热销产品。

三、产品组合与产品线

在产品组合的策略规划中，企业必须考量市场趋势、竞争格局及自身的资源状况，以制定出恰当的产品方针。这样做的目的是达到产品组合的高效配置和企业价值的最大化。

1. 相关概念介绍

（1）产品组合与产品组合管理　　产品组合涵盖了企业向市场提供的完整产品系列和各个产品项目，反映了企业的业务运营范围。产品组合管理是一种战略性的管理手段，它涉及对产品组合的深入分析、评估和调整，旨在达成企业的商业目标。

（2）产品线、产品项目与产品线扩展　　产品线是指产品组合中的某一产品大类，是一组密切相关的产品。

产品项目是指产品线中不同品种及同一品种的不同品牌。

产品线扩展是指在现有产品线的基础上，通过增加新的产品型号、功能或特性来扩大产品范围。产品线扩展策略有助于公司利用现有品牌知名度、渠道资源和客户基础，提高市场份额和盈利能力。

产品差异化是指产品在设计、功能、性能、品牌等方面具有独特的特点，从而满足不同消费者群体的需求。产品差异化策略有助于公司提高市场份额、提高产品定价能力和降低竞争压力。

（3）产品组合相关定义　　产品组合的宽度描述了企业所提供的产品线的数量。

产品组合的长度反映了产品组合中包含的产品项目的数量，通过计算产品项目总数与产品线数量的比值，可以得到产品线的平均长度。

产品组合的深度涉及每个品牌下包含的不同样式、型号、品质的产品数量，将各品牌的不同样式、型号、品质的产品总数除以品牌总数，便得出企业产品组合的平均深度。

产品组合的一致性指的是不同产品线在最终使用目的、生产要求、销售渠道或其他相关方面的相互联系程度。

产品组合的优化是通过评估产品组合的表现、市场动向和竞争状况，对产品组合进行调整和改进，以达成企业的战略和盈利目标。产品组合优化的策略包括市场占有分析、投资效益分析、产品生命周期评估等。

相关案例

奥兰中国是一家专注于原创设计和本土酿造的中国酒类企业。他们利用西班牙酒庄的先进技术和创新营销手段，在葡萄酒市场上迅速崭露头角，特别受到年轻消费者的欢迎。他们的一款明星产品，奥兰小红帽，销售量惊人，很快就突破了千万瓶。

2015 年到 2021 年，奥兰酿酒集团的全球销量为 1 亿瓶，其中，中国市场占较大比例。在中国，该企业连续三年的年增长率达 70%，2021 年，销售额达 4.6 亿元，销量增长 4～5 倍。这些销售成绩得益于他们创新的产品设计和优化的产品线布局。奥兰中国的产品系列丰富，包括网红童话系列、奥太狼系列和特级珍藏系列，每个系列都有其独特的魅力和风格（图 4-4、图 4-5）。

奥兰中国在葡萄酒市场上的崛起得益于其不断创新的产品策略，这些策略在三个方面尤为突出。

1）酿酒工艺：企业通过采用先进的去皮去籽技术，并结合低温发酵工艺，成功降低了葡萄酒的酸涩感。这种技术不仅保留了葡萄的原始风味，还让酒体更加细腻，口感更加温和。

图 4-4　小红帽系列部分产品 　　　　图 4-5　奥太狼系列部分产品
（来源：奥兰中国官网）　　　　　　　（来源：奥兰中国官网）

2）口味设计：企业致力于开发健康、低度和甜美的葡萄酒，以迎合年轻消费者的口味。他们的团队密切关注全球市场趋势，不断引入并改良国际流行的口味，确保新产品能够迅速被市场接受。

3）包装设计：企业的产品包装同样充满创意。以奥兰小红帽为例，其瓶身设计采用了品牌标志性的西伯利亚雪橇犬形象，这种设计不仅与经典童话元素相结合，还通过独特的视觉元素迅速抓住消费者的眼球。这种包装策略不仅增强了品牌的识别度，还帮助消费者在众多品牌中轻松记住奥兰中国。

2. 产品组合的优化与调整

产品组合的优化与调整是企业在市场竞争中取得优势的关键策略之一。产品组合是指企业生产或销售的所有产品线的集合。产品组合的优化与调整旨在提高企业的市场竞争力、增加销售额和利润。

（1）优化与调整的步骤　　优化产品组合是分析、评价和调整现行产品组合的过程，包括两个步骤：产品线销售额和利润分析、产品项目市场地位分析（即与竞争者的同类产品做对比）。

A. 产品线销售额和利润分析　　产品线销售额和利润分析旨在帮助企业了解其各个产品线的销售表现和盈利能力。这一步骤主要包括以下几个方面。

收集数据：企业需要收集各个产品线的销售额和利润数据，这些数据可以从财务报表、销售记录等渠道获取。

分析数据：企业需要对收集到的数据进行分析，了解各产品线的销售额和利润水平，找出表现出色的产品和需要改进的产品。

制定策略：根据分析结果，企业可以制定相应的策略，如调整产品价格、改进产品设计、加大促销力度等，以提高销售额和利润。

实施与监控：企业需要将制定的策略付诸实践，并持续监控各产品线的销售额和利润表现，以评估优化效果。

B. 产品项目市场地位分析　　产品项目市场地位分析旨在帮助企业了解其产品在市场中的竞争地位。这一步骤主要包括以下几个方面。

收集数据：企业需要收集与竞争者产品相关的信息，如价格、性能、市场份额等。

分析数据：企业需要对收集到的数据进行分析，了解自身产品与竞争者产品的优劣势，找出在市场中的竞争优势和劣势。

制定策略：根据分析结果，企业可以制定相应的策略，如强化产品优势、弥补产品劣势、调整产品定位等，以提高产品在市场中的竞争力。

实施与监控：企业需要将制定的策略付诸实践，并持续监控产品在市场中的地位，以评估优化效果。

在产品组合的优化与调整过程中，企业需要充分考虑市场需求、竞争状况、资源条件和成本效益等因素。同时，企业需要保持敏捷和灵活，以适应市场的不断变化和竞争压力。从整体上看，产品组合的优化与调整通常包括市场分析、产品评估、制定策略、实施策略、监控与反馈五个步骤，如图4-6所示。

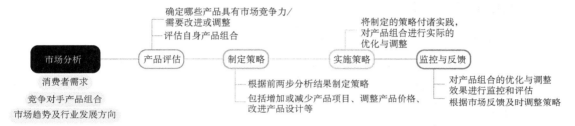

图4-6　产品组合的优化与调整流程（来源：编者绘）

（2）优化与调整的策略　　产品组合优化与调整是企业在市场竞争中提高产品组合的盈利能力和市场竞争力的重要策略。以下是一些可行的策略。

A. 产品组合的扩展　　当企业预见到现有产品线的销售收入和利润率在未来可能会出现减少时，就应当思考在现有产品组合中引入新的产品线，或强化那些具有增长潜力的产品线。

拓宽产品组合的广度，通过增加新的产品线来扩大企业的业务范围，实现经营的多元化，以此分散企业的投资风险。

延伸产品组合的跨度，丰富产品线的构成，打造更为全面的企业产品系列。

深化产品组合的深度，在现有产品线中引入新的产品项目，占据更多同类产品的细分市场，以满足更广泛的市场需求，提升行业内的竞争力。

增强产品组合的一致性，通过专注于特定市场领域，加强企业的市场竞争力并建立良好的品牌声誉。产品组合的决策涉及企业基于市场的需求、竞争环境及企业自身的实力，对产品组合的广度、跨度、深度和一致性等方面进行的策略选择。

B. 缩减产品组合　　市场繁荣时期，较长或较宽的产品组合为企业带来更多的盈利机会。然而，在市场低迷或面临原材料和能源短缺的时期，通过缩减产品线，企业反而能够提升其总体利润。这是因为通过去除那些利润微薄或亏损的产品线和项目，企业能够将资源和精力集中在那些盈利能力更强的产品线上，从而实现利润最大化。

相关案例

华为是一家全球领先的信息与通信技术（ICT）解决方案提供商，其产品组合与产品线

的优化与调整策略在业界具有较高的参考价值。

华为的产品组合包括消费者业务、运营商业务和企业业务三大类。在优化与调整产品组合和产品线方面，华为采取了一系列策略。

1）消费者业务：华为的消费者业务包括智能手机、平板电脑、可穿戴设备等。为了提高市场竞争力，华为针对不同消费群体推出了多种品牌和型号的手机，如 Mate、Pura、Nova 等。此外，华为还通过技术创新和产品升级，加强了智能手机的拍照功能、续航能力等，以满足消费者的个性化需求。

2）运营商业务：华为的运营商业务主要包括网络基础设施、云计算和物联网等。针对全球不同地区的市场需求，华为提供了定制化的解决方案，以满足运营商在网络部署、业务拓展等方面的需求。此外，华为还通过与合作伙伴的紧密合作，共同开发创新技术，推动产业的发展。

3）企业业务：华为的企业业务涵盖企业网络、云计算、大数据等领域。为了满足不同行业的企业客户需求，华为推出了有针对性的解决方案，如智能工厂、智慧城市等。同时，华为还通过收购和投资等方式，拓展了企业业务的版图，以实现业务的快速增长。

通过上述产品组合与产品线的优化与调整，华为在全球市场取得了显著的竞争优势。在今后的发展中，华为将继续关注市场动态和客户需求，不断调整和优化产品组合与产品线，以保持持续的竞争力。

---

3. 产品线决策

产品线决策是企业在面对市场需求和竞争压力时，需要对产品结构和产品组合进行调整的过程。这一决策涉及新产品的开发、现有产品的改进、产品的淘汰，以及产品线的调整等多个方面。包括以下内容。

1）产品线扩展策略，涉及对现有产品市场定位的全面或部分调整，具体实施路径包括向下扩展、向上扩展及双向扩展三种策略。

2）产品线更新决策，指的是对现有产品线的技术水平进行升级或革新。在执行产品线更新决策过程中，企业需要考虑的是采取渐进式技术改造，还是选择一次性全面更新，即用最新设备替代陈旧设备。

3）产品线特色化决策，指产品经理选择一个或少数产品项目打造独特特征，提升产品线形象；产品线削减决策指产品经理定期检查产品线中的产品项目，剔除使产品线总体利润减少的项目。

产品线决策可以采用多种方法，如经验分析法、德尔菲法、决策树法、矩阵分析法等。其中，经验分析法主要是根据企业的历史数据和经验进行决策，适用于产品线调整和产品改进等较为简单的决策；德尔菲法主要是通过专家意见收集和分析进行决策，适用于新产品开发和产品线调整等较为复杂的决策；决策树法主要是通过建立决策树模型进行决策，适用于多因素、多目标的决策问题；矩阵分析法主要是通过建立矩阵模型进行决策，适用于产品组合优化和资源分配等决策问题。

第 2 节 服务设计与管理

一、服务的性质与特征

1. 服务的概念和范围

服务是一种以提供无形产品或解决方案为主的经济活动。服务的范围广泛，涵盖了众多行业和领域。本节中将服务分为以下几类。

1）生产辅助服务：此类型的服务旨在辅助其他商品或服务的生产过程，包括研究开发、设计、咨询服务、物流配送及市场推广等。生产辅助服务对于提升生产效率和产品品质具有显著影响。

2）消费者服务：这些服务直接服务于终端消费者，满足他们在日常生活，如娱乐、教育和健康等方面的需求，如餐饮服务、旅游休闲、文化娱乐、教育培训和医疗卫生等。消费者服务的种类和质量是评价一个国家居民生活水准的重要标准。

3）公共事业服务：这些服务包括政府提供的公共产品和服务，涉及国防安全、公共安全、国际关系、基础建设及社会安全网等。公共事业服务对于保障国家稳定和社会正义具有不可忽视的作用。

4）金融行业服务：涉及金融机构，如银行、保险公司、证券交易所、基金管理公司等提供的服务，包括存款、信贷、投资和风险控制等。金融行业服务在促进资金流动和提高资源配置效率方面扮演着关键角色。

5）信息技术服务：这些服务与计算机技术、互联网、软件等相关的信息技术研发、应用和维护有关，如电子商务、在线服务和数据管理等。信息技术服务对于推动社会的数字化、网络化和智能化转型具有极其重要的意义。

2. 服务与产品的区别与联系

服务与产品是经济学中的两个重要概念，它们之间的区别与联系可以从以下几个方面进行阐述。

1）概念定义：产品是指能够满足人们需求的任何有形或无形的物品或对象，它可以被生产、销售和消费。服务则是一种行为或过程，通过提供无形的产品或解决方案来满足人们的需求。

2）根本差异：产品指的是具有实体形态的具体商品或物品，服务则是指无形的、概念性的行为或流程。因此，产品具有实体性，能够通过感官体验（如视觉、触觉等）被直接感知；服务则不具备物质性，需要通过消费过程来体验。

3）价值体现：产品的价值主要体现在其物质属性上，如功能、品质、外观等；服务的价值则主要体现在其解决问题的能力上，如效率、效果、满意度等。

4）交易方式：产品交易通常涉及实物交付，消费者可以清楚地知道自己购买了什么；而服务交易往往涉及无形的产品或解决方案，消费者在购买服务之前往往难以准确了解服务的具体内容和质量。

5）联系：服务与产品之间存在密切的联系。在很多情况下，服务是产品的一部分，如售后服务、技术支持等。此外，一些产品在本质上就是服务，如咨询、培训等。

3. 服务的基本特征

1）无形性：服务是一种无形的产品，与有形的物质产品不同，服务无法被触摸、闻到或品尝。消费者的购买和消费过程往往涉及服务的无形属性，如功能性、可靠性、安全性等。无形性使得服务难以储存和展示，从而给服务的提供和传递带来了挑战。

2）异质性：由于服务的生产和消费过程通常是同时进行的，且服务提供者和消费者之间的交互可能导致服务的结果难以预测，因此服务的质量往往存在较大的差异。这种异质性使得消费者在购买服务时难以准确评估服务的质量和效果。

3）同时性：服务的生产和消费通常具有同步性，即服务的生产和消费过程在时间上是一致的。这意味着服务提供者需要在与消费者互动的过程中实时满足消费者的需求，从而对服务的提供和传递提出了较高的要求。

4）不可存储性：服务是一种无法储存的产品，其生产和消费过程通常是短暂的。因此，服务提供者需要不断地生产和传递服务，以满足消费者的需求。这一特征使得服务供应的稳定性面临挑战，特别是在需求波动较大的情况下。

5）互动性：服务生产和消费过程中，服务提供者与消费者之间的交互是必不可少的。这种交互有助于了解消费者的需求，提高服务的质量和满意度。因此，互动性被认为是服务的一个重要属性。

服务的基本特征和属性包括无形性、异质性、同时性、不可存储性和互动性。这些特征和属性使得服务在提供和传递过程中面临诸多挑战，需要服务提供者采取有效的策略和措施来满足消费者的需求。

相关案例

"家庭采摘、教育研学、亲手酿酒、品鉴放松、星空露营……"位于宁夏贺兰山东麓的葡萄酒文化之旅展现了酒庄的多元魅力，激发了宁夏文化旅游的无限潜力，吸引了国内外游客的关注，宁夏因此荣获全球葡萄酒旅游组织（GWTO）颁发的"世界葡萄酒旅游胜地"美誉。

宁夏凭借贺兰山东麓的葡萄种植基地、酒庄群落及周边丰富的历史文化资源，根据市场需求，深入开发了葡萄酒主题的观光体验工坊、精品民宿、婚庆场所、文化创意体验区等旅游产品。2021年，宁夏文旅部门推出了10条以贺兰山东麓葡萄酒庄为核心的休闲旅游精选路线，将沿途的酒庄与沙湖、镇北堡西部影城、贺兰山国家森林公园、贺兰山岩画、黄河宿集、沙坡头等旅游景点连接成网，成为本地居民和外地游客休闲探访、度假体验的首选。近年来，贺兰山东麓一带的游客接待量和营业收入占宁夏全区的比重持续超过78%。

源石酒庄是宁夏贺兰山东麓酒庄游产品开发较优秀的案例（图4-7、图4-8）。酒庄引领了以葡萄酒为核心的产业融合新趋势，推动了第一、第二和第三产业的高品质协同发展，形成了以葡萄酒庄园为中心的多业态休闲产业集群。自2014年对公众开放以来，酒庄采用"葡萄酒+旅游"的创新模式，融合中国传统文化与葡萄酒文化，向全球游客展示了中国葡萄酒的独特风采。2014 年，酒庄被评为国家文化产业示范基地，随后在 2015 年升级为 3A 级旅游景点，通过与多元文旅业态的融合，中国葡萄酒不仅走进了人们的日常生活，而且通过葡萄酒及其文化引领了一种全新的生活方式潮流。

图 4-7 源石酒庄官网"酒庄服务"板块（来源：源石酒庄官网）

图 4-8 特色品鉴套餐（来源：源石酒庄官网）

消费者可从源石酒庄官网和微信公众号选择具体的服务类型。酒庄官网设有"酒庄服务"功能板块，包括"葡萄园认植计划""微信商城""参观预约"三个窗口；此外，消费者也可从酒庄微信公众号"源石│游"功能键进入"透明工厂""参观预约"等窗口，选择需要的服务种类。在酒庄游产品设计方面，酒庄现提供"致雅之旅""臻选之旅""尊享之旅""旗舰之旅"四种体验套餐，包含侍酒师导览讲解、指定品鉴酒款、自由拍照打卡等内容，消费者可结合套餐内容选择合适的时间段线上预订。

二、服务质量管理

1. 服务管理的流程和环节

服务管理是一个涉及多个流程和环节的过程，以确保服务的有效交付和客户满意度。以下是服务管理的关键流程和环节。

1）服务战略规划：包括制定服务愿景、使命、目标和战略。服务战略规划应基于对市场、竞争对手、客户需求和期望的详细分析。

2）服务设计：涉及设计服务流程、服务接触点、服务环境和服务提供者与客户之间的互动，需要考虑客户需求、服务提供者的能力和资源，以及市场竞争。

3）服务运营：涉及服务提供者的招聘、培训、排班、调度和评估。此外，还包括服务过程中的资源配置、服务接触点的管理和服务质量的监控。

4）服务营销：包括通过广告、促销、定价和分销策略来推广和销售服务。服务营销还涉及客户关系管理，如客户沟通、投诉处理和客户满意度调查。

5）服务评估和改进：涉及对服务运营和客户满意度的监控，以及对服务策略、设计和运营的持续改进，可以通过内部审计、客户反馈和市场研究来实现。

2. 服务流程的设计和改进

服务流程的构建与优化是服务管理中的一个核心议题。服务流程泛指服务提供方为迎合客户需求而开展的连贯性行动序列。设计和改进服务流程的主要宗旨在于增强服务的品质与顾客的满意程度，以及提升服务运作的效能。

在服务流程设计阶段，存在几个至关重要的环节。

1）确定客户需求：通过市场研究、客户调查和竞争分析等方法，了解客户的需求和期望，为服务流程设计提供输入。

2）设计服务流程：根据客户需求，设计服务流程的各个环节，包括服务接触点、服务提供者与客户的互动，以及服务过程中的资源配置。

3）优化服务流程：通过分析服务流程的瓶颈、冗余和浪费，对服务流程进行优化，提高服务运营效率。

在服务流程的改进阶段，有四个关键步骤：收集数据、分析数据、制定改进计划和实施改进，如下图4-9所示：

图4-9 服务流程的改进步骤（来源：编者绘）

服务流程的设计和改进涉及多个步骤，涵盖识别客户需要、构建服务操作流程、提升服务操作流程质量、搜集相关信息、处理并分析数据、拟定优化策略，以及执行改进措施。这一系列环节共同保障了服务流程的设计与执行能够充分满足客户的期望、增强服务的总体质量及提升服务运作的效率。

相关案例

中国企业的服务流程设计和改进——阿里巴巴集团的"双11"购物节

阿里巴巴集团是中国最大的电子商务公司，旗下的淘宝网是中国最受欢迎的在线购物平台之一。淘宝网在每年的"双11"购物节期间，面临着巨大的服务挑战，包括大量用户访问、交易处理和订单配送等。为了提高服务质量和客户满意度，淘宝网通过服务流程的设计和改进，成功地应对了这些挑战。

1. 设计服务流程

在"双11"购物节期间，淘宝网通过以下几个关键步骤来设计服务流程。

1）预估用户需求：淘宝网通过对历史数据、市场趋势和用户行为的分析，预估"双11"购物节期间的流量、交易量和订单量。

2）设计技术架构：淘宝网根据预估的用户需求，设计并优化技术架构，包括网站服务器、数据库、缓存系统等，以确保网站的高可用性和高性能。

3）优化订单处理和配送流程：淘宝网通过与物流公司、商家和第三方服务提供商的合作，优化订单处理和配送流程，确保订单及时、准确地送达消费者。

2. 改进服务流程

在"双11"购物节期间，淘宝网通过以下几个关键步骤来改进服务流程。

1）实时监控和分析数据：淘宝网通过实时监控系统，收集并分析流量、交易量、订单处理速度等数据，以便及时发现并解决问题。

2）快速响应和调整：淘宝网根据实时监控数据，及时发现并解决服务流程中的瓶颈、冗余和浪费，以提高服务质量和客户满意度。

3）收集反馈和改进：淘宝网通过用户调查、客户反馈和运营数据等途径，收集关于服务流程的现状和问题的数据，以便进一步优化服务流程。

服务产品的管理涉及服务流程、服务质量、服务人员、服务环境等多个方面。为了提高服务产品的质量和竞争力，企业需要采用科学的管理方法和策略，对服务产品进行全面、系统的管理。举例来说，公司能够通过采纳信息科技、改进服务操作流程、加强服务团队培训、改善服务环境等手段，增强其服务项目的品质与客户满意度。

在服务项目的设计及管理实践中，公司也需重视服务创新与技术进步。随着信息技术的持续进步，众多新兴服务领域（包括网络教育、智慧医疗、数字化娱乐等）相继诞生，为客户提供了更便捷、更定制化的服务感受。公司应把握这些新兴机遇，主动开发新的服务市场，促进服务项目的创新与进化。

第 3 节　新产品开发与产品生命周期

一、新产品的概念及种类

新产品指采用新技术原理、新设计构思研制、生产的全新产品，或在结构、材质、工艺等某一方面比原有产品有明显改进，从而显著提高了产品性能或扩大了使用功能的产品。新产品种类如表 4-1 所示。

表 4-1　各类新产品含义及特征

类型	含义	特征
全新产品	应用新原理、新技术、新材料，具有新结构、新功能；在市场上首先开发并能借此开创全新市场的产品	
改进型新产品	在原有产品基础上改进，使产品在结构、功能、品质、花色、款式及包装上有新特点和突破	除具有一般产品的特征之外，还应具有创新性、先进性、继承性
仿制型新产品	对国内外市场上已有的产品进行模仿生产	
系统型新产品	在原有的产品大类中开发新的品种、花色、规格等，与原有产品形成系列	

新产品是一个广泛的概念，它涵盖了从创新发明的产品、经过改良的产品到新品牌的各类商品。新产品的范畴不仅限于科技领域的重要突破，还包括以下几个方面。

1）就生产与销售而言，任何在功能或外观上有所变化，与旧产品形成差异的产品，甚至只是将产品推广到新市场的，都可以被定义为新产品。

2）从消费者角度来看，新产品指的是那些能够为市场带来新益处或新用途，并得到消费者认可的商品。新产品至少应具备以下特征之一：采用了新颖的原理、概念或设计方案；使用了新型材料，显著提升了产品性能；产品结构得到了显著改进；产品的应用范围得到了扩展。

例如，奥德曼酒庄致力于酿造具有独特个性的高端精品葡萄酒，满足不同葡萄酒爱好者的需求。该酒庄新推出的"耆红"中式高度葡萄酒，以其"香气浓郁、余味悠长"的特点在同类产品中独树一帜。该酒色泽深沉，香味高雅而不过分，甜感适中而不过分，烈度强烈而不刺激，持久而不变味，其风味特别适合中国消费者的口味（图 4-10）。

图 4-10　企业产品示例（来源：奥德曼酒庄官网）

二、新产品开发过程

在寻求和发展新产品的过程中，企业必须制定强有力的新产品开发计划并建立一个系统的、以顾客为导向的新产品开发过程。开发新产品通常要经历以下几个阶段（图4-11）。

1. 市场调研

市场研究标志着产品开发过程的起始，它是一个至关重要的步骤。在此阶段，公司必须深入地探究和评估市场状况，洞察消费者的需求点、竞争者的战略及市场的动向。凭借市场研究，公司能够捕捉到市场的潜在机遇，并据此明确新产品的研发方向和市场定位。

2. 产品构思

新产品开发始于对新产品的设想，一个企业通常能够产生成百上千种不同样式的产品构思，并从中选出最理想的构思方案。产品构思的内容包括产品使用目的、基本功能、产品大致轮廓和大概制造方法等。

企业可以通过正规研发活动或者汲取员工的智慧去寻找新的产品构思，从高层管理人员、销售人员到生产人员、科学家及工程师，都可以为产品构思提供方案。竞争者也是一种重要的资源，企业可以通过关注竞争者的广告来获取新产品的线索。新产品构思最重要的来源是消费者，企业可以分析消费者的诉求，设计能够更好地解决消费者问题的新产品，或者邀请顾客分享期望、建议及创意。

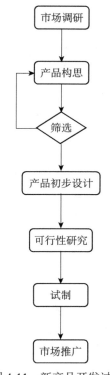

图 4-11　新产品开发过程
（来源：编者绘）

3. 筛选

需要重点考虑两个关键要素：所构思的新产品是否与企业的战略目标相吻合，这包括利润目标、市场稳定性目标、销售增长目标及企业的全面营销目标；企业是否拥有必要的资源，包括财务和技术能力，来研发所设想的新产品。

4. 产品初步设计

引人入胜的产品创意需进一步转化为切实可行的产品概念。产品创意为新商品的开发指明了方向和方法，尽管创意已经过筛选，但依旧处于概念阶段。要将这一概念转化为具体产品，必须从原理、构造、外观、功能等不同维度，对筛选后的产品创意开展初步设计工作。

5. 可行性研究

在产品初步设计的基础上，对新产品方案进行可行性研究，是进一步决定产品取舍的重

要环节。

6. 试制

新产品实体开发主要解决产品构思能否转化为在技术上和商业上可行的产品这一问题。它是通过对新产品实体的设计、试制、测试和鉴定来完成的。然而，试制和鉴定成本较高，如果测试的时间过长，也容易使企业丧失良好时机。当开发和推出新产品的费用较低，或者管理层对新产品很有信心时，企业只需进行少量的营销测试或跳过营销测试。对于产品线延伸出的产品或对竞争者的成功产品的模仿品，企业一般不进行试制、测试。

7. 市场推广

市场推广是产品开发流程的最后一个阶段，主要是指新产品从上市到被市场接受的过程。在这个阶段中，企业需要进行广告宣传、促销活动、销售培训等方面的工作。通过市场推广活动，可以促进消费者对产品的了解和购买意愿，进而提高产品的销售量和市场占有率。

三、产品生命周期的概念及其阶段划分

产品生命周期描述了产品自准备推向市场直至最终退出市场的完整发展过程。它代表了产品或商品在市场上的经济存活期，反映了在市场流通中，因消费者需求的演变及市场其他影响因素导致的商品从兴起到衰退的周期性变化。通常，这一周期包含四个阶段：进入期、成长期、成熟期及衰退期（图 4-12）。

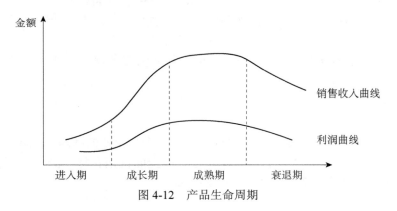

图 4-12　产品生命周期

1. 进入期

该阶段涵盖从产品设计、投产到正式进入市场的过程。在这个阶段，新商品刚刚面市，种类不多，消费者对它们还不熟悉，除了一些追求新颖体验的消费者外，大多数顾客不会购买。为了拓宽销售渠道，制造商必须投入巨额的促销资金，对商品进行广告宣传。

由于生产技术上的限制，产品无法大规模量产，导致制造成本高昂，加之高额的广告开支，商品的售价通常较高，销售量受限且增长缓慢。企业在这个阶段通常难以盈利，甚至可能出现亏损，同时产品本身也需要进一步的改进和完善。

2. 成长期

成长期标志着产品经过市场测试阶段后，消费者开始广泛接受该产品，并在市场中确立了一定的占有率。在这一时期，顾客已对产品有所了解，众多新客户开始进行购买，市场规模持续扩大，导致需求和销售额呈快速增长态势。随着生产效率的提高，生产成本显著降低，企业的销售额和利润均实现迅猛增长。然而，随着竞争对手的陆续加入，市场上类似产品的供应量增加，这导致产品价格开始下降，企业的利润增长速率逐渐放缓，直至达到整个产品生命周期中利润的峰值。

3. 成熟期

产品销售额的增速减缓直至降低，意味着产品已迈入成熟阶段。在成熟期，市场的需求逐渐达到饱和点，剩余的潜在客户数量有限。产品趋向于标准化生产，生产成本降低而产出规模扩大。竞争的加剧迫使同行业内的企业在提升产品质量、增加产品种类、改进产品规格、优化包装及增强服务等方面增加投入，导致企业成本增长。

4. 衰退期

随着创新产品或替代品的涌现，消费者的购买偏好发生变化，导致原有商品的销量与收益持续降低，从而使产品步入衰退期。在此阶段，产品在市场中已显得过时，无法满足市场的最新需求，同时市场上也已出现了性能更优越、定价更经济的新兴商品。成本较高的企业因盈利能力下降而逐步停止生产，该类型商品的市场生命周期随之走向终结，最终可能完全退出市场。

不同类型产品的生命周期曲线并非都如图 4-12 所示，例如，风格型产品的生命周期呈现出一种循环，风格一旦产生，可能会延续数代；时髦流行型产品的生命周期特点是刚进入市场时接受的消费者较少，但接受人数将会随着时间慢慢增加，最终被大众广泛接受，最后缓慢衰退；时髦热潮型产品的生命周期通常表现为迅猛增长紧接着迅速下滑的模式；而扇贝型产品的生命周期则因为产品持续的创新或发现新的使用方式而展现出周期性的延长特征（图 4-13）。

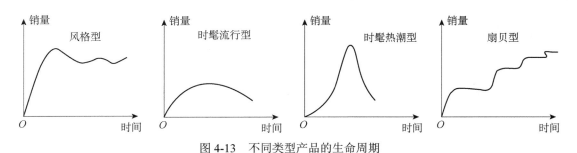

图 4-13　不同类型产品的生命周期

四、产品生命周期各阶段特征与营销策略

1. 进入期的营销策略

产品进入期通常指的是从新产品试制完成到其首次投放市场进行测试销售的这段时间。

在这个阶段，由于消费者对产品还不够熟悉，公司需要利用多样的推广策略来吸引消费者关注，并努力提升产品在市场上的知名度。同时，由于初始的生产和销售开销通常较高，公司在为新产品设定价格时必须将这一点纳入考量。在进入期，公司的主要营销目标是快速使新产品在市场中占有一席之地，并在最短的时间内尽可能增加销量。因此，企业营销的重点主要集中在促销和价格方面。产品进入期特点及营销策略见表4-2。

表4-2　产品进入期特点及营销策略

	特点	营销策略
进入期	企业无利润甚至亏损	高价快速策略
	生产成本高	选择渗透策略
	产品数量较少，次品率较高	低价快速策略
	促销费用大	缓慢渗透策略
	销售数量少	
	竞争不激烈	

（1）**高价快速策略**　　该策略涉及实施高价策略，同时开展大规模的宣传和销售推广活动，以此将新产品引入市场。其核心目标是在市场上取得先发优势，快速占据市场份额，并在竞争者尚未大量涌现之前实现成本回收并赚取利润。

（2）**选择渗透策略**　　此策略的特点是，尽管产品定价较高，但促销开支却保持在较低水平。高价策略旨在迅速回收投资并实现盈利；减少促销开支则有助于降低整体的销售成本。

（3）**低价快速策略**　　此策略的显著特征在于实施较低的产品定价，同时配合大规模的促销活动。这种做法的优势在于能够加速商品的市场渗透，有效抑制竞争对手的涌现，从而帮助企业获得显著的市场占有份额。

（4）**缓慢渗透策略**　　这种策略的特点是在新产品进入市场时采取低价格，同时投入较少的促销费用。低价格有助于市场快速地接受商品，低促销又能使企业减少费用开支，降低成本，以弥补低价格造成的低利润或者亏损。

 相关案例

张裕葡萄酒进入期策略

张裕自1892年至1949年历经了57年的家族式经营，并在动荡的战乱时期中生存下来。新中国成立后，张裕逐步过渡到公私合营模式，并最终转型为国有企业，由烟台市国有资产监督管理部门负责管理。1992年，随着中国市场经济体制目标的确立，张裕与法国卡姆斯公司合作，成立了烟台中法神马白兰地有限公司，张裕持股40%，开启了白兰地业务的新纪元。到了1996年，白兰地的销售收入占到了公司总收入的54.5%，成为主要收入来源。1997年，张裕成功登陆资本市场。1999年，为了完善其产业链，张裕与葡萄牙投资者合作，成立了"麒麟包装"。

2002年，张裕与法国卡斯特集团联手，在烟台和廊坊建立了合资酒庄，正式进军葡萄酒生产领域。在1997年至2002年这段时间里，中国面临了亚洲金融危机和国企改革带来的挑战，同时也抓住了加入世界贸易组织后的新机遇。张裕专注于国内市场的布局，重点投资了"2.8 万吨中高档葡萄酒技术改造项目"和"3 万亩葡萄种植基地扩建项目"，以提升葡萄酒产能和增加销售额。到了 2002 年，张裕的销售收入从 1997 年的 3.92 亿元增长至 9.28 亿元，逼近 10 亿大关。在这十年的发展中，张裕的业绩持续攀升，实现了显著的飞跃。

2. 成长期的营销策略

成长期是产品在试销成功后，开始大规模生产并增加市场销售量的时期。在这一阶段，企业的主要营销目标是稳固并扩大其市场占有率，同时推动销售收入的快速增长。此外，企业需要密切监控增长速率的变化，一旦观察到增长从加速转向减速，就应立即采取适当的策略调整。产品成长期特点见表 4-3。

表 4-3　产品成长期特点

	特点
成长期	企业利润增加
	生产成本下降
	产品数量增加
	促销费用下降
	销售数量迅速增加
	竞争趋向激烈

这一阶段可以选择的具体策略有以下几种。

1）企业应积极准备并集中必要的资源，包括劳动力、物资和资金，以进行基础设施建设或技术革新，从而快速提升或扩展生产规模。

2）提升产品的品质，并为其增添新的特色，同时在品牌标识、包装设计、外观设计、产品规格和定价策略上进行创新。

3）深化市场细分工作，主动探索新的市场领域，发展新客户群体，以促进销售量的增长。

4）积极拓展并增加新的销售渠道，以扩大产品在市场上的流通范围。

5）调整促销策略的重点，如在广告宣传方面，从单纯产品介绍转向品牌形象塑造，以增强产品在公众心目中的地位。

6）灵活运用定价策略。在产品的成长期，即便市场需求强劲，企业也可适当下调价格以增强市场竞争力。虽然短期内这可能会对利润造成影响，但长远来看，随着市场份额的提升，企业的利润有望实现增长。

相关案例

张裕葡萄酒成长期策略

尽管中国葡萄酒拥有长久的酿造传统，但在近现代全球葡萄酒产业尤其是高端市场中，中国品牌的影响力和认知度相对较小。张裕葡萄酒通过不懈追求卓越的品质和技术，为中国

葡萄酒在高端市场的竞争中奠定了坚实的基础和自信。在产品品质提升方面，张裕采纳了"三标"战略：达到国际食品安全与质量标准、比肩国际知名葡萄酒品牌的口感标准、符合地方消费者口味的定制标准。

龙谕酒庄坐落于银川经济技术开发区，由烟台张裕葡萄酿酒股份有限公司投资建设，耗资 8 亿元人民币，打造了一个集葡萄种植、高端葡萄酒酿造、葡萄酒文化展示、品鉴体验、会议服务及旅游休闲功能于一体的综合性高端酒庄。葡萄的品质直接关系到最终酒的品质，龙谕酒庄的种植专家团队创新性地采用了"倾斜水平龙干"的栽培架型，并遵循"20 厘米黄金法则"，确保葡萄结果部位的统一，利用 45 度倾斜的栽培架型，根据日照角度和地理位置将葡萄定位在最佳高度，确保每颗葡萄都能获得适宜的通风和光照条件，促进其均匀成熟，从而使得用于酿酒的葡萄颗粒饱满、品质上乘。

3. 成熟期的营销策略

成熟期是产品发展到大规模生产并在市场竞争中达到白热化的时期。这个阶段通常比前两个阶段持续时间更久，大部分产品都处于这一发展阶段，因此管理层主要致力于解决与成熟期产品相关的各类问题。产品成熟期特点及营销策略见表 4-4。

表 4-4　产品成熟期特点及营销策略

	特点	营销策略
成熟期	企业利润逐步下降	市场修正策略
	产品进入大批量生产阶段	产品改良策略
	销售数量增长缓慢，趋于稳定	营销组合调整策略
	竞争激烈	

在成熟期中，有的弱势产品应该放弃，但同时也要注意到原来的产品可能还有发展潜力，有的产品可能通过开发新用途或者新功能而重新进入新的生命周期。因此，企业应该系统地考虑市场、产品及营销组合的修正策略。这一阶段可以选择的具体策略有以下几种。

（1）市场修正策略　　企业通过以下策略来维持和增加其商品在市场中的占有率。

1）积极探寻市场中尚未开发的潜在领域，如将非消费者转化为消费者。

2）通过加强宣传和推广活动，激励顾客提高使用频率或每次使用量，从而提升现有顾客的购买频次。

3）利用市场细分策略，积极拓展新的市场领域，包括地理、人口统计和用途等方面的细分。

（2）产品改良策略　　企业可以通过产品特征的改良，来提高销售量。

1）性能提升，指的是增强产品的实用效能，包括提高其耐用度、可靠性及口感等方面。

2）特征增强，指的是赋予产品新的属性，如调整其尺寸、重量、选用的材料质量、新增成分及附带配件等。

3）式样改良，即增加产品美感上的需求。

（3）营销组合调整策略　　企业通过调整营销组合中的某一因素或者多个因素，以刺激销售。

1）通过降低售价来加强竞争力。

2）更新广告策略以激发消费者好奇心。

3）实施多样化的促销手段，如举办大型促销活动、提供赠品等。

4）拓宽销售网络，优化服务流程及货款支付方式等。

相关案例

张裕葡萄酒成熟期策略

在 2019 年，中国的葡萄酒行业表现不俗，其中张裕葡萄酒公司以 38.34 亿元的营业收入，占据了整个行业销售额的 12.56%，位居市场首位。张裕不仅在国内占据领先地位，还通过收购海外的六家酒庄，扩展了其全球影响力。这些酒庄分布在法国、西班牙、澳大利亚和智利等主要葡萄酒生产国，使得张裕成为全球葡萄酒行业中布局最广泛、最深入的企业之一。在海外扩张的同时，张裕还注重市场、原料、技术和人才的整合，推动各酒庄产品质量的提升。

在国内，张裕拥有六大主要酿酒葡萄产区和八大葡萄酒酒庄，这些产区分布在新疆、宁夏、陕西、山东、辽宁和北京等地，总面积约 30 万亩，占全国酿酒葡萄总面积的四分之一。根据 2019 年意大利投资银行 Mediobanca 的报告，张裕的葡萄园面积在全球排名第一，远超第二名的澳大利亚富邑集团。

在产品战略上，张裕采取了"主攻酒庄酒、做强解百纳、做大普通酒"的策略，推动中高端产品的国内外市场发展。高端品牌包括国内的摩塞尔、澳大利亚的歌浓和智利的魔狮。中端酒则以解百纳为主，解百纳不仅是张裕的主打产品，也是全球累计销量超过 5 亿瓶的超级单品。2019 年，解百纳荣获"全球畅销葡萄酒品牌 TOP5"和"亚洲葡萄酒品牌TOP1"的荣誉。

4. 衰退期的营销策略

衰退期是产品销售量持续下降，即将退出市场的阶段。当商品进入衰退期时，企业不能简单地放弃该产品，也不应该一味地维持原有的生产和销售规模。企业必须研究商品在市场中的真实地位，决定是否继续经营。产品衰退期特点及营销策略见表 4-5。

表 4-5　产品衰退期特点及营销策略

	特点	营销策略
	市场需求减少，出现改进型产品	维持策略
衰退期	企业利润不断降低	缩减策略
	竞争激烈，同行业竞相降价销售	撤退策略

这一阶段可以选择的具体策略有以下几种。

（1）维持策略　　即企业在目标市场、价格、销售渠道、促销等方面维持现状。这一时期，众多企业可能会选择退出市场，对于具备一定条件的企业而言，这并不意味着它们的销售额和利润必然减少。采取这一策略的公司可以结合产品寿命延长的战术，从多个角度延长产品的生命周期。

（2）缩减策略　　企业选择维持其原有的经营目标，但会基于市场变化和行业内的退出障碍，在规模上进行适当的调整。通过将全部或大部分营销资源集中在一个或少数几个特定的细分市场，企业不仅可以强化这些细分市场的营销力度，还可以显著减少市场推广的开支，从而提升当前的利润水平。

（3）撤退策略　　企业决定停止经营某一商品并退出相应目标市场时，应预先考虑以下几个关键点：企业计划进军哪个新的市场领域，将经营哪些新产品，以及可以利用之前哪些资源；如何处理原有品牌和生产设施等遗留资产，包括转让或出售；企业应保留多少备件库存和服务能力，以继续为现有客户提供未来的服务。

企业的现有经营产品都面临着生命周期有限的限制，因此必须有新的产品予以替代。但是开发新产品也存在着失败的可能，这是因为创新的风险和回报都很大。新产品能够成功，关键在于整个企业是否能够共同努力，是否有着系统的规划及细致的新产品开发流程。

 相关案例 ──────────────────────────

柯达破产——警惕产业生命周期

柯达曾是全球著名的摄影和成像设备制造商，其业务涵盖胶片、相机、打印机等多个领域。然而，在数码成像技术的迅速发展和智能手机的普及下，传统胶片市场逐渐萎缩。尽管柯达在 2003 年推出了柯达 EasyShare 数码相机，但未能及时调整战略，应对行业变革，导致公司陷入困境。2012 年，柯达申请破产保护（图 4-14）。

图 4-14　柯达破产漫画（来源：新浪财经）

柯达在衰退期的主要问题包括以下几点。

● 技术创新不足：柯达在胶片技术上拥有强大的优势，但在数码成像技术方面投入不足。尽管公司在 2003 年推出了数码相机产品，但市场反应并不理想，原因在于产品质量和用户体验方面与竞争对手相比存在差距。

- 战略失误：柯达在数码成像技术方面的战略失误导致公司错失市场机会。例如，柯达曾试图通过与富士胶片（Fuji film）等竞争对手合作来抵制数码成像技术的普及，但这并未改变市场趋势，反而使柯达在竞争中进一步丧失优势。
- 资源分散：柯达在面临行业变革时，曾试图通过多元化战略来分散风险，涉足包括医疗影像、印刷等多个领域。然而，这导致公司资源分散，无法集中精力应对数码成像技术带来的挑战。

第 4 节　品牌与品牌资产

一、品牌的概念与作用

1. 品牌的概念

品牌（brand），作为一个标识，可以由名称、术语、图案、标志或设计单独或组合构成，主要功能是识别某个特定销售商或一群销售商所提供的商品或服务，以此与市场上其他竞争者的产品或服务相区分。

消费者普遍认为品牌是商品的一个关键要素，他们为品牌赋予特定的价值，并与之建立情感联系。此外，卓越的品牌管理技巧能够有效提升产品的价值。白酒市场的品牌化相当成熟，提到白酒，消费者能想到茅台、五粮液等不同品牌的产品。其中茅台的品牌化相当成功。茅台以其独特的酱香科技闻名，也因为独特的文化背景、历史沉淀及文化传承而被消费者所熟知。在品牌的加持下，茅台的产品相比其他同类产品拥有更高的溢价。

2. 品牌的作用

（1）消费者角度

A. 品牌辅助消费者做出选择　　品牌作为消费者心目中产品的象征，不仅体现了产品的特性，也反映了消费者对企业理念的认知。在众多考量因素的共同作用下，品牌能够简化消费者的购买决策流程。在葡萄酒选购时，消费者往往会选择所熟知的品牌，品牌能在一定程度上反映葡萄酒的品质，便于消费者减少决策难度。例如，拉菲古堡给消费者的感受是高质量葡萄酒，购买产品时决策会更加简单。

B. 品牌可以为消费者提供产品质量和一致性方面的信息　　不同的品牌代表着不同商品的质量，反映了企业的目标市场定位和自身追求。品牌的质量和一致性更为确定，能够帮助消费者更轻松地判断某些商品的好坏。同样以拉菲古堡举例，即使拉菲古堡的拥有者、环境一直变化，拉菲古堡的葡萄酒也一直保持着超高质量。

C. 品牌可以成为消费者的一种身份组成部分　　品牌可以成为消费者的一种身份组成部分，这是因为品牌不仅仅是一个产品或服务的标志，它还代表了一种价值观、生活方式和社会地位。消费者通过购买和使用某个品牌的产品或服务，可以在某种程度上表达自己的个

性、品位和认同感。拉菲、木桐、罗曼尼·康帝这类价格相对较高且品质高的葡萄酒都可以代表消费者的实力与品位。

（2）企业角度

A. 品牌是企业重要的无形资产　　品牌和商标能为其独特的产品特征提供法律保护，避免被竞争对手模仿破坏。同时，品牌会随着企业的管理运营不断成长，让品牌价值不断延伸。这些都可以成为企业无形资产的一部分。

B. 品牌具有更好的创利能力　　良好的形象和声誉会帮助品牌升级为名牌，这能够大大提高产品的附加值，从物质与精神层面为消费者提供服务，从中获得超值的利润。例如，苹果的产品具有一定的品牌溢价。

C. 品牌能帮助企业细分市场　　不同的品牌代表着不同的定位，品牌能够更好地帮助企业做好细分工作。例如，西夏王旗下不同产品拥有不同定位，他们的产品按照高档、主流和中档产品划分，这样的划分更加高效地服务着不同的消费群体。

D. 品牌能帮助企业建设护城河　　品牌能够帮助企业与消费者建立桥梁，以此提高消费者的忠诚度。凭借消费者的忠诚度可以建设企业的护城河。其他企业需要进入该领域的难度会变高，这一层壁垒会保护原有企业的利益。

3. 包装及其作用

包装（packing）涉及产品的容器和包装材料的设计和生产。包装具有多层用途，包装最基础的功能是容纳并保护产品，其次好的包装能够展示产品的基本信息和特点，包装目前正在成为一种新的营销方式。

相关案例

葡萄酒瓶最常见的有波尔多瓶、勃艮第瓶，每一种瓶子的形状不一样，所装的葡萄酒也不同，这是因为波尔多地区的酿酒师更喜欢酿造可以长期储存的葡萄酒，因此波尔多瓶的颜色更加深。勃艮第地区则与波尔多地区相反（图 4-15）。

图 4-15　常见葡萄酒瓶型（来源：夏桐酒庄官网）

波尔多酒瓶以其两侧的流线型设计和宽阔的瓶肩而著称，这种瓶子有深绿、浅绿和透明三种颜色。深绿色瓶通常用于盛装波尔多地区的红葡萄酒，浅绿色瓶则用于盛装干白葡萄酒，而透明瓶则适合盛装甜型白葡萄酒。在新世界产区，葡萄酒制造商也普遍采用这种瓶型来盛装使用波尔多传统葡萄品种酿造的葡萄酒。

勃艮第酒瓶的设计特点是其溜肩和梨形的瓶身，目前主要用于盛装勃艮第地区的葡萄酒（如黑比诺和霞多丽），以及西拉、歌海娜、白诗南等其他葡萄品种的葡萄酒。

　　包装的作用包括保护产品、标明产品信息、促进销售和赋予品牌独特印象。

　　1）保护产品。这是包装最基础的功能，如葡萄酒需要用一个容器包装，避免葡萄酒在各个流程中被损耗。

　　2）标明产品信息。一个包装上具有丰富的信息，如根据葡萄酒的瓶型可大致判断瓶内是什么类型的酒，以及它的容量，再看酒标，可以看到酒庄名称、采摘年份、酒精度、产区等信息。同时达到差异化的效果，将产品与同类产品区分开。

图 4-16　桶装固态酸奶
（来源：天润官网）

　　3）促进销售。精美的包装可以吸引到更多消费者，并且能够提升产品的价值，从而获得更高的利润。例如，收获消费者青睐的天润润康固态酸奶，其受欢迎的除了单桶发酵的传统工艺、零蔗糖的无负担成分，还有 1 升大容量、食品级聚丙烯（PP）材质、可进微波炉的包装盒（图 4-16），该品牌酸奶盒子的"二次利用"，如作为便携餐盒、食物保鲜盒、杂粮桶等，在社交媒体上引发热烈讨论。相反，月饼过度包装也是常见现象，涉及产品包装设计、消费者需求和环境保护等多方面问题。过度包装可能导致资源浪费、环境污染，以及增加消费者购买成本等问题。

图 4-17　银票葡萄酒产品
（来源：读醉）

　　4）赋予品牌独特印象。例如，银票系列葡萄酒（图 4-17），其酒标巧妙地融入了中国传统文化，集"书法之雅、绘画之韵、印章之精"于一身。银票作为明清时期广泛流通的货币形式，不仅在历史上代表着一定的经济地位，还极大地推动了当时商业和经济的繁荣。此外，银票也是中国古代经济社会发展的标志性成就，体现了中华民族的智慧。银票葡萄酒不仅承载了深厚的中国传统文化底蕴和独特的风韵，还蕴含了中国葡萄酒特有的地域风味，这使得它在众多葡萄酒爱好者之间广受欢迎，有助于提升中国葡萄酒在国内的认知度和影响力，让更多的国内消费者了解并为之自豪。

二、品牌资产的构成与特征

1. 品牌资产的概念

　　品牌资产（brand equity）是品牌所有权为公司带来的估值溢价。企业通过使其产品令人难忘、易于识别，以及卓越的质量和可靠性来为产品创造品牌资产。大卫·阿克是品牌资产的开创者，也是品牌理论的鼻祖。1991 年，阿克提出"品牌资产五星模型"（图 4-18），将品牌资产分为品牌认知、品牌忠诚、品牌联想、品牌质量感知和其他品牌专有资产。

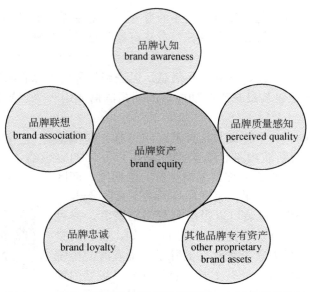

图4-18　大卫·阿克品牌资产五星模型（来源：编者绘）

2. 品牌资产的特征

（1）品牌资产是无形的　　品牌资产的特征是无形的，这是因为品牌资产的价值不在于它本身，而在于它所代表的品牌形象、知名度、信誉度等方面。这些方面都是无形的，无法直接衡量和计算，但是它们对于企业来说却是非常重要的。

（2）品牌资产以品牌名称为中心　　品牌资产是围绕品牌名称构建的联想网络，即消费者对品牌的认知。品牌的内涵起初源自品牌名称的含义，并在此基础上，通过参与市场营销和消费者在产品购买、使用过程中获得的联想而进一步构建。因此，品牌名称构成了品牌资产的关键部分，可以认为品牌资产是围绕品牌名称构建的。

（3）品牌资产对消费者行为产生影响　　品牌资产对消费者的行为模式产生影响，这包括其购买决策和对市场营销活动的反应。例如，品牌的感知质量、品牌所引发的联想和品牌的知名度是消费者做出购买选择的因素，这些因素同样会影响消费者对产品的满意度，以及他们对其他品牌进行尝试的意愿。

（4）品牌资产与消费者紧密相关而非产品　　品牌资产与消费者的认知和信任紧密相关，而非单纯依附于产品本身。这是因为品牌资产的价值体现在消费者对品牌的理解、信任和忠诚上，而非产品的物质形态。品牌资产涵盖了品牌的知名度、形象和信誉等要素，这些都是基于消费者对品牌的看法，而非产品实体本身。

3. 品牌资产的影响因素

品牌资产的影响因素可以从多个方面进行分析和讨论，包括品牌知名度、品牌忠诚度、品牌形象、品牌定位、产品质量、品牌延伸和企业声誉等。品牌代言人是常见的品牌宣传方式，请思考品牌代言人对品牌资产的影响？

品牌代言人是品牌方选定的，拥有一定人气和影响力的个体，他们对外代表品牌发声，旨在提升品牌的公众认知度并促进消费者购买。品牌代言人对品牌资产的贡献体现在多个层面：一方面，代言人有助于提升品牌的知名度，知名度高的代言人能够为品牌带来更多公众的关注，进而扩大品牌的影响力；另一方面，代言人有助于塑造品牌形象，合适的代言人能够向公众传递品牌的正面形象和价值观念，增强消费者对品牌的好感和购买动机。

例如，在 2022 年的"双 12"购物节期间，蒙牛通过其官方微博发布了"奶思"形象，并宣布了其即将进行的直播首演（图 4-19）。直播期间，包括快手的官方虚拟主播关小芳、虚拟歌手张凤琴、虚拟主播关箭，百度的 AI 数字人希加加，央视网的虚拟主播小 C 等多位数字虚拟人物共同发布了新年海报，庆祝新成员的加入。奶思的首次直播吸引了近 300 万观众，与该账号过去一个月的平均互动数据相比，直播间的点赞数和评论数分别增长了 800%和 88%，在社交媒体上引起了广泛的讨论。

图 4-19 蒙牛虚拟代言人"奶思"（来源：蒙牛官方微博）

然而，品牌代言人也可能对品牌资产产生负面影响。如果代言人与品牌形象不符，或者代言人在消费者心中的形象出现问题，这可能会导致品牌形象受损，从而降低品牌资产。

4. 品牌力与品牌资产评估

品牌力及其品牌资产的评估构成了品牌管理学中的核心议题。品牌力涵盖了品牌对消费者所施加的影响力与吸引力，反映了品牌在市场中的角色与价值。品牌资产的评估则涉及对品牌财务价值的量化，这包括其有形和无形的经济效益。

传统上，品牌资产的评估依赖于会计和金融手段，主要通过产品销量、成本分析、边际效益、盈利能力及资产回报率等财务数据来进行。然而，鉴于品牌经营是一项长期的投资活动，这些财务指标往往只能提供短期视角，并且它们更多地反映了企业视角下的品牌认知，而非消费者视角下的品牌认知。因此以短期性指标评价品牌资产，往往会使企业的品牌投资

与决策失误和造成损害。企业需要更多地关注消费者的品牌认知，构建消费者导向的品牌资产内容与评估方法，检讨品牌经营者所设定的目标和策略，检讨企业的品牌资产与竞争企业品牌资产的差异，并以此为基础来规划和实施企业的品牌竞争策略。

阿克阐述了五种评估品牌资产的方法：品牌名称所能支撑的溢价额度；品牌名称对消费者偏好的影响大小；品牌的重置成本；股票价格；品牌的盈利能力。

品牌力与品牌资产评估之间的关系可以从以下几个方面进行理解。

1）品牌力构成品牌资产评估的根本：品牌力是评估品牌资产的关键要素，它对消费者的认知、看法及购买决策产生直接影响。品牌力的强弱直接关系到品牌的市场占有率、盈利性及投资效益等财务衡量标准。

2）品牌资产的评估促进品牌力的增强：企业通过评估品牌资产，能够更准确地把握品牌在市场中的定位和价值，进而制定出更为精准的品牌策略，以增强品牌的影响力。此外，品牌资产评估还可以为企业提供品牌价值的量化指标，有助于企业在资本市场中进行品牌价值的展示和传播。

3）品牌力与品牌资产评估相互影响：品牌力与品牌资产评估之间是相互影响的关系。一方面，品牌力的提升有助于提高品牌资产评估的结果；另一方面，品牌资产评估的结果也可以为企业提供关于品牌力提升的反馈和指导。

第 5 节　品牌保护与品牌管理

一、商标的属性与品牌注册

1. 商标含义

商标是用于识别和区分商品或服务来源的标识。它可以包括各种能够区分一个个人、公司或其他组织商品的元素，如文本、图形、字母、数字、立体图案、颜色组合及声音等，以及这些元素的任意组合。一旦品牌或其部分在官方机构注册，便成为"商标"，并在法律上受到保护，注册者享有专用权。许多国际知名商标在全球多个国家进行了注册。

商标具有从属于商品的属性，是商品经济的自然衍生；它也是一种财产，属于注册者所有；且具有市场竞争力、排他性，未经授权，其他经营者不得使用。

2. 商标属性

商标的法律特性包括专属性、时效性、区域性和可转让性。专属性意味着注册商标的所有者对其商标拥有独家使用权，未经允许，他人不得使用；时效性指商标权作为一项有期限的权利，只在规定的有效期内受法律保护；区域性表明商标权的效力受限于特定的地理范围，这反映了商标权的国内法律属性；可转让性意味着在满足特定条件时，商标注册人可以将其产权进行转让或授权他人使用。

3. 品牌注册

品牌是一种无形资产，能够为拥有者带来额外的价值和增值。品牌注册包括用于区分竞争者产品或服务的名称、术语、符号、标志或设计及其组合。品牌的增值源自消费者对其载体形成的印象。品牌承载的不仅是对其产品或服务的认可，而且是品牌所有者与消费者之间互动的结果。

二、品牌保护措施

1. 注册商标

商标是品牌的象征和标志，是企业的重要资产之一。因此，商标的注册可以有效保护品牌的权利，避免他人盗用或侵犯品牌权利。在注册商标时，需要注意的是应选择与品牌相关的词语、图形或标志，以确保注册商标被认为是独立的、有识别性的和独一无二的。

2. 加强品牌管理

在品牌的使用和管理中，应加强对品牌的战略规划和控制。全面考虑品牌的各种方面，如品牌的使用、营销和协调，以确保品牌的一致性和有效性。这有助于提高品牌的认知度、对品牌的忠诚度，并将防止他人篡改或影响品牌的形象。

3. 建立品牌协议

品牌协议是一项法律文件，旨在明确品牌所有权和权利。建立品牌协议将确保品牌使用和保护的标准化，以及其他人使用品牌的限制和条款。此外，品牌协议还可以包括品牌的保护措施，如如何按既定的保护措施处理侵权事件。

4. 加强监管措施

可以采取各种监管措施来保护品牌。例如，可以加强监测和认证工作，以确保品牌的正确使用及使用透明化。此外，也可以加强内部和外部审计，审核品牌的商标使用情况，以避免其他人或单位侵犯品牌所拥有的商标。

5. 准备好处理侵权事件

企业需要准备应对此类事件的策略和处理措施。例如，当发现侵权行为时，应立即采取行动，包括与侵权方联系，寻求法律帮助和达成协议等。

三、品牌管理的关键要素

1. 品牌定位

品牌定位用于明确品牌在目标市场中的定位和个性特征。包括确定品牌在目标市场中的特定位置和特性。进行品牌定位时，需要深入理解目标消费者的需求、偏好，并分析竞争对手的市场定位。通过有效的定位策略，品牌可以在消费者心中建立起独特的形象，并与竞争品牌形成明显的区别。

2. 品牌标识

品牌标识是品牌管理的关键组成部分，它由品牌名、徽标、标语等元素构成，旨在辅助

消费者识别和记住品牌。品牌标识的设计应追求简洁性与辨识度，并准确传达品牌的核心价值。

设计品牌标识时，需充分考虑目标市场的文化价值观和品牌定位。品牌标识应与品牌的整体风格和个性保持一致，以便在消费者心中留下深刻印象。此外，品牌标识还需经过市场测试和收集反馈，以验证其效果并确保其符合市场需求。

3. 品牌交流

品牌交流是品牌管理中的必要环节，通过有效的品牌交流，品牌能够与消费者建立情感纽带，并传递品牌的核心价值和竞争优势。品牌交流的途径多样，包括广告、公关活动、社交媒体互动等。

在执行品牌交流策略时，应明确品牌的核心信息和市场定位，并精心选择适合的沟通途径和媒介。品牌交流策略需要保持一致性和连续性，以构建消费者对品牌的清晰认知。同时，定期评估品牌交流的效果，并根据反馈进行策略调整，是确保品牌信息有效传达的关键。

4. 品牌体验

品牌体验是品牌管理中至关重要的一环，通过提供独一无二的积极体验，品牌能够培养出消费者的忠诚度和自发的口碑推广。品牌体验覆盖产品质量、服务水平、购物氛围等多个方面。

5. 品牌维护

品牌维护是品牌管理的最终防线，其目的是保护品牌的独特性和知识产权，防止非法的复制或侵权行为。品牌维护的手段包括但不限于品牌注册、商标维护、法律维权等。实施品牌维护策略时，必须遵循相关的知识产权法律法规，并与知识产权律师紧密合作。品牌维护工作应该是全面且持续的，对任何侵犯品牌权益的行为都要迅速采取法律行动，以保护品牌的合法权益。

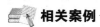 **相关案例**

加贝兰商标纠纷

在 2005 年，容健、王奉玉和张静合作，在贺兰山脚下的盐碱地带建立了宁夏首个高端葡萄酒庄——贺兰晴雪，并在 2006 年 5 月提交了"加贝兰 jiabeilan"的商标注册申请。该商标在 2009 年 10 月正式注册成功，被批准用于第 33 类商品，包括酒类产品。到了 2011 年，贺兰晴雪酒庄的"加贝兰"葡萄酒在英国 Decanter 世界葡萄酒大赛中荣获 10 英镑以上波尔多风格红葡萄酒类别的国际大奖，这标志着中国葡萄酒在国际赛事中的首次重大胜利，有媒体盛赞这一成就"重划了全球优质葡萄酒产区的格局"，这也是宁夏葡萄酒产区走向国际的重要一步。然而，仅在"加贝兰"获得国际认可的次年（2012 年），张某与他的公司开始在酒业崭露头角，并在多个商品分类中申请注册"加梅兰"商标；2013 年，他们进一步在其他多个分类中注册了"加贝兰"商标，几乎涵盖了除酒类（第33类）之外的所有领域，张某对"加贝兰"品牌价值的"捕猎"行动因此加速。张某及其公司不仅多次抢注"加贝兰"商标，还将贺兰晴雪酒庄的商号与商标结合，在第33和35类中注册了"加贝兰晴雪酒庄"。到了2015年，张某将公司更名，利用"加贝兰葡萄酒"的名号进行资金募集。

据统计，张某控制着多家企业，虽然第33类的"加贝兰"商标权一直归贺兰晴雪酒庄所有，但张某名下的公司注册的多个商标存在疑似"碰瓷"行为。以其名下的一家公司为例，该公司注册了"加贝兰"商标，用于广告销售、餐饮住宿、医疗用品、啤酒饮料等多个领域。至于第33类，则包括了"加贝兰兰尚"和"加贝兰晴雪酒庄 JIA BEI LAN QINGXUE WINE"两个商标，这为张某日后在酒业及其他领域的"跨界"活动奠定了基础。

目前市场上涌现了众多相关的假冒伪劣酒类产品，其来源难以追溯，这些都对"加贝兰"品牌的声誉和形象造成了损害。贺兰晴雪酒庄的创始人在企业初创时未能充分重视品牌保护，商标注册的种类不全面，这对公司的长远发展产生了不利影响。

四、品牌管理策略

品牌管理策略是一系列能够产生品牌积累的企业管理与市场营销方法，包括4P与品牌识别在内的所有要素，主要有包括产品线延伸策略、多品牌策略、新品牌策略、品牌延伸策略等。

1. 产品线延伸策略

产品线延伸是指将现有品牌运用于现有产品类别中的新样式、新颜色、新型号、新成分或者新口味。例如，可口可乐公司在原有的原味基础上，推出了樱桃、草莓口味的可乐，除此之外还推出了无糖、纤维这类产品。

产品线延伸是一种相对低成本、低风险的推陈出新的方法，可以用这种方法来满足消费者多样化的需求。不过，当品牌线延伸超出一定限度，会对原本的品牌名称造成损伤，失去这个名称原有的特质。产品线延伸策略的适用场景、优势及劣势见表4-6。

表4-6　产品线延伸策略

适用场景	优势	劣势
充分利用过剩的生产能力	有助于提升产品的存活率	不利于品牌名称特定意义的建立，淡化品牌原有个性和形象，增加消费者认知选择难度
满足新的消费者的需要	有助于满足不同细分市场需求	原有品牌过于强大，使产品线扩展混乱，加上销售数量不足，难以冲抵其开发促销成本
率先成为产品线全满的公司以填补市场的空隙	有助于构建完整的产品线以防御竞争者的袭击	容易造成同一种产品线中新老产品混乱的局面

2. 多品牌策略

实施多品牌策略可以创建多个独立品牌，以满足不同的购买需求。此外，多品牌策略有助于企业在分销商的货架上占据更多位置，从而扩大其市场占比。以拉菲罗斯柴尔德集团为例，其旗下的拉菲古堡系列中，正牌拉菲代表了酒庄的最高水准，选用的葡萄树龄超过 45 年。正牌拉菲在新橡木桶中陈化 18～20 个月，年均产量约为 1.6 万箱。而被称为"小拉菲"的拉菲珍宝，是由拉菲罗斯柴尔德集团所收购的卡许阿德园所种植的葡萄酿制而成。拉菲副牌珍宝酒同样经过 18～20 个月的橡木桶陈年，年产量约 2 万箱。

但是当品牌分化过多，每个品牌所占领的市场份额都较小时，没有主要产品获取丰厚利润，且资源相对分散，这很可能使得企业被这些拖垮。多品牌策略使企业能够更全面地渗透市场，减少中间分销商和零售商通过控制特定品牌对企业造成影响的能力。同时，这种策略提供了市场操作的灵活性，有助于限制竞争对手的市场扩张，从而保护企业的核心品牌。

然而，随着新品牌的不断加入，它们对市场的净贡献呈现出递减的边际效应。一方面，企业可能会减少对现有品牌的投入，以支持新品牌的推广；另一方面，市场上已有的竞争者可能阻碍新品牌实现预期的市场效果。因此，新品牌对企业整体市场贡献的边际效益有递减的倾向。此外，随着同一产品线下品牌数量的增加，品牌间的内部竞争变得不可避免；而且，推广新品牌往往需要较大的营销成本。企业在执行多品牌策略时，每个品牌都需要持续且高额的市场推广投入。多品牌策略的适用场景、优势及劣势见表 4-7。

表 4-7　多品牌策略

适用场景	优势	劣势
分散经营风险	满足市场需求 减少品牌受到影响的风险 增加竞争者的竞争难度 保护核心品牌	边际市场贡献率下降 各品牌之间相互竞争 新品牌推广成本较大

图 4-20　与喜剧电影联名的易拉罐产品
（来源：西鸽酒庄官方微博）

3. 新品牌策略

新品牌策略是指企业在推出新产品时采用新的品牌名称。当原有品牌不适合新产品时，企业需要设计新品牌。采用新品牌策略既能充分符合新产品的形象需要，又能避免对现有品牌造成影响。例如，西鸽酒庄为了拓宽年轻消费者群体，将葡萄酒装入易拉罐，推出"小酌"系列产品（图 4-20）。

4. 品牌延伸策略

品牌延伸是一种高效的手段，用于转移和增值品牌的无形资产，即将一个已知品牌名应用于全新类别的产品。它不仅在新商品上实现了品牌价值的转移，而且通过新商品的形象延续了品牌的活力，成为企业广泛采纳的策略。

品牌延伸策略能够促进新产品快速定位，确保新产品投资决策的精确性。此外，它还能加速新产品在消费者中的认同过程，有助于降低推广成本，并减少市场风险。但是，品牌延伸策略可能因近因效应而削弱强势品牌的形象。如果企业将一个强势品牌延伸到与原市场不匹配或无关的产品上，可能会违背消费者的预期。当一个品牌名关联多个产品时，可能会导致消费者对品牌的认知变得模糊。若延伸后的品牌产品在品质、层次上与原品牌有较大差异，可能会对原有品牌造成负面影响。品牌延伸策略的适用场景、优势及劣势见表 4-8。

表 4-8　品牌延伸策略

适用场景	优势	劣势
延伸产品和同盟产品很相似	加快新产品的定位	可能损害原有品牌形象
当消费者希望感受多种不同选择	减少新产品的市场风险，减少成本费用	有悖消费心理
	强化品牌效应	原强势品牌和延伸品牌竞争态势此消彼长
	增强核心品牌的形象	株连效应
		淡化品牌特性

5. 合作品牌策略

合作品牌策略涉及两个或多个品牌共同出现在一个产品上，形成联盟。这种策略的实施方式多样，包括利用中间产品进行合作、同一企业内部品牌之间的合作，以及合资企业间的品牌合作。

该策略的主要优势在于合作伙伴可以借助对方品牌的强势，提升自身品牌的知名度，进而增加销售量，并减少产品市场推广的时间和成本。然而，合作品牌也可能因为相互间的依赖而削弱各自对市场风险的抵抗力。长期合作可能导致双方的利益分配不均，甚至可能损害某一方的长期利益。此外，信誉良好的品牌如果与信誉较差的品牌合作，可能会因为后者的问题而影响自身在消费者心中的形象。

"联名"是品牌合作的常见形式，例如，西鸽酒庄与字节跳动合作推出的纪念字节跳动十周年的定制葡萄酒；瑞幸咖啡与茅台联合推出的酱香风味拿铁；瑞幸咖啡与经典动画《猫和老鼠》联名的马斯卡彭生酪拿铁（图 4-21、图 4-22）。这些都是品牌合作的实例，成功的合作不仅能吸引消费者，还能带来更高的经济效益。

图 4-21　茅台与瑞幸咖啡联名
（来源：瑞幸咖啡官方微博）

图 4-22　《猫和老鼠》与瑞幸咖啡联名
（来源：瑞幸咖啡官方微博）

6．品牌更新策略

品牌更新是品牌为适应商业环境和消费者需求的演变而进行的内涵和外在表现形式的持续演化。品牌更新涵盖以下几个方面：品牌形象刷新、市场定位调整、产品迭代升级，以及管理层面革新。

1）品牌形象刷新：随着消费理念的演进，企业需积极更新品牌策略，打造与时俱进的品牌形象。例如，面对消费者日益增强的环保意识，企业可以通过创新策略，将产品形象转变为环境友好型，或者根据市场需求的变化，对品牌形象进行档次上的调整。

2）市场定位调整：品牌在某种程度上体现了对消费市场商业、经济和社会文化层面的洞察。因此，企业在确立品牌后，可能会根据市场竞争的变化或时代特征、社会文化的演进对品牌定位进行调整。

3）产品迭代升级：科技进步是现代社会的首要生产力和竞争要素，也是品牌竞争力的根本。为了在竞争中保持领先，企业必须持续技术创新，不断推出新一代产品。

4）管理层面革新："管理创新是企业生存与发展的根本"。它指的是从企业运营的核心出发，对品牌进行持续的维护和培养，包括品牌观念的创新、技术革新、制度创新及管理流程的创新。

本 章 小 结

本章内容主要分为五部分，包括产品设计与管理、服务设计与管理、新产品开发与产品生命周期、品牌与品牌资产，以及品牌保护与品牌管理。本章详细解析了产品与产品分类，以及产品设计的相关要素，深入探讨了服务的性质与特征，以及服务质量管理的方法和策略。在新产品开发与产品生命周期部分，本章介绍了新产品的概念及种类，以及新产品开发过程。同时，对产品生命周期的概念及其阶段划分进行了详细阐述，分析了产品生命周期各阶段的特征及相应的营销策略。此外，本章还解析了品牌的含义与作用，以及品牌资产的构成与特征。在品牌保护与品牌管理部分，详细解析了商标的属性与品牌注册、品牌保护措施、品牌管理的关键要素及策略。

参 考 文 献

Kotler P，Keller K L，Chernev A. 2021. Marketing Management，Global Edition. 16th ed. New York：Pearson Education

Porter M E. 1980. Competitive strategy：techniques for analyzing industries and competitors. Soc Sci Electron Publish，（2）：86-87

【案例分析】

大汽水，喝大窑：大窑的营销升级与品牌蜕变之路

资料来源：余海晴，宋文琳. 2023. 大汽水，喝大窑：大窑的营销升级与品牌蜕变之路. 大连：中国管理案例共享中心

思考题

1. 请阐述大窑公司在产品开发过程中，如何运用创新思维和持续改进的方法，以满足顾客需求和应对市场变化？同时，请分析大窑在产品创新方面的成功因素。

2. 请分析大窑公司在产品推广和营销过程中，如何运用整合营销传播策略（IMC）来提升品牌知名度和影响力？

第五章 价值设计：定价策略
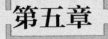

【知识目标】

1. 理解定价策略的基本概念和重要性。
2. 掌握定价策略的基本方法。
3. 学习定价策略的实践应用。
4. 理解定价策略的风险与控制。

【能力目标】

1. 掌握定价策略的基本原理和类型。
2. 分析定价策略的影响。
3. 掌握定价策略的实施与调整。
4. 结合案例进行定价策略分析。

【价值目标】

   培养创新思维，在学习定价策略的过程中，学生需要跳出传统的思维框架，从多角度分析和解决问题。这种创新思维能力的培养对于学生在未来应对复杂多变的环境具有重要意义。

【思维脉络】

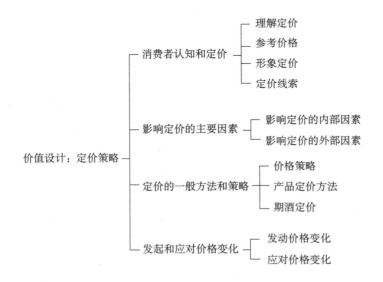

【营销观察】

狼的定价困境

在森林中，狼是顶级的捕食者，他依靠力量和速度猎取各种猎物。一天，狼决定在森林里开一家杂货店，出售自己捕获的猎物。开始的时候，由于狼的捕猎技巧高超，他的货架上总是摆满了新鲜的猎物。然而，随着时间的推移，狼发现自己的生意越来越差。原来，其他的动物们都觉得狼的定价太高，超出了他们的承受能力。

狐狸告诉狼："你的问题不在于你的价格，而在于你的思维方式。你一直认为你的产品是最好的，因此你的价格也应该最高。但你要明白，每个动物都有自己的需求和预算。你需要根据他们的需求来调整定价。"狼听了狐狸的建议，开始根据不同动物的需求和预算来调整价格，同时增加了更多的优惠活动。很快，他的生意又开始兴隆起来。

【营销启示】

定价策略不仅仅是一种经济行为，更是一种思维方式和商业智慧的体现。企业需要根据市场需求、竞争环境和目标客户的需求来制定合理的定价策略。同时，企业也需要不断地调整和优化自己的定价策略，以适应市场的变化和客户的需求。在商业竞争中，只有能够灵活应对市场变化的定价策略才能够让企业获得更多的商业机会和竞争优势。

【营销语录】

如果定价失误，之后再怎么努力也看不到好未来。也因此，价格一定要由经营者决定才行。定价即经营，定价是经营者的事，进一步讲，定价是否合理还体现经营者的人格。

——著名企业家、管理学家 稻盛和夫

市场价格是商品价值的尺度。

——经济学奠基人 亚当·斯密

定价不仅取决于市场所能承受的价格，还取决于竞争对手的收费。

——亚马逊公司创始人 杰夫·贝索斯

【政策瞭望】

聚焦重点领域和关键环节深化改革，更大激发市场活力和社会创造力。坚持社会主义市场经济改革方向，处理好政府和市场的关系，使市场在资源配置中起决定性作用，更好发挥政府作用，推动有效市场和有为政府更好结合。

——2023年《政府工作报告》

定价策略对公司的利润水平、市场竞争地位，以及消费者购买决策都起着关键作用。在竞争激烈且不断变化的市场环境中，制定合理的定价策略至关重要。定价并非仅仅是为产品或服务设定一个价格标签，而是一个涉及多个因素考量的复杂过程，包括市场的需求分析、成本核算、竞争状况评估及对消费者心理的理解。企业通过精心设计的定价策略，不仅能够达成盈利目标，增强市场竞争力，还能有效满足消费者的需求和期望。因此，本章将深入探讨定价的概念、定价决策的意义及常见的定价策略，帮助读者更好地理解和运用定价原理，推动企业的市场成功。

第1节　消费者认知和定价

一、理解定价

1. 定价的概念

定价策略是营销组合 4P 理论中的关键要素，其专注研究产品和服务的价格设定及调整策略，以达到最优的市场反响和收益。通过明智的定价策略，企业不仅能够实现财务目标，塑造品牌形象，还能在竞争中脱颖而出，满足消费者需求。

2. 定价的意义

定价决策对企业具有重要意义，主要体现在以下几个方面。

1）盈利能力：定价对企业的盈利能力有直接影响。通过合理的定价策略，企业可以确保产品或服务的销售收入能够覆盖相关的成本，并获得一定的利润。定价过高可能导致销量下降，定价过低则可能无法覆盖成本。

2）市场竞争性：定价策略在企业市场竞争性中扮演着至关重要的角色。通过精心设计的定价策略，企业能够在市场中凸显其独特性，构建品牌形象，并吸引消费者。此外，定价策略有助于企业确定其市场定位，迎合不同消费者群体的期望，从而增加市场份额。

3）消费者购买行为：定价对消费者的购买选择和行为模式有着直接的影响。在做出购买决策时，消费者往往会权衡产品或服务的价格与其感知价值。如果定价过高，可能会导致消费者选择竞争对手的产品或服务；而定价过低，则可能使消费者对产品或服务的品质产生疑虑。

3. 从消费者视角理解定价

消费者对产品价值的认知包括产品的功能价值、情感价值、社会价值等。消费者会根据这些价值判断产品的价格是否合理，是否符合自身的购买预期。其次，消费者会参考竞争对手的价格，以及过往的购买经验，来判断当前价格是否公平。消费者购买决策还会受到外部因素的影响，如市场环境、经济状况、文化背景等。

1）消费者对产品价值的认知：消费者在购买过程中会根据产品的功能、品质、设计、品牌形象等因素来评估产品的价值。

2）消费者对价格的敏感性：消费者对价格变动的感知程度会直接影响他们的购买选择。这种敏感性受到多种因素的综合影响，包括个人收入水平、产品的种类，以及购买的频繁程度等。

3）消费者的购买决策流程：在购买过程中，消费者会对比不同产品的价格和价值，以此作为依据做出最终的购买决定。

4. 顾客感知价值

（1）顾客感知价值与定价　顾客感知价值涉及顾客对产品或服务所提供价值的个人主

观评价，这种认知是基于顾客对产品或服务的功能性利益（如质量、性能、价格等）和非功能性利益（如便利性、安全性、品牌形象等）的综合评估。对企业的产品设计、定价策略、促销活动，以及顾客满意度调查等方面具有重要的指导意义。

顾客感知价值的计算公式（图 5-1）：

$$顾客感知价值=顾客购买总价值-顾客购买总成本$$

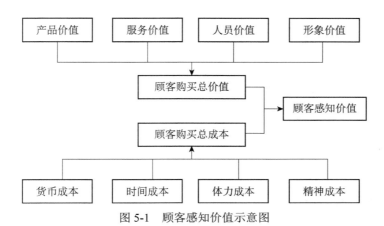

图 5-1　顾客感知价值示意图

顾客感知价值反映了顾客对产品或服务价值的个人主观看法，这与其实际的客观价值有所区别；定价则是企业综合考虑成本、市场需要、竞争环境等多重因素后，为产品或服务设定的售价。在经济学和营销学中，感知价值被认为受到多种因素的影响，如产品的功能、品质、设计、品牌形象等。

（2）顾客感知价值与产品层次　　核心产品−形式产品−期望产品−延伸产品−潜在产品，这一系列产品层次反映了消费者在购买过程中对产品价值的认知和感知。以下是对各个层次的解释及其与顾客感知价值间的关系，如图 5-2 所示。

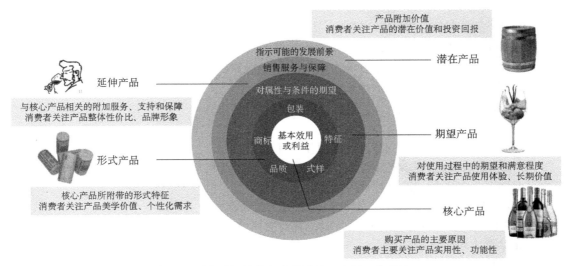

图 5-2　顾客感知价值与产品层次（来源：编者绘）

1）核心产品：是消费者购买决策的核心，它涵盖了产品的基本功能和主要作用。消费者在此层级主要寻求产品的实际应用和操作效能。

2）形式产品：指产品的外观特质，包括其造型、色彩等视觉元素。这些特质有助于提升产品的外观吸引力，满足消费者对美的追求和个性化偏好。

3）期望产品：反映消费者对产品使用体验的预期和满意度，涉及产品效能、稳定性和使用便捷性。消费者在此层级更注重产品的整体使用感受和持续价值。

4）延伸产品：包括与基础产品相连的额外服务、支持和保证。消费者在此层级关注产品的整体价值比和品牌声誉。

5）潜在产品：代表消费者在购买过程中可能没有意识到的产品附加价值。在这一层次上，消费者关注产品的潜在价值和投资回报。

二、参考价格

参考价格是指企业在定价过程中依据市场行情和竞争对手定价情况所确定的参考或依据。了解参考价格可以帮助企业把握市场需求，制定合理的定价策略。

1. 确定参考价格的方法

1）市场调研：通过市场调研，了解目标市场中类似产品或服务的价格水平。这可以通过竞争对手的定价情况、行业报告、市场调研等方式来收集数据。市场调研结果可以提供产品价格的初步参考范围。

2）成本分析：对产品的成本进行详细分析，包括原材料、生产成本、运营费用等。通过考虑企业的盈利目标，确保定价能够覆盖成本并实现预期利润。

3）定价策略：定价策略的制定需依据产品在市场中的定位。产品定位是指将产品针对特定的市场细分领域和满足特定消费者需求的过程。若产品旨在高端市场，可能需要设定一个较高的参考价格；相反，若面向大众市场，可能需要设定一个较低的参考价格。

4）差异化价值：考虑产品的独特性和差异化价值，确定是否可以在参考价格上提高一定的溢价。如果产品具有独特的功能、设计、品质等特点，可以考虑设置相对较高的参考价格。

参考价格仅作为定价策略的初步依据，最终的定价决策应结合市场反馈和实际运营状况进行适时调整。定价策略是一个动态发展的流程，它要求企业对市场的需求变化和竞争态势保持高度的敏感性，并能够灵活地进行应对。

2. 制定参考价格的关键因素

在制定参考价格时，企业可以考虑以下几个因素。

1）市场需求和供应情况：包括市场容量、竞争程度和产品特点等。根据市场需求和供应的平衡情况，参考相似产品或服务的价格水平。

2）竞争者定价分析：掌握同类产品或服务的定价区间。

3）成本与盈利目标考量：在定价时，需综合考量产品或服务的成本构成及企业的盈利预期。在参考市场价格的基础上，分析企业的成本情况，确保定价能够覆盖成本，并达到预期的利润目标。

4）品牌和差异化：如果企业的产品或服务具有独特的品牌价值或差异化特点，可以根据其品牌形象和独特性，适度提高价格水平。

3．参考价格效应

参考价格效应指消费者对一个产品的价格判断会受到其他相关产品的价格的影响。主要包括三种效应。

1）锚定效应：消费者在判断某商品的价格时，会无意识地以先前接触到的相关商品的价格作为参考系。商家会在陈列商品时刻意把高价格商品放在前面，作为消费者的锚定价格，使得其后续的中等价格商品显得较为便宜，进而促成购买。例如，高档酒店的酒水单通常会首先列出一些价格较高的葡萄酒，这会使得后续的中档或低档葡萄酒显得价格较为亲民，更易于出售。

2）比较价格效应：消费者通常会比较不同商家或不同品牌的同类商品的价格，并选择价格较低的商品。商家会采取以下措施：①在定价时考虑竞争对手的价格，以更低或微幅低于其价格进行定价；②采用不可直接比较的定价，如给商品定性化的名称或变化商品规格、包装等使价格比较更困难。例如，众多品牌为了在线上和线下两个渠道都取得优势，会分别制定各自的销售和定价策略。在电商平台，许多产品特别标注为"仅供网络销售"，这有助于区分线上和线下的产品。同时，为了避免消费者进行价格比较，线上和实体店销售的商品通常会有不同的商品编号。

3）信号传递效应：高价往往被视为产品质量的正面指标，消费者倾向于通过价格来推断商品的品质。商家可以通过设定较高的价格，向市场传达其产品高品质的信号，以此塑造和巩固其高端品牌的市场形象。例如，顶级酒庄拉菲、罗曼尼·康帝等通过高定价体现其高品质和高端品牌形象。

📖 案例讨论

拼多多、京东、天猫商城同款酒不同价格的现象

拼多多、京东、天猫商城是中国三大电子商务平台，提供各种各样的商品和服务。在葡萄酒这一类商品中，我们可以观察到同一个品牌、同一款酒在不同的平台上可能会有不同的价格，如图 5-3 所示的某葡萄酒整箱产品。请思考，这种现象可能是由哪些原因导致的？

 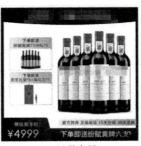 

京东超市　　　　　　　天猫商城　　　　　　　拼多多

图 5-3　同款葡萄酒在三个电商平台上的不同售价（来源：编者整理）

三、形象定价

形象定价是一种将产品或品牌与特定的形象或身份联系起来的定价策略。通过塑造特定的形象和品牌定位，企业可以在市场中创造差异化并赋予产品独特的价值感。形象定价通常与品牌价值、产品质量、服务水平，以及目标市场的需求和偏好等因素密切相关。

高端葡萄酒的定价通常采用形象定价策略，主要依靠建立品牌形象和消费者的心理感知来确定价格，不以成本为主。以下是常见的几种形象定价案例。

历史定价：强调酒堡历史悠久，具有悠久历史和文化内涵。例如，拉菲（Chateau Lafite Rothschild）、古拉尼（Chateau de Goulaine）等（图5-4、图5-5）；

图5-4　拉菲酒庄酒堡（来源：酒庄官网）　　　图5-5　古拉尼酒庄酒堡（来源：酒庄官网）

地域定价：强调酿酒葡萄来自特定的产区，土壤条件独特，酿酒工艺独到。例如，波尔多名庄出产的葡萄酒。

限量定价：强调产量极为稀少，只面向高端消费群体。例如，限量版侯伯王（Haut-Brion）。

品牌定价：通过建立高端品牌形象，在消费者心中树立高档、高品质、奢侈的品牌联想。例如，罗曼尼·康帝（Romane Conti）、帕图斯（Petrus）等。

装潢定价：酒瓶及外包装设计奢华精致，给消费者一种高档的感官体验。例如，水晶酒瓶装的葡萄酒、白兰地等。

四、定价线索

定价线索（pricing cue）指在产品定价时给予消费者的一些价格暗示或提示。它可以影响消费者对产品价格的感知和接受程度。定价线索主要有以下几种。

尾数定价：给出产品的具体价格，如299元或69.9元等。

离散定价：给出离散的价格区间，如200～300元区间或50～70元区间。这种定价方式会给消费者较大的价格判断空间，他们会主动比较不同价格并选择合适的价格，但是价格区间太大会增加消费者的不确定性，降低价格的可接受程度。

保守定价：给出一个较低的价格，如"不到200元"或"低于平均价30%"。这种定价方式会给消费者低价、高性价比的感觉，增加购买的可能性。

象征定价：使用对价格没有直接表示但能够引起消费者联想的词汇，如"特价""大减价""限时特卖"等。

定价参考物：把产品的价格与消费者熟悉的其他商品进行比较，如"与品牌 A 相当"或"比品牌 B 更便宜 20%"。这种定价方式能够给消费者大致的价格参考，增加对价格的接受和理解，但是参考品选择不当会得不偿失。

定价线索通过给予消费者价格暗示和提示，可以影响他们对产品价格的感知和接受程度。但是每个定价线索都需要权衡其优势和劣势，并且要根据产品的定位和目标客户的特征选择使用恰当的定价线索，才能取得良好的营销效果。

相关案例

张裕葡萄酒针对高端消费者群体推出了"龙谕"系列葡萄酒。龙谕系列主要产品有：龙12赤霞珠干红葡萄酒、龙9赤霞珠干红葡萄酒、龙8混酿干红葡萄酒、赤霞珠干白葡萄酒和桶藏赤霞珠干白葡萄酒（图5-6）。

图 5-6　龙谕系列在"红酒世界商城"的定价情况（来源：红酒世界）

该系列葡萄酒从葡萄种植、采摘、酿造等环节均属最高标准。在采摘葡萄的过程中，首先在藤蔓上进行初步筛选，随后通过手工挑选和利用光学分选机进行全方位的检查以完成精挑细选。在葡萄酒的调配环节，酒庄会邀请超过20位世界级的酿酒专家共同参与，对葡萄酒的架构、风味、香气、协调性及整体感进行细致的调配。在经过数轮的匿名品鉴和评分后，只有得分最高的葡萄酒才能被赋予"龙谕"这一名称。灌装后再进行6~12个月不等的瓶内陈酿，方能上市发售。

张裕葡萄酒公司特别针对年轻消费群体推出了价格平易近人的"醉诗仙"系列酒品。自该系列产品面市以来，张裕一直秉持着吸引年轻消费者的核心理念。无论是产品研发、品牌理念输出还是产品包装设计，均以打造"年轻人的社交葡萄酒"为追求，抛弃繁复的葡萄酒礼仪、去除复杂流程和限制。

第 2 节　影响定价的主要因素

定价是商业运作中至关重要的一环，它直接影响着企业的盈利能力和市场竞争力。然而，定价决策并非仅仅是根据产品成本或随意设定一个价格。事实上，定价受到多种内外部因素综合影响，需要考虑市场需求、竞争情况、消费者行为、经济环境和法律政策等多方面因素。

一、影响定价的内部因素

1. 产品成本

企业的成本构成对产品或服务的定价策略具有决定性影响。成本要素涵盖了生产成本、劳动力成本、日常运营成本等方面。企业在制定价格时，必须确保能够覆盖所有相关成本，并且能够获得适当的盈利。

对于葡萄酒酒庄而言，其生产成本的构成通常涉及以下几个关键要素。

1）葡萄种植成本：包括葡萄园的建设和维护成本，如土地租赁或购买、葡萄苗木购买、土壤改良、植物保护、灌溉系统、修剪和园田管理等费用。

2）葡萄采摘成本：葡萄的采摘费用取决于葡萄品种和产量，包括人力成本、采摘工具和设备、采摘包装和运输等费用。

3）酿造成本：包括葡萄酒发酵、储存等过程中产生的成本，如发酵桶、搅拌设备等设备租赁或购买，能源消耗，发酵剂和酵母等物质成本。

4）包装成本：酒庄葡萄酒通常以瓶装形式销售，因此需要购买瓶子、塞子、标签和包装盒等材料，并进行灌装、封装和标识等操作。此外，还需要考虑瓶装后的运输和储存费用。

5）质量检验和品牌推广成本：为了确保酒的质量和品牌形象，酒庄需要进行定期的质量检查和管理。同时，为了推广和宣传品牌，还会产生市场推广、广告和营销等费用。

6）销售和分销渠道成本：为了将葡萄酒推广至市场，酒庄必须利用多样化的销售和分销途径，这可能包括分销代理商、零售点、餐饮场所、在线商城等。相关成本不仅涉及与各渠道合作伙伴的协作费用，还包括销售团队的薪酬、市场推广及促销活动等。

7）管理和行政费用：酒庄在日常运营中还需承担管理与行政开销，这通常包括但不限于人力资源管理、财务规划、办公设施及场地租赁等方面的费用。

2. 目标利润

在确定定价策略时，企业必须将目标利润作为一项重要的考量因素。目标利润指的是企业期望在特定时期内达到的盈利水平，这一目标的设定会受企业成本、市场的需求动态、行业竞争环境等多重因素的综合影响。企业需要根据自身的盈利要求来确定产品或服务的定价，以实现预期的利润水平。

为了实现目标利润，企业可能会采取以下几种具体措施（表 5-1）。

表 5-1　企业为实现目标利润采取的措施

策略	内容	措施
成本领先策略	通过降低生产成本、提高生产效率，以降低产品价格，从而在市场竞争中占据优势	规模经济、技术进步、采购优化等
差异化策略	通过提供具有独特性能和品质的产品，吸引消费者，从而实现较高的产品价格	产品创新、品牌建设、优质服务等
动态定价策略	根据市场需求和竞争状况，灵活调整产品价格，从而实现目标利润	实时定价、需求定价、竞争定价等

3. 整体市场营销战略

整体市场营销战略在定价决策中扮演着多重角色，以下是几个关键影响因素。

1）市场定位：市场营销战略的核心要素之一是为产品或服务在市场中确立一个明确的位置。市场定位会影响消费者对产品价值的看法及其购买意向。

2）目标消费群体：市场营销战略应明确指出企业希望吸引的目标消费者群体，即企业的主要服务对象。不同的目标市场在购买力、需求和价格敏感度等方面可能存在差异，因此企业需要根据目标市场的特点来制定定价策略。

3）竞争状况分析：在制定市场营销战略时，企业必须深入分析竞争环境，包括了解对手的产品定价策略和市场占有率。竞争者的定价行动会直接对企业的定价策略产生影响，因此需要考虑与竞争对手之间的价格竞争动态。

4）品牌价值塑造：有助于增强消费者对产品的认知和忠诚度。品牌知名度和品牌价值会影响消费者对产品的感知价值，从而影响其对产品定价的接受度。

5）产品差异化：市场营销战略需要强调产品的独特性和差异化。如果企业能够提供独特的产品特点和附加值，消费者更愿意为其支付更高的价格。

6）渠道选择：市场营销战略需要考虑产品的销售渠道选择。不同的渠道可能涉及不同的成本结构和利润分配方式，这将对最终产品的定价产生影响。

4. 其他组织因素

企业内部的其他因素也会对定价产生影响，如企业财务状况、销售和分销策略、竞争态势等都会对定价策略产生影响。企业在定价时需考虑的内部因素包括成本结构、预期利润、全面的市场营销策划，以及其他组织层面的因素。企业必须全面权衡这些因素，以制定出既满足市场需求又兼顾企业利益的最优定价策略。

二、影响定价的外部因素

1. 市场和需求

市场规模、市场增长率、市场份额，以及市场细分等因素都会对定价产生影响。企业在定价时也必须考虑不同市场的特定需求和竞争状态。以市场需求为例，其波动对产品或服务的定价策略具有显著的影响，如图 5-7 所示。

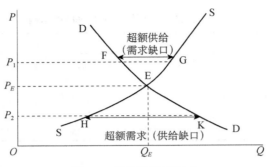

图 5-7 均衡价格的形成

在所展示的坐标图上，横轴 Q 代表产品的数量，而纵轴 P 表示产品的价格。需求曲线用 D 表示，供给曲线用 S 表示。两条曲线的交点 E 标志着市场的均衡状态，即在此价格 P_E 下，消费者对产品的需求数量 Q_E 与生产者愿意提供的产品数量相等。在其他条件不变的情况下，市场价格和产量将保持稳定，不会有进一步的波动。如果当前市场价格偏离了图中所表示的均衡价格 P_E，市场内部的自然调节机制将会使价格向 P_E 靠拢。

2. 宏观经济因素

通货膨胀率、银行利率、货币汇率及居民收入水平等，均能显著地影响产品的定价策略。经济环境的优劣会直接影响消费者的购买能力及消费行为，这些因素反过来又会影响企业在制定定价策略时的考量。

3. 政策环境因素

政府的政策和监管措施也会对定价产生影响。例如，某些行业可能存在价格管制，政府的税收政策和补贴政策等也会对定价策略产生重要影响。

4. 其他环境因素

其他环境因素，如社会文化因素、技术发展、自然环境等也会对定价产生影响。例如，消费者对可持续发展和环保的关注程度增加，可能对产品的定价产生影响。

第 3 节　定价的一般方法和策略

一、价格政策

图 5-8 呈现了葡萄酒产品从出厂到消费者手中的大致流程，以及葡萄酒价格在其中的变化情况及其影响因素。

1. 出厂价

制造商向分销商或其他销售途径出售产品时的价格称为出厂价。这个价格仅反映了产品本身的成本，未计入运输费、保险费及其他可能产生的额外费用。出厂价的制定主要依据产

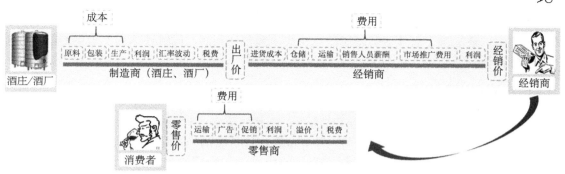

图 5-8　酒庄–消费者主体流程图（来源：编者绘）

品的生产成本、预期利润、市场的需求等要素。同时，还需综合考虑税收政策、货币汇率的变动等外部经济因素对价格可能产生的影响。

出厂价只是产品的起始价格，最终到达消费者手中的价格还需要加上经销商和零售商的利润、运输费用、税费等其他成本。因此，出厂价只是整个供应链中的一部分，最终的零售价可能会远高于出厂价。

2. 经销价

经销价是指经销商将产品销售给零售商的价格，也称为批发价或批发价格。经销价通常比出厂价高，因为它包括了制造企业的成本、利润，以及经销商的成本和利润等因素。

经销价的确定还需要考虑供应链中其他环节的成本和利润，如零售商的利润、物流费用、税费等。最终的零售价是经销价和零售商的成本、利润等因素综合决定的。经销价的确定需要综合考虑制造企业的成本、利润、经销商的成本和利润及市场需求等因素，以确保供应链中各方的盈利能力和市场竞争力。

3. On-trade 价格

On-trade 价格是指在酒店、餐厅、酒吧等餐饮场所销售的酒类产品的价格。与零售价不同，On-trade 价格通常较高，因为它包括了酒类产品的成本、利润，以及餐饮场所提供的服务和附加值。On-trade 价格的确定涉及以下几个方面。

1）酒类产品成本：包括采购酒类产品的成本，如酒厂的出厂价、运输费用及相关税费等。酒类产品成本是决定 On-trade 价格的基础。

2）餐饮场所成本：餐饮场所在销售酒类产品时会承担一些成本，如租金、人员工资、装修费用、设备费用等。这些成本需要考虑在 On-trade 价格中，以确保餐饮场所能够获得利润。

3）餐饮场所利润：餐饮场所作为销售渠道，通过销售酒类产品获取利润。利润确定通常要根据市场竞争力、销售量和餐饮场所的定位等因素综合考虑。

4）服务和附加值：餐饮场所提供的服务和附加值也会影响 On-trade 价格。例如，高档餐厅可能会提供精致的餐饮环境、专业的服务和配套的美食搭配，这些因素都会增加产品的价值，进而影响价格。

在确定 On-trade 价格时，还需综合考虑多个因素，包括市场的需求水平、消费者的购买

力，以及竞争对手的定价行为。On-trade 价格的形成是一个复杂的过程，它不仅包含了酒水本身的成本，还涵盖了餐饮服务场所的运营成本和预期利润，同时还需加上提供的服务和额外价值的溢价。

4. Off-trade 价格

Off-trade 价格是指在零售渠道销售的酒类产品的价格。与 On-trade 价格不同，Off-trade 价格通常较低，可以是产品的建议零售价。Off-trade 价格的确定涉及以下几个方面。

1）酒类产品成本：包括采购酒类产品的成本，如酒厂的出厂价、运输费用及相关税费等。

2）零售商成本：零售商在销售酒类产品时会承担一些成本，如租金、人员工资、运营费用等。这些成本需要考虑在 Off-trade 价格中，以确保零售商能够获得利润。

3）零售商盈利：作为分销链上的重要一环，零售商通过向消费者出售酒类产品来实现盈利。

4）市场竞争与定价策略：Off-trade 价格同样受到市场的竞争态势和零售商所采取的定价策略的影响。零售商会考虑市场的需求量、对手的定价水平及消费者的支付意愿等因素，来制定其产品的最终售价。

除了以上因素外，还需要考虑税费、促销活动、季节性因素等对 Off-trade 价格的影响。Off-trade 价格的确定需要综合考虑酒类产品的成本、零售商的成本和利润及市场竞争力等因素，以确保零售商的盈利能力和市场竞争力。最终的 Off-trade 价格可能会比 On-trade 价格更具有竞争力，并且会因不同的零售渠道和市场需求而变化。

5. 团购价格

团购价格亦称集体采购价格，是一种通过团体购买获得价格优惠的销售策略。在团购模式下，消费者联合购买相同的产品或服务，以获得更低的价格或特别优惠。团购价格的设定主要考虑以下几个要素。

1）产品或服务的成本：团购价格的制定以产品或服务的原始成本为起点。生产者或服务提供者在确定团购价格时，会综合考虑成本、预期利润及团购可能带来的销售量。

2）团购活动成本：团购活动可能涉及一些额外成本，如推广费用、团购平台的佣金、物流费用等，以确保团购活动的可持续性和盈利能力。

3）团购人数和销售量：团购价格通常是根据团购人数和销售量来确定的。较大的团购人数和销售量通常可以带来更大的折扣或优惠，使得制造商或服务提供商从规模效应中获益。

4）市场竞争与定价方针：团购的定价同样受到市场竞争力和销售策略的影响。团购网站及产品或服务的供应商在制定团购价格时，可能会综合考虑市场的需求量、竞争对手的定价水平及消费者的支付意愿等多重因素。

除了以上因素外，还需要考虑团购活动的时限、购买条件、退款政策等对团购价格的影响。团购价格的确定需要综合考虑产品或服务的成本、团购活动的成本和销售量、市场竞争力等因素，以确保消费者能够获得实惠的价格，同时保证制造商或服务提供商的盈利能力和市场竞争力。团购价格通常会比普通零售价格更具有优势。

二、产品定价方法

1. 确定基本价格的一般方法

一般来说定价决策有六个步骤：确定定价目标，评估成本，分析产品的市场需求弹性，考察竞争产品及其定价，最后选择合适的方法确定售价。

定价策略可以具体分为三类。

（1）成本导向定价法　基于产品的生产成本来确定价格。此定价策略综合考量了直接开支（如原材料和人工成本）与间接开支（如管理及营销成本），确保产品定价能够完全覆盖其生产和经营成本，并确保获得预期利润。成本导向定价法的常见类型包括以下几种。

1）成本加成定价法：指按照单位成本加上一定百分比的加成制定销售价格，公式为

$$P = C(1 + R)$$

式中，P 为最终价格；C 为成本；R 为加成率（目标利润率）。即：

单位产品价格=单位产品总成本×（1+目标利润率）

在确定加成率时，通常会参考企业的经营目标和市场需求，同时根据产品的竞争性、市场定位、品牌形象等因素进行调整。此外，加成率的确定需要综合考虑市场需求、竞争对手的定价和利润目标等因素。

然而，成本加成定价策略可能会忽略市场的实际需求和消费者对价格的敏感性。如果所加利润率设定得过高，可能会导致产品售价超出市场接受范围，进而影响销量和市场占有率。因此，在采用成本加成定价法时，必须同时考虑市场的需求水平和竞争环境，以确保所定价格既能反映成本，又能被市场接受。

2）边际贡献定价法：这种方法涉及评估企业承接额外任务后是否能带来额外利润。其中，额外利润计算为由新任务带来的额外收入减去额外成本。此定价策略依据产品或服务的边际成本和边际收益来设定最终售价。边际成本指生产额外一单位产品或提供额外服务所需增加的成本，边际收益则是指销售额外一单位产品或服务所能带来的额外收入。其优势在于它直接考虑了每个额外单位产品或服务的边际成本和边际收益，确保最终价格能够覆盖边际成本并实现边际利润目标，也能适应市场需求和竞争状况的变化。

边际贡献定价法可能需要较为详细和准确的成本和收益数据，并且对市场需求和竞争状况的敏感度较高。如果对边际成本和边际收益的估计不准确，可能导致定价不合理或不具备竞争力。因此，在实施边际贡献定价法时，需要充分考虑数据的准确性和可靠性，并结合市场调研和竞争对手分析，以做出更准确和有效的定价决策。

3）目标定价法：指根据估计的总销售收入（销售额）和估计的产量（销售量）来制定价格。公式为

$$目标利润定价 = \frac{固定成本 + 目标利润 + 单位变动成本 \times 销量}{销量}$$

它基于企业设定的特定目标来确定最终的产品或服务价格。这种方法将企业的目标作为定价的主导因素，帮助企业实现特定的盈利、市场份额或其他目标。其优势在于将企业的目标置于定价决策的核心，有助于实现企业的长期战略目标。这种方法还具备较强的市场适应

性，能够灵活应对市场需求和竞争环境的变动。

在运用目标定价法时，进行深入的市场调研和对竞争对手的细致分析是必不可少的步骤，这有助于确保所设定的目标价格既合理又切实可行。此外，还需要综合考量不同定价目标之间的相互关系和重要性，以便制定出最优的定价方案。因此，在实施目标定价法时，需要结合市场情况和企业实际情况，做出准确和有效的定价决策。

（2）需求导向定价法　　需求导向定价法是一种依据市场的需求动态及消费者的购买行为来设定价格的策略。此方法通过深入分析市场的需求量与价格之间的关系，以及消费者对价格变化的敏感程度，来确定最合适的价格点。其核心步骤包括以下几点。

1）市场调研：进行市场调研以了解目标市场的需求和消费者对产品价格的敏感度。这包括收集消费者的购买偏好、购买力和消费行为等信息，也要考虑竞争对手的定价策略和市场趋势。

2）确定价格弹性：通过调查和分析市场数据，确定产品价格弹性，即价格变化对需求量的敏感程度。价格弹性可以分为弹性需求（价格敏感度高，需求量对价格变化反应明显）和非弹性需求（价格敏感度低，需求量对价格变化反应不明显）。

3）确定最佳价格水平：根据市场需求曲线和价格弹性，确定最佳的价格水平。在面对高价格弹性的市场时，企业可以通过实施较低的定价策略来吸引更多的消费者，以此提升销量和扩大其在市场中的占有率。相反，在价格弹性较低的情况下，企业有空间提高产品的价格，以期增加利润。

4）定价策略和调整：制定具体的定价策略，如差异化定价、促销策略等，以满足不同消费者群体的需求。同时，根据市场反馈和竞争状况，灵活调整定价策略，以适应市场变化。

需求导向定价的优势在于它能够更好地满足消费者需求，提高产品的市场竞争力。然而，需求导向定价也需要充分考虑成本和利润，以确保企业的可持续发展。在执行需求导向定价策略的过程中，对定价措施进行持续监控和评估是至关重要的，这有助于保证定价策略的适应性和市场反馈的精确性。需求导向定价的常见类型包括以下几种。

感知价值定价法：依据消费者对产品价值的感知来设定价格，关键在于准确评估产品在市场中的综合感知价值。

反向定价法：从消费者愿意接受的最终售价出发，结合企业自身的成本和预期利润，逆向确定产品的批发和零售价格。

需求差异定价法：又称差别定价法，既是一种定价方法，又涉及灵活多变的定价策略，它根据不同消费者群体或市场需求的差异来制定不同的定价策略，包括以下四种：市场分割定价、时段定价、产品线定价、客户定价，如表 5-2 所示。

表 5-2　四种需求差异定价策略

定价策略	具体内容
市场分割定价	将市场按消费者群体或其他特定标准进行细分，为每个细分市场制定不同的价格。满足不同消费者群体的需求，并最大限度地实现利润最大化
时段定价	根据不同时间段的市场需求差异，制定不同的价格。例如，高峰时段价格较高，非高峰时段价格较低。平衡供需关系，合理分配资源，提高销售量和利润

续表

定价策略	具体内容
产品线定价	根据产品线中不同产品的特点和价值，制定不同的价格。满足不同消费者对产品的需求和支付能力，提供更多的选择，实现产品线整体利润最大化
客户定价	根据不同客户的需求差异和购买能力，制定不同的价格。例如，为大客户或忠实客户提供折扣或特殊定价。维护重要客户关系，提高客户满意度和忠诚度

（3）竞争导向定价法

A. 市场价格导向定价法（又称随行就市定价法）　企业根据自身产品与行业内其他同质产品的竞争状况，参照市场现行的平均价格来设定价格。这种方法依据市场供需关系及竞争环境的变动来灵活调整价格。它考虑到市场和竞争的变化会直接影响消费者的支付意愿，因此建议企业应不断根据市场的最新动态来调整定价，以便更好地适应市场需求并实现利润最大化。

B. 竞标定价法　采购方通过发布广告或发送通知明确所需产品的品种、规格、数量等具体需求，邀请供应商在规定时间内提出报价。供应商的投标价格将基于对其他竞争者可能报价的预估来制定。该方法通过参与竞标，并根据竞标规则和要求，制定最具竞争力的价格来赢得合同或项目。竞标定价法通常用于工程承包、采购和服务提供等领域。

2. 定价的基本策略

（1）折扣定价策略　为激励客户及时结算、增加采购量或在销售淡季进行购买，企业可能会适当减少其标准价格，此类价格优惠称为价格折扣。价格折扣的常见形式包括现金折扣、批量折扣、功能折扣、季节性折扣和价格减免等。制定折扣策略时，主要需考虑的因素有：竞争对手及其竞争能力、折扣措施的成本效益、市场整体价格水平的下降趋势。在这些因素之外，还需考虑企业的资金流动性成本、金融市场的汇率波动，以及消费者对折扣可能产生的疑虑。

（2）地区定价策略　根据不同地理区域的市场条件和消费者需求，制定不同的定价策略。此类定价策略旨在使企业能够更有效地适应不同地区市场的需求，进而提升销售额和市场占有率。涉及的主要定价方法包括以下几种。

FOB（离岸价）定价：以货物交至指定运输起点的价格为基础。

统一定价：对所有地区实行一致的定价策略。

分区定价：根据地理位置将市场划分为不同区域，每个区域设定不同的价格。

基点定价：选定一个或多个基点，根据顾客距离基点的远近来调整价格。

免运费定价：免除顾客的运输费用，将运费成本计入产品价格中。

（3）心理定价策略　利用心理学原理来影响消费者对产品或服务定价的感知，通过精心设计的价格设置激发消费者的情感和认知反应，进而影响其购买行为。具体方法包括以下几种。

声望定价：企业根据消费者对知名品牌或商家的仰慕心理，将商品定价为整数或较高价位，以彰显其价值。

尾数定价：利用消费者对数字的心理认知，保留价格的零头，避免进位，给消费者留下

价格较低的印象。

招徕定价：零售商针对顾客寻求性价比的心理，将部分商品以较低的价格出售，以吸引顾客进店消费。

（4）差别定价策略　　企业根据自身产品或服务的特点，对不同顾客群体、产品形态、销售地点或销售时间实施不同的定价策略。

（5）新产品定价策略　　新产品定价策略是指在推出全新产品时采取的价格制定策略。常见的新产品定价策略包括渗透定价、撇脂定价等。

A. 渗透定价　　通过设定相对较低的价格来迅速渗透市场并获取更多的市场份额。该策略通常在产品刚刚推出或企业进入新市场时使用。这种定价策略可以有效地刺激市场需求，快速建立品牌知名度，并吸引初期的消费者忠诚度。随着市场份额的增加和消费者忠诚度的提高，企业可以通过提高价格或引入其他高附加值产品来逐渐实现盈利。

B. 撇脂定价　　也称高价策略或吸脂定价，指的是产品刚推出市场时采取高价位策略，即便这种做法可能会限制部分消费者的购买意愿。该策略的目的是在竞争对手推出类似产品之前，快速回收初始投资并实现可观利润。随着时间的推移，逐步调低价格，以便将新产品推广至更广泛的市场。通常，以下类型的产品适合采用撇脂定价策略：创新性新产品、拥有专利保护的产品、需求对价格不太敏感的产品、流行或趋势产品、市场前景不甚明朗的产品。

📚 **相关案例**

2020 年，华为遭遇美国制裁，导致麒麟芯片无法正常量产，其市场优势急剧下降。与此同时，高通芯片的价格也随之上涨。小米看准时机，推出了旗舰机型小米 10 系列。随着市场需求的增加，小米 10 系列的价格开始快速上涨。其中，最高配置的小米 10 Pro 价格涨到了约 6000 元，比之前上涨了近 2000 元。小米 10 Pro 搭载了高通骁龙 865 处理器、LPDDR5 内存及 UFS 3.0 闪存等顶级硬件，性能表现卓越。同时，其定价高于以往小米数字系列手机，进入高端市场。此外，小米 10 Pro 在设计、工艺和拍照等方面进行了全面升级，以满足高端用户的需求。这款手机的定价高于小米公司其他手机产品，但相对于其他品牌的同类产品，价格仍然具有竞争力。这种撇脂策略有助于提高小米公司在高端市场的竞争力，提升品牌形象。

此外，小米公司通过红米系列手机进行渗透定价策略。例如，红米 Note 系列手机定位为高性价比产品，面向中低端市场。通过提供具有竞争力的价格和较高性能的手机产品，红米系列成功渗透到中低端市场，吸引了大量消费者。这种渗透策略帮助小米公司在短时间内迅速获得了市场份额，提高了品牌知名度。

（6）产品组合定价策略　　产品组合定价策略是指在市场上同时销售多个产品或服务，并根据这些产品或服务之间的关系和价值来制定定价策略。

1）捆绑销售策略：企业将两种或两种以上产品或服务组合成一套，并对购买这一捆绑组合的顾客提供一定的价格优惠或折扣。例如，一家电信运营商可能会提供与手机套餐捆绑的免费宽带服务。

2）交叉销售定价：在顾客购买某一产品或服务的过程中，企业会推荐相关的额外产品或服务，并根据整个产品组合的价值来制定定价策略。例如，汽车经销商在销售汽车时，可能会向顾客推销延长保修服务或维修保养套餐。

3）折扣包装定价：将若干产品或服务进行组合打包，并以低于单独购买总和的价格出售，以此吸引消费者购买。例如，快餐连锁店提供套餐，包括汉堡、薯条和饮料，整体价格比单独购买这些产品要便宜。

4）分层定价：根据产品或服务的不同功能、特点或价值，将其分为不同层次，并为每个层次制定不同的价格。例如，软件公司提供基本版、高级版和专业版的软件，每个版本的功能和特点不同，价格也不同。

5）延伸产品定价：将一个主要产品与延伸产品或服务捆绑销售，并为延伸产品或服务制定额外的定价。例如，家电销售商销售电视时，同时推荐购买延长保修、安装服务或配件。

3. 葡萄酒产品如何定价

（1）额定利润定价 国际通用的也是最简单的定价规则即额定利润定价法，用葡萄酒产品的生产成本乘以 1.3，即产品的出厂价，也可以说是产品的毛利润是 30%，此方法要求酒庄有较高的管理水平来控制管理费用，以增加净利润。通常要求酒庄能拥有 4%～7% 的净利润。

（2）产品力定价 此方法可以根据酒庄产品本身的质量来定价，如果产品力较强，市场供不应求，企业可以根据产品本身的实力来定价，以获取更多的净利润，但是此方法要求酒庄的产品质量高且稳定。

（3）品牌溢价 如果酒庄拥有较高的知名度，那么消费者会为了品牌溢价买单，如拉菲、柏翠等品牌。同样，酒庄也要花费更多的宣传费用去维持品牌溢价，成本不菲但是利润同样可观。总结而言，产品定价是一个综合性的决策过程，需要全面考虑市场状况、消费者需求、分销商利益及竞争者策略等多个要素。虽然设定较高的价格可能带来更高的利润空间，但同时也可能抑制销售量。唯有通过全面评估并制定合理的定价策略，企业才能在竞争激烈的市场环境中脱颖而出。

三、期酒定价

1. 期酒

期酒是指一种特殊的投资品种，也称为酒类投资或酒类期货。它涉及购买和持有一定数量和品种的酒类产品，以期待其未来的升值和投资收益。期酒类似于预售的概念，由于葡萄酒的上市周期很长，其间酒庄往往会面临巨大的资金压力，提前售卖期酒有利于快速回笼资金。

2. 期酒运行规则

通常酒庄会在发酵结束的第二年春天发售期酒，期酒售价通常较低，以吸引经销商提前采购，此时酒依旧在陈酿阶段，酒质也还处于变化之中，未来的成品质量只能通过经验预

估。经过 1~2 年的陈酿后再上市，宏观经济环境也会出现变化，如公共卫生事件等不可控因素会导致全球市场萎缩，产生有价无市的窘况。也可能酒价上涨导致上市价格远高于期酒发售价格，此时酒商会获得丰厚的利润。

期酒的投资原理是基于酒类市场的供需关系和稀缺性。一些稀有和有限产量的酒类产品，如名贵葡萄酒、威士忌等，随着时间的推移，其供应量逐渐减少，而需求却可能增加。因此，期酒投资者购买这些酒类产品，并希望在未来将其以更高的价格出售，从而获得投资回报。期酒市场通常由专业的酒类交易平台或经纪商进行交易和管理。投资者可以购买实际的酒瓶，将其存放在指定的存储设施中，并在适当的时机出售。此外，一些平台还提供虚拟的期酒交易，投资者可以通过买卖期酒合约进行投资，而不需要实际拥有酒瓶。

3. 期酒交割

期酒交割是指在期酒交易中，买方和卖方按照交易合约的规定，将实际的酒瓶或合约转移给对方的过程。以下是几种常见的期酒交割方式。

1）实物交割：买方和卖方直接交付实际的酒瓶。通常，买方需要在指定的时间和地点接收酒瓶，并确认其品质和数量与合约规定的一致。

2）仓单交割：买方和卖方通过仓单进行交割。仓单是由存储设施或交易平台发行的证明持有人拥有特定酒瓶的文件。买方可以通过持有仓单来证明其对酒瓶的所有权。

3）现金交割：买方向卖方支付一定金额的现金，而不进行实际的酒瓶交割。这种方式适用于期酒交易中的虚拟交易，投资者通过买卖合约来获取投资收益，而不需要实际拥有酒瓶。

第 4 节　发起和应对价格变化

一、发起价格变化

1. 企业发起价格变化的可能原因

发起价格变化是企业在市场中调整产品或服务定价的行为。企业可以选择发起降价或提价来满足市场需求、提高竞争力或改善利润状况。以下是一些企业发起价格变化的可能原因，如表 5-3 所示。

表 5-3　企业发起价格变化的可能原因

企业降价	企业提价
生产能力过剩	通货膨胀
企业市场占有率下降	产品供不应求
企业拥有成本优势	谋求竞争中的差异化优势

2. 购买者应对价格变化的可能反应

无论提价或降价，都必然影响购买者、竞争者、经销商和供应商的利益。当购买者面对价格变化时，他们可能会有不同的反应。购买者的反应可能包括调整购买决策、寻找替代产品或服务、等待更有利的价格或者接受价格变化并继续购买。以下是购买者应对价格变化的可能反应，如表 5-4 所示。

表 5-4　购买者应对价格变化的可能反应

企业降价	企业提价
这种产品的式样已经过时	这种产品畅销，不赶快就买不到
这种产品有某些缺陷	这种产品很有价值
企业遇到财务危机	卖主想尽量取得更多利润
价格还会下跌	
这种产品质量下降了	

3. 竞争者应对企业变价的可能反应

（1）了解竞争者反应的主要途径

1）竞争对手分析：通过收集和分析竞争对手的定价策略、市场行动和市场份额等信息，揭示竞争者的动向和可能的反应策略。

2）市场调研和顾客反馈：通过调查顾客对竞争者的价格敏感程度、对产品或服务的态度，以及对竞争者市场策略的感知，推断竞争者可能采取的反应方式。

3）竞争情报收集：构建系统化竞争信息搜集机制，持续监控竞争者的市场广告、促销举措、新品发布等动态，快速把握对手的策略调整和行动趋势。途径包括但不限于订阅对手的新闻稿、利用社交媒体进行实时监控、参与行业内的各类会议和活动等。

4）行业分析和专业咨询：通过了解整个行业的竞争格局、市场趋势和竞争者的优势劣势，预测竞争者可能采取的反应策略。

5）经验和案例研究：研究类似行业或企业的案例，了解竞争者对变价的反应方式和效果，从成功和失败的案例中获取启示，为自身的定价策略调整提供参考。

（2）竞争者反应的主要类型

1）相向式反应：竞争者采取与企业相同的定价策略，即跟随定价。当企业降价时，竞争者也会降价以保持竞争力和市场份额；当企业提价时，竞争者也会相应提价以保持利润稳定或增加。相向式反应是竞争者常见的反应策略之一，旨在避免失去顾客和市场份额。

2）逆向式反应：竞争者采取与企业相反的定价策略。当企业降价时，竞争者可能选择保持原定价不变或提价，以展示产品或服务的稳定性和价值。当企业提价时，竞争者可能会选择降价以吸引那些价格敏感的顾客。逆向式反应旨在通过与企业的定价策略形成对比来吸引顾客和抢占市场份额。

3）交叉式反应：竞争者采取不同的定价策略，针对不同的市场细分或消费者群体。竞争者可能选择进入价格敏感的市场细分，提供更具竞争力的产品或服务，以吸引注重价格的消费者。同时，他们也可以保持在高端市场细分的原定价，以提供更高品质和高附加值的产品或服务。交叉式反应是一种灵活策略，旨在通过不同的定价策略在多个市场细分中取得竞争优势。

竞争者的反应类型不局限于相向式、逆向式和交叉式，还可能存在其他的反应策略和组合。竞争者的反应取决于多种因素，如市场需求、竞争环境、品牌定位和资源能力等。企业应密切关注竞争者的反应，并根据市场情况和长期战略进行相应调整。

二、应对价格变化

1. 企业应对竞争者变价的可能反应

面对竞争对手的价格变动，企业在制定应对策略时，必须综合考虑以下因素：产品在生命周期中的位置，其在企业整体产品组合中的战略地位，竞争对手的潜在目的和可用资源，以及市场对价格变动和价值感知的敏感程度，成本费用随销量和产量的变化情况。主要可以分为以下三种，如表 5-5 所示。

表 5-5　企业应对竞争者变价的可能反应

同质产品市场	异质产品市场	市场领导者的反应
若竞争者降价，企业必须随之降价，否则顾客就会转而购买竞争者的产品	企业对竞争者变价的反应有更多选择余地。这种市场上顾客选择卖主不仅考虑价格因素，也考虑质量、服务、性能、外观、可靠性等，对较小的价格差异可能不在意	维持价格不变 提价 降价

2. 价格战

价格战是企业在市场中常用的一种关键性营销策略，指的是在一定时间内，某一行业内众多企业通过显著降低其产品或服务价格的方式进行集中竞争，这种策略可能会使得行业内多企业面临利润减少、经营困境甚至破产的风险。价格战的发生通常与市场供给过剩、产品同质化严重有关，此时企业之间的产品在外观、设计、质量和性能上差异不大，缺乏区分度，加之服务配套不完善，导致市场竞争主要依靠价格因素。

价格战的主要类型包括以下三种（表 5-6）。

表 5-6　价格战的主要类型及目的

类型	目的
进攻型价格战	快速占领市场
狙击型价格战	有效打击竞争者，瓜分对手的市场份额
防御型价格战	迫不得已的市场保全行为

在评估和应对价格战时，关键的考虑因素和策略包括以下几点。

1）评估竞争者的动机和资源：了解竞争者为何发起价格战，其动机和资源情况对于制定应对策略至关重要。如果竞争者有更强的财力和资源，企业需要谨慎评估是否参与价格战，并考虑其他策略来应对竞争。

2）定位和差异化：企业应关注产品或服务的差异化和独特卖点，以区别于竞争对手。通过提供独特的价值、强调品牌形象或专注于特定的市场细分，企业可以降低对价格的依赖，减少价格战的影响。

3）成本控制和效率提升：降低成本、提高效率是降价竞争下的一种关键策略。企业可以通过优化供应链、提高生产效率、寻求成本节约的机会来降低产品或服务的成本，从而在价格战中更具竞争力。

4）增加产品附加值与服务：通过提供卓越的售后服务、增值服务项目或独有的产品特性，增加顾客的购买意愿，并提高他们对价格的接受度。

5）与分销渠道伙伴协作：与分销渠道伙伴构建紧密的合作关系，可通过协作降低成本、提升运营效率或开展联合营销活动来共同应对价格竞争。这种合作伙伴关系能够增强市场竞争力和资源的整合优势。

6）培养品牌忠诚度：通过持续的品牌塑造和提供卓越的顾客体验，培养消费者对品牌的忠诚度，从而降低他们对价格波动的敏感性。

7）持续监控市场和竞争状况：在价格竞争中，不断地监控市场变化和竞争对手的行动是非常关键的。了解竞争对手的策略变化、市场的反应和顾客的需求变化，及时调整和优化自身的策略。

相关案例

20世纪90年代，沃尔玛和凯马特（Kmart）之间发生了一场激烈的价格战。Kmart是当时美国最大的零售商之一，而沃尔玛则是快速崛起的零售巨头。

一开始，Kmart在美国零售市场占据主导地位，但当沃尔玛进入市场时，它以低廉的价格和广泛的产品选择迅速吸引了大量的顾客。为了抢夺市场份额，Kmart决定采取降价竞争的策略。Kmart开始大规模降低商品价格，以与沃尔玛进行直接竞争。沃尔玛则对此作出了反应，进一步降低商品价格，并通过提供更好的服务和更舒适的购物环境来吸引顾客。这两家公司之间的价格战迅速升级，导致了商品价格的大幅下降。随着价格战的升级，Kmart开始感受到了巨大的经济压力。虽然其销售额有所增长，但利润率却急剧下降。与此同时，沃尔玛通过其强大的供应链和采购能力，能够以更低的成本获得商品，并保持较高的利润率。

价格战对Kmart产生了负面影响。由于利润率下降，Kmart无法维持过去的运营模式，不得不关闭一些不盈利的门店并削减成本。然而，这些措施并没有改变局势，Kmart的市场份额继续下降。最终，Kmart在2002年宣布破产。沃尔玛通过价格战成功夺取了市场份额，并成为美国零售业的领导者。

本 章 小 结

本章内容主要分为四部分，即消费者认知和定价、影响定价的主要因素、定价的一般方法和策略、发起和应对价格变化。本章主要探讨了定价策略的重要性及其在企业盈利目标和市场竞争中的关键作用，深入剖析了成本定价、竞争定价、需求定价及组合定价等定价方法，并通过案例分析揭示了这些方法在企业战略、市场定位及产品生命周期等方面的实际应用。企业在确立定价策略时，必须全面衡量包括成本、竞争者行为、市场供需关系在内的多种要素，旨在达到价格与其价值相匹配的平衡状态，从而增强其市场竞争力。此外，本章也

突出了定价策略的适应性和可调整性，强调企业需要依据市场环境的变动，不断地调整和优化其定价方案，以灵活应对市场竞争带来的挑战。总之，本章为读者提供了关于定价策略的理论体系和实践指导，有助于提升企业在市场中的竞争地位。

参 考 文 献

曹旭平，黄湘萌，汪浩. 2017. 市场营销学. 北京：人民邮电出版社

陈云，王浣尘，沈惠璋. 2008. 互联网环境下双渠道零售商的定价策略研究. 管理工程学报，（1）：34-39，57

李琳，范体军. 2015. 零售商主导下生鲜农产品供应链的定价策略对比研究. 中国管理科学，23（12）：113-123

刘晓峰，顾领. 2016. 基于消费者转换行为的线上线下产品定价策略研究. 管理科学，29（2）：93-103

孙晓东，田澎，赵蓁. 2013. 消费者异质下基于质量–价格竞争的定价策略选择. 系统管理学报，22（3）：349-357

张卫东. 2014. 网络营销. 重庆：重庆大学出版社

仉瑞. 2017. 必要模式 OEM 逆袭. 企业管理，（11）：67-68

【案例分析】

"一体两翼"：海尔集团的多品牌定位之道

资料来源：马宝龙，白如冰，胡智宸. 2020. "一体两翼"：海尔集团的多品牌定位之道. 大连：中国管理案例共享中心

思考题

1. 在海尔面临创立卡萨帝决策的当时，中国家电消费市场呈现了哪些特征？

2. 卡萨帝定价策略和海尔基础产品有何不同？产生差异的原因是什么？

3. 谈谈你对海尔创立高端品牌卡萨帝的看法。

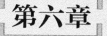 价值流通：渠道策略

【知识目标】

1. 理解分销渠道的基本概念和重要性。
2. 掌握供应链设计与管理的基本知识。
3. 学习渠道合作与冲突的实践应用。
4. 了解市场物流管理的基本内容。

【能力目标】

1. 掌握分销渠道的参与者及其职能。
2. 了解分销渠道的结构。
3. 掌握分销渠道的管理。
4. 结合案例进行渠道策略的分析。

【价值目标】

　　培养运用书本知识解决实际问题的能力，在学习分销渠道的过程中，学生需要运用课本知识解决实际问题，从多角度分析和解决问题。这种运用书本知识解决实际问题能力的培养对于学生在未来应对复杂多变的环境具有重要意义。

【思维脉络】

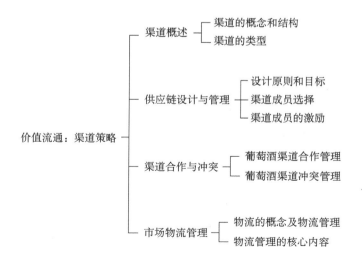

【营销观察】

　　一个酒庄位于知名的葡萄酒产区，剧烈的市场竞争使其经营变得日趋困难。酒庄拥有一支精湛的酿酒团队，生产出高品质的葡萄酒，但却遇到了销售和分销方面的困境。为了更好

地管理他们的营销渠道，他们采取了一系列策略。通过这些营销渠道管理策略的综合应用，该酒庄成功地提升了自己的品牌形象和市场份额。他们增加与消费者联系的渠道，通过直接的销售和优质的服务，博得消费者的认可与喜爱。这个案例故事展示了葡萄酒产业中通过创新的渠道管理策略，取得市场竞争优势和实现持续发展目标的过程。

【营销启示】

企业不能独立于市场经营，需要和相关市场主体建立联系。企业如何选择渠道成员，开展影响渠道管理，是企业长久稳定发展的关键环节。

【营销语录】

企业应当竭尽全力拓展分销渠道，分销渠道越多，企业越接近市场。

——现代营销学之父　菲利普·科特勒

渠道就是品牌。

——亚马逊集团董事会执行主席　杰夫·贝索斯

在今天的市场中，选对合适的分销渠道比选择对的产品更加重要。

——通用电气集团原 CEO　杰克·韦尔奇

【政策瞭望】

为有力支持减税降费政策落实，中央对地方转移支付大幅增加。引导金融机构增加信贷投放，降低融资成本，新发放企业贷款平均利率降至有统计以来最低水平，对受疫情影响严重的中小微企业、个体工商户和餐饮、旅游、货运等实施阶段性贷款延期还本付息，对普惠小微贷款阶段性减息。用改革办法激发市场活力。量大面广的中小微企业和个体工商户普遍受益。

——2023 年《政府工作报告》

第 1 节　渠 道 概 述

一、渠道的概念和结构

1. 渠道的概念

（1）渠道的含义　　指产品或服务从制造商向最终用户（包括消费者用户和企业用户）转移过程中，所经过的包含制造商自设的销售组织、批发机构、零售机构、代理机构、中介机构、电商平台、直播带货主播、经纪人等构成的中间环节连接而成的路径。

（2）渠道的功能与功能流

A. 渠道的功能　　渠道主要有三种功能，如表 6-1 所示。

表 6-1　渠道的三种主要功能

渠道的功能	功能内涵
方便搜寻	生产厂家和消费者双方存在不确定性。生产厂家通常不清楚如何直接接触到最终用户，而消费者也不确定在哪里找到需要的产品。中间机构的存在为这两者之间架起了一座桥梁。通过中间机构，消费者的搜寻成本得以降低，因此，他们更容易找到所需产品。这种情况实际上提高了消费者愿意支付的价格，也就是提高了他们的让渡价值

续表

渠道的功能	功能内涵
调节种类与数量差异	一般情况下，单个制造商只会对一种或几种商品进行量产，而消费者对于特定制造生产的产品的需求有限。这两者之间存在一种矛盾或不匹配。特定厂家所生产的产品种类和数量与特定需求的产品种类和数量之间不匹配，这种情况使中间机构的出现成为必然
服务供给	中间机构提供的服务包括信用、物流、市场信息与研究、产品售后等

B. **渠道的功能流**　　渠道的功能流与功能之间具有一定的对应关系，功能流是实现渠道功能的载体，也是联结各个渠道成员的链条。渠道中最主要的功能流如图 6-1 所示。

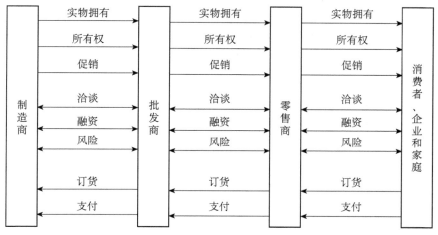

图 6-1　渠道中的功能流（来源：编者绘）

实体流，指的是产品与服务自制造商流转至中间商，再由中间商传递至最终消费者的流转过程。所有权流，指渠道成员之间产品所有权变更发生的流动。促销流，指渠道成员通过广告、人员推销、推送报道、销售促进等活动，对其他渠道成员或消费者施加影响的过程。洽谈流，指渠道成员就产品实体和所有权的价格和交易条件所进行的交涉活动和过程。融资流，指渠道成员伴随着商品所有权转移所进行的资金流转的活动和过程，渠道成员可以相互之间提供资金融通。风险流，指伴随渠道成员之间商品所有权转移的各种风险的流动。订货流，指订单从渠道的下游商家发送到上游制造商的过程。支付流，指下游成员向上游成员传递货款在渠道中流动的过程，如顾客购买并向商家付款。

在以上 8 种渠道流中，实体流、所有权流、促销流是从制造商流向顾客的正向流程。订货流和支付流是从顾客流向制造商的反向流程，而洽谈流、融资流、风险流是上下游双向进行的。

2. 渠道的结构

（1）渠道的长度结构

A. **渠道的级数**　　根据包含中间商的数目，渠道可分为零级、一级、二级和三级渠道等。零级渠道是由生产者直接销售给最终顾客。一级渠道是包括一个销售中间商，如零售商的渠道。二级渠道是包括两个中间商的渠道。在消费品市场上，一般是一个批发商和一个零

售商。三级渠道是包括三个中间商的渠道，在消费品市场上，一般是一个批发商、一个中转商和一个零售商。也有更多级别的营销渠道，如日本的某食品分销渠道达到六级。对于制造商来说，渠道级数越多，越难以控制，也越难以获取最终消费者的信息。而对于消费者来说，更多的渠道级数通常意味着更高的服务水平，但商品价格也更高。

B. 长渠道和短渠道　　为了方便分析和决策，一些学者将零级和一级渠道定义为短渠道，而将二级、三级或更多级的渠道称为长渠道。短渠道更适合在小地区范围内销售产品或服务，而长渠道则更适应在更广泛范围和多个细分市场中销售产品或服务。

C. 直接渠道和间接渠道　　直接渠道，指的是产品从渠道上游直接销售给消费者，无需中间商参与的渠道类型。直接渠道的方式有人员直销、电话营销、互联网营销、厂商直销等。例如，销售手机套餐的电话、人员上门推销保险等都属于直接渠道的方式。

间接渠道是指有一个及以上中间商参与，产品经由一个及以上的商业环节销售给下游用户的渠道类型。上述一、二、三级渠道统称为间接渠道。营销渠道的长度结构可以用图 6-2来说明。

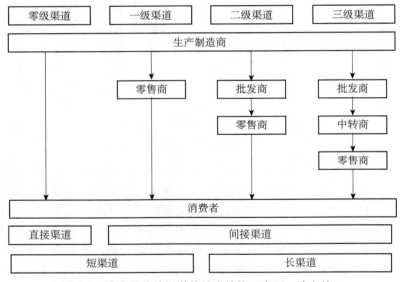

图 6-2　消费品营销渠道的长度结构（来源：编者绘）

（2）渠道的宽度结构　　根据每个渠道层级使用相同类型的中间商的数量，可以确定渠道的宽度结构。宽渠道中的制造商倾向于向更多同类中间商出售其产品；相反，如果窄渠道倾向于较少的合作中间商数量。分销渠道的宽窄性是相对的，它受到产品属性、市场特征和企业分销策略等因素的影响。分销渠道的宽度结构分为以下三种类型。

A. 独家分销渠道　　独家分销渠道指的是制造商在特定地区市场内仅选择一家批发商或零售商来经销其产品，因此这种渠道类型较为狭窄。通常情况下，独家销售商不再销售竞争品牌，而是与制造商建立紧密的合作关系。独家分销的特点在于增强产品形象，简化渠道管理流程，有助于制造商更好地控制市场。对于那些拥有特殊产品或市场地位的制造商来说，采用独家分销渠道是合适的选择。这种特殊性可能表现为制造商拥有独特的技术、品牌优势或专业用户群体等。这种独家分销通常与短渠道配合。适用于推销技术性较强的机械设备、科研物资、医疗器械等。

B．选择性分销渠道　　选择性分销渠道是制造商根据自身需要选择多个同类中间商经销产品形成的渠道。选择性分销渠道主要包括强势的中间商，他们可以有效保护制造商的品牌声誉，稳定市场地位并打造竞争优势。相较于独家分销，选择性分销允许制造商的产品在市场上获得更广泛的覆盖和渗透。这种分销模式通常被用于消费品中的高级产品和特殊商品，以及工业品中的零部件等。

C．密集型分销渠道　　密集型分销渠道是制造商通过大量批发商和零售商分销其产品建立的渠道。密集型分销渠道有助于扩大市场覆盖面，迅速将某产品引入新市场，以便众多消费者和用户能够随时随地购买这些产品。在消费品领域，便利品，如方便食品和饮料通常采用密集型分销渠道。

三种不同宽度的渠道在市场覆盖面、竞争性、控制力、风险度和适应的产品等方面存在明显差异，如表 6-2 所示。

表 6-2　不同宽度的三种渠道类型的比较

类型	分销商数量	市场覆盖面	竞争性	控制力	风险度	适应的产品
独家分销	一家	小	小	强	大	特殊品、新产品
选择性分销	有限	较广	较高	较强	较小	选购品
密集型分销	众多	广	高	弱	小	日用品

（3）渠道的系统结构　　分销渠道根据成员之间联系的紧密程度可分为松散型和紧密型两类。从企业渠道选择的复杂性来看，有单一的渠道系统和复合渠道系统。

A．松散型渠道系统　　松散型渠道系统是指由独立的制造商、批发商、零售商和消费者构成的分销渠道。在这种渠道系统中，各个成员都是独立实体，为获得更多利益相互竞争，有时甚至会不顾整个渠道系统的利益而行动。松散型渠道系统难以产生能完全领导其他成员的个体，遭受的挑战日趋加剧。

B．紧密型渠道系统　　紧密型渠道系统是营销渠道的新发展。为获得更出色的营销效果，很多公司希望能更好地协调渠道组织的行动，以此增强对渠道的管理和控制。紧密型渠道系统就是在这一背景下形成和发展的，可被看作是渠道成员之间加强协作的结果。

紧密型渠道系统分为三种类型：垂直渠道系统、水平渠道系统和渠道伙伴关系。垂直渠道系统是由生产者、批发商和零售商纵向整合而成的一体化系统。纵向整合是指一个强势的渠道成员能够完全管理和控制渠道。在这种系统中，渠道成员可以属于同一家公司，或者这家公司可以授予其合作成员专营特许权，或者拥有足够的实力来促使其他成员进行合作，从而实现对渠道成员行为的控制，并减少潜在的冲突。垂直渠道系统的三种形式是公司式、管理式和合同式。水平渠道系统是由两家或两家以上的公司横向联合，共同开拓新的营销机会的分销渠道系统。这些公司之所以形成共生联合的渠道系统，可能是因为它们在资本、生产技术或营销资源方面不足，难以独自开发市场机会；也可能是出于风险承担的担忧；或者因为它们认识到与其他公司合作可以实现最佳的协同效益。这种合作关系可以是临时性的，也可以演变为组建一家新的永久性公司。渠道伙伴关系则指的是渠道成员之间通过协议加强合作，以缩短执行渠道功能所需的时间和降低成本，以便更好地为消费者提供服务。比如，一

些制造商利用现代信息和沟通技术，在大型零售商的销售点安排扫描系统来收集客户信息和库存信息，以提高满足顾客需求的能力。

　　C. 复合渠道系统　　复合渠道系统也称多渠道系统，是企业同时利用多个渠道销售其产品的系统。复合渠道系统有如下好处。首先，企业可以扩大市场覆盖面。有时，企业依赖单一渠道系统无法充分覆盖市场，因此需要利用多个营销渠道来弥补不足。由于目标市场的多样性，需要多样化的渠道系统来满足不同类型的顾客需求。其次，复合渠道系统可以降低渠道成本。通常情况下，许多企业在创业初期，由于市场对其产品尚不熟悉，难以获得中间商的支持，因此常采用直销渠道。但随着企业销售规模的扩大，它们可能会吸引一些中间商的兴趣。此时，引入中间商渠道既可以扩大销售范围，又有可能降低成本。最后，复合渠道系统可以增加定制销售的程度，从而提高渠道的效力。例如，对于重要机器设备的销售，除了现有的渠道外，引入一支技术推销队伍可以更有效地进行销售。这种多元化的渠道策略有助于更好地满足不同市场和客户的需求。但复合渠道系统的缺陷使渠道管理的难度大，容易导致不同渠道之间的利益冲突，如发生窜货现象等。

二、渠道的类型

　　企业可以选择经销、销售代理、连锁经营、特许经营、技术授权、海外投资、专卖店、直销、电商渠道、邮购、媒介销售、自动售货、新媒体渠道（如微信、微博、抖音等）来分销产品。本部分主要介绍经销与销售代理、连锁经营与特许经营、电商渠道，以及国际分销渠道。

　　1. 经销与销售代理

　　（1）经销　　在分销渠道的各种类型中，经销是生产企业最喜欢采用的一种，也是应用最广的一种。批发商与零售商的种类与特点，如何选择和管理批发商与零售商是本节关注的内容。

　　A. 经销商的含义　　在经营中，当厂家选定某公司作为其产品交易的中间商，并签订购销合同，确保持续供货供其转售时，该中间商即被称为经销商。这份购销合同实际上就是一种经销合同。在这份合同中，除了明确规定了中间商的销售权利之外，还清楚规定了中间商需要履行的销售义务。经销商与制造商之间的关系是一种法律上的买卖关系。根据经销合同，经销商可以享有一些特殊权利，如独家销售权或者厂家承诺提供的货物数量等。然而，经销商也必须承担多项责任，如在特定时期内达到最低销售金额或数量的要求。与一般的贸易商不同，经销商与制造商之间的关系是一种持续性的、特殊的买卖关系。

　　与其他渠道成员不同，代理商通常借助制造商的身份销售产品而非直接销售，在法律上也形成一种代理关系。而经销商则是持续性地从制造商处购入产品，并为制造商提供销售服务，两者之间构成法律上的买卖关系。由于经销商与代理商有本质区别，经销合同与销售代理合同本质上也有区别。经销合同无论从哪一个角度来看都是买卖合同，厂家与经销商之间发生买卖关系，经销商与最终顾客发生买卖关系，而厂家与最终顾客并无买卖关系。

　　B. 经销的方式　　独家经销与非独家经销是经销中的两种主要方式。

　　独家经销是指中间商以买方身份从厂家购买商品，并承担销售责任，其在特定区域内享有该厂家特定产品的独家购买和销售权。因此，在本质上独家经销商与厂家之间的法律关系为普通的买卖关系，但独家经销商在特定的时空范围内享有特定产品的独家购买和销售权。

非独家经销。非独家经销即多家经销商共同销售厂家的某一产品。此方式下，厂家不仅可通过这些经销商销售，还可拓展更多经销商或利用其他渠道销售商品。

C. 经销商的分类　　经销商按销售对象分为批发商和零售商。

批发商是指一切将物品或服务销售给为了买卖或者商业用途而进行购买的个人或组织。由于各行各业的情况不同，应根据自身需求选择合适的批发商。通常从以下几个方面权衡批发商的选择：批发商在业界的声誉、渠道网络、经营管理能力、财务能力、所销售的产品品牌与种类、提供售后服务的能力及合作意愿等。

零售商是为满足家庭或个人消费需要而销售商品并提供服务的中间商。零售商的具体分类在渠道的参与者中有介绍。

零售业态是商品零售经营者为满足不同消费需求，组合相应要素形成的经营形态。根据营业场所的固定性，零售业态分为有店铺和无店铺两大类。有店铺零售可进一步细分为：便利店、超市、折扣店、仓储会员店、百货店、购物中心、专业店、品牌专卖店、集合店、无人值守商店十种零售业态。无店铺零售可进一步细分为：网络零售、电视/广播零售、邮寄零售、无人售货设备零售、直销、电话零售、流动货摊零售七种业态。

零售商的选择：鉴于零售商控制着绝大多数制造商同消费者见面的机会，所以，选择能够贯彻自己经营意图的零售商对制造商来说非常重要。零售商遴选条件主要包括如下内容（表6-3）。

表 6-3　零售商遴选条件

因素	具体解释
选址	调查店铺的商业性质、商圈消费者量、竞争店数量、经营业绩、客流状况、交通是否便利、周边店铺情况、场地条件、规模大小、誉声等
零售业态与产品特性	便利店和大型超市对于中低档酒类来说是比较好的零售渠道，中高档酒类应选择分布在高档购物中心的零售地点
销售某种产品的专门经验	找熟手要比找生手好
主力产品	主力产品代表了一个业态的主要功能和核心能力。在加强主力产品的特色和品质上下功夫，已经成为商家获取竞争优势的不可或缺的选择
市场开发能力	主要体现在商品吞吐规模、市场开发投入、促销的技能，以及在困境中突破重围的行为能力等诸多方面
综合服务能力	如广告宣传力度、店堂演示、产品咨询、技术服务、送货、养护、退货等

（2）销售代理

A. 销售代理的含义　　销售代理是一种分销方式，代表代理人进行订单联系和其他销售相关工作，法律责任和权利属于被代理人。代理商作为缔约方，有权代其订立合同，且需为独立商业主体，拥有固定经营场所，与被代理方维持长期合作关系。

企业应选择合适的代理方式，如独家代理或多家代理，佣金代理或买断代理，并可与其他分销方式灵活结合。

B. 销售代理的作用　　销售代理是企业开拓市场特别是开拓国际市场的一种主要分销方式。其作用主要表现在以下三个方面。

销售代理商凭借对当地销售渠道和文化习惯的深入了解，有助于企业产品迅速进入新市场并试探需求，从而弥补制造商对特定地方市场了解不足的问题，实现市场的有效拓展。企

业可以使用代理商进行市场试验，若销售情况不如意，可以迅速转移投资，若销售量显示市场潜力相当大，也可以结束代理关系，由厂商自设营销机构进行销售。

降低市场风险，降低销售成本。若当地投资建厂环境不佳或国外市场潜力有限，可采用代理商在当地销售策略。代理商通常对本地市场更加了解，这有助于制造商获得更多订单。通过与代理商合作，制造商可以减少自行建立销售网络所需的昂贵固定成本，如租赁营业地点、购买办公设备和通信设备、支付仓库费等。这种策略可以在不适合自建销售网络的情况下降低企业的市场进入成本。

减少交易次数，加强售后服务。代理商可汇总顾客零星订单统一订购，制造商由此减少零散交易和接洽次数，提升交易效率。

2. 连锁经营与特许经营

（1）连锁经营   连锁经营是指由同一资本所有的企业经营同类商品和服务，在总部集中管理下共同经营的一种形式。连锁商店的类型如表 6-4 所示。

表 6-4   连锁商店的类型

划分依据	包含类型
按主导企业类别划分	生产厂家主导型连锁、批发商主导型连锁、零售商主导型连锁
按行业标识划分	商业连锁、饮食业连锁、服务业连锁
按经营形式划分	超级市场连锁、便民商店连锁、专业商店连锁、折扣商店连锁、快餐店连锁等
按地理范围划分	地区性连锁、跨地区连锁、全国性连锁和国际性连锁

（2）特许经营

A. 特许经营的含义与优缺点   特许经营是特许人与受许人签订合同，授权受许人使用品牌、商品、技术和规模，受许人需支付首期特许权使用费，获取特定区域内销售商品或服务的权利，并遵守合同中的经营规定。特许经营的优缺点如表 6-5 所示。

表 6-5   特许经营的优缺点

优点	缺点
降低经营失败的风险。据国际经营协会统计，国外普通企业首年破产率高达 35%，五年后更是升至 92%；而加盟特许经营系统的企业，首年破产率仅 4%~6%，五年后也仅为 12%	特许加盟商必须遵循特许权授予者的要求。加盟店从商店的装饰、商品的陈列，到经营方法，都要执行总部的规定，投资者在这方面没有自由发挥的余地
受许者可获得全国性品牌形象支持，借助总部商誉，开业前便树立起良好企业形象，赢得顾客信任，从而顺利开展经营活动	如果特许经营总部不擅长业务管理，加盟店会受到牵连
分享规模效益，使开业成本降至最低。首先，受许者可以利用采购规模的优势，以获得成本效益。其次，他们可以分享广告宣传的规模效应，从中受益。另外，各地的加盟店本身也具有广告和品牌推广的作用。最后，加盟者还能获得总部提供的多种其他支持和服务，包括参加总部提供的培训课程，获取财务支持等	个别加盟店的失败会影响其他加盟店的形象和信用
	转让或转移加盟店较困难
	总部采取的革新措施一旦失败，会令加盟店蒙受损失
	加盟店由于合同期限而受制于总部。合同期限或长或短，在一定程度上会影响企业的投资和经营。一旦合同到期，各加盟店将面临新的选择，因此经营的稳定性缺乏保障

B. 特许经营的主要类型   特许经营包括的范围广泛，根据业务内容的不同，特许经营可划分为三类，如表 6-6 所示。不同类型的特许经营意味着双方当事人的基本权利和义务

的不同。

表 6-6 特许经营的主要类型

主要类型	权利和义务
产品、商标特许经营	产品、商标特许经营也称作传统特许经营方式。在这种形式中，特许人通常是一家制造商，允许受许人对特许产品或商标进行商业开发。特许人可能提供广告、培训、管理咨询方面的帮助，受许人仍作为独立的经销商经营业务
经营模式特许经营	经营模式特许经营，即第二代特许经营，加强了特许人与受许人的联系。受许人不仅使用特许商号，还接受全套经营培训，涵盖选址、质量控制、人员培训、广告、财务及商品供应等，确保业务顺利运作。此方式常见于餐馆、旅馆、洗衣房及照片冲印等
制造加工业特许经营	在此模式中，受许人负责自建工厂，加工或制造特许人授权的产品，并销售给批发商或零售商，不直接接触最终消费者。特许人则确保企业声誉，要求受许人按特定技术和方法生产，保障产品质量，并有权监督其广告宣传做法

3. 电商渠道概述

电商渠道被越来越多的企业特别是消费品企业采用，用来分销产品和服务。一般而言，企业会通过多个电商渠道来实现电商营销的目的。

（1）**电商渠道的定义与基本特征** 电商渠道的定义：电商渠道是指企业利用互联网技术构建在线的销售通路，高效、低成本地将产品从生产者处送达消费者所经过的路径。

与传统渠道相比，电商渠道具有显著优势。首先，在电商渠道中，客户可以轻松地通过网页获取有关企业产品类型、型号和价格的详细信息，甚至可以获取有关企业经营情况的全面信息。这是传统渠道所难以提供的。其次，电商渠道的物流直接配送提供了目前最迅速的产品销售流程，为客户提供了快速的送货上门服务，节省了客户的时间和精力。最后，电商渠道的客户服务部门将常见的客户问题整理并放在电商网页上，鼓励客户使用电商的自助系统来寻找答案，这有效地减轻了售后服务人员的工作负担。

电商渠道的基本特征如表 6-7 所示。电商渠道拥有许多与传统渠道不一样的特征，这些构建了电商渠道的优势，也成为电商渠道的独特性。

表 6-7 电商渠道的基本特征

类型	基本特征
多元化用途	电商渠道不仅能够销售货物，为消费者提供服务，还能够为消费者提供更多、更全面的产品信息。在电商平台中，消费者可以通过网页和用户账户来获得产品的详细信息，了解付款、物流等具体情况，并通过网页与商户进行交流、提出建议
简单化结构	在电商渠道中，利用互联网技术无疑减少了中间商的层级，能够更好地实现销售
节约化交易成本	电商渠道相对于传统渠道来说，沟通环节更加简化，层级更少，因此能够降低交易成本。从浏览产品信息、选择备选产品、做出购买决策、支付到最终收货，消费者花费更少的时间和精力，同时获得更好的购物体验。电商渠道还能够充分利用后台数据系统，更好地管理和分配商品，平衡不同销售渠道之间的库存压力，从而减少库存流通的可变成本和仓储费用
多元化功能	电商渠道不仅充当了宣传和销售的角色，还充分利用其平台优势来实现订货、结算及配送等功能。在电商渠道中，一个精密的订货系统不仅有助于收集消费者信息，还能最大限度地减少库存压力。电商渠道还支持更多支付方式，使付款更便捷，如网银支付。此外，一些数字产品和虚拟产品，如软件、音乐、电影及知识服务等，可以通过电商平台进行下载和网络传输

（2）电商渠道的主要类型　　电商渠道有直接渠道和间接渠道两种基本类型可以选择，也可以结合两者的优点形成复合型渠道。

A. 电商直接渠道　　电商直接渠道一般是指企业通过自己的电商网络平台直接取得客户或消费者的订单的渠道。在电商直接渠道中，渠道面对的客户类型可能是公司或政府客户、互联网中间商、线下中间商、终端消费者等。

电商直接渠道还有一种方式就是店中店直销，即企业利用第三方电商销售平台开设店铺，直接取得客户或消费者的订单。在店中店直销模式中，企业可能面对多种客户类型，包括公司或政府客户、互联网中间商、线下中间商及终端消费者等。虽然通过店中店直销企业可以获得更大的访问量，但企业在这种模式下对店中店的管理权受到一定的限制，因为它在很大程度上需要遵循电商平台的统一管理。

B. 电商间接渠道　　电商间接渠道一般指通过互联网中间商进行销售。在电商间接渠道中，企业面对的是互联网中间商。中间商既可以是整体拥有在线商城的大型电商渠道，也可以是在第三方销售平台拥有店中店的代理商。表 6-8 为电商直接渠道和电商间接渠道优劣势的比较。

表 6-8　电商直接渠道和电商间接渠道优劣势的比较

	电商直接渠道	电商间接渠道
优势	<ul><li>企业对电商渠道具有完全的控制权，可以自由灵活地进行规则的制定和创新，全面详尽地展示渠道产品，举办各种规模和形式的促销活动</li><li>中间费用较少，控制价格和利润的余地较大</li><li>获取顾客信息容易，方便进行多角度的消费者分析和调研</li></ul>	<ul><li>交易规则较为成熟</li><li>访问量相对较大</li><li>产品种类款式全，产品展示格式统一，便于顾客集中比较</li><li>购物气氛浓，购物体验较好</li><li>大多采用向中间商批量供货的方式，物流配送成本较低</li></ul>
劣势	相关软硬件、广告、人员等的投入较大，访问量相对较小，消费者选择的余地较小	<ul><li>企业对渠道的控制力较弱，尤其是当中间商的规模、实力或行业影响力超过企业的时候，企业在售前、售中、售后的各个环节通常只起到配合的作用，难以组织和实施个性化的营销活动</li><li>和顾客缺乏直接接触，难以通过中间商渠道获取顾客信息和开展相关调研</li></ul>

C. 复合型电商渠道　　复合型电商渠道指企业既采用电商直销，又采用电商间接分销，相互取长补短。比如，某知名白酒生产企业同时运用三种电商销售渠道：官网商城直销白酒产品；渠道在第三方销售平台开设店铺；渠道将一些白酒产品批发给电商中间商。

4. 国际分销渠道

（1）国际分销与国内分销

A. 国际分销的必要性　　现在，市场的概念不再只限于一国范围，而是以区域论之，如欧盟、东盟、北美自由贸易区等，甚至将全球视为一个统一的市场。要想在市场竞争中站住脚，企业必须走出国门，进行国际分销。企业想要拓展海外市场，重点在于渠道战略。由于各个国家在经济发展水平、社会文化、地方风俗等方面存在差异，国际市场的渠道体系也各不相同。因此，进军国际市场的企业必须深入了解目标市场国家渠道构成的特点，以便有效地组织商品和服务的流通。

B. 国际分销与国内分销的区别　　国际分销与国内分销存在明显的差别，如表 6-9 所示。

表 6-9　国际分销与国内分销的区别

区别类型	国内分销	国际分销
分销环境不同	国内分销受到本国市场环境的影响，一般来说，本国市场环境是企业经营者所熟悉的且相对单一，经营者容易适应	国际分销经营者必须应对多国市场的变动和复杂环境，不仅需要考虑国内环境对业务的影响，还必须考虑国际市场环境的不同和变化。进入国际市场，企业常常会面临一系列国内市场上未曾遇到的障碍，包括国际贸易规则、文化差异、民族主义情感等。此外，国际市场受各国市场波动、汇率变化及国际政治经济关系的影响较大
分销对象不同	企业进行国内分销面对的是与自己的文化、语言基本相同的消费者，分销人员容易了解和接近消费者，消费者又容易理解企业行为	国际分销的对象是与企业营销人员语言不同、文化不同、消费方式不同、爱好也不同的消费者，这些差异有可能成为营销人员与消费者沟通的障碍，更谈不上对消费者的有效吸引
分销方式不同	国内分销的基础是利用本国资源在国内生产销售	国际分销往往伴随着产品、劳动力、资金和技术的跨境流动，同时还有对东道国资源的利用，例如，除了把本国葡萄酒产品销往国外，企业还可以在国外建厂设立分支机构，实现当地生产当地销售，或者一国生产他国销售

由于上述差异，国际分销相比国内分销要复杂得多。国际市场环境复杂，市场不确定性高，存在多种交易障碍，这些因素明显增加了在决策、计划、执行和控制方面的难度。此外，海外市场营销人员通常远离企业总部，面临信息沟通条件不佳的情况，这使得与企业保持有效联系、正确理解和执行国际市场分销策略也充满挑战。因此，为了成功开展国际市场分销，企业必须制定并实施符合国际标准、切实有效的国际分销管理体制、政策和策略。

（2）国际分销渠道的特点和要求　　国际分销渠道的特点：由于国际分销管理的特殊性，国际分销渠道有以下几个特点，如表 6-10 所示。

表 6-10　国际分销渠道的特点

特点	释义
大量利用中间商，它们可能来自不同国家	受到市场信息沟通上的困难和贸易障碍的影响，国际分销渠道通常比较长，中间环节包括出口中间商、进口中间商和销售国国内的批发商和零售商
长距离的商品运输	商品必须经过跨越国境的长途运输才能送达进口国市场，因而对运输业、仓储业、保险业的依赖程度很高。葡萄酒为易碎产品，尤其要注意运输过程中稳固的储存环境
可选择不同国家的法律作为合约解释的依据	当来自两个国家的商人签订买卖合约时，对于大多数企业来说，按照国际惯例办事是比较合适的选择
货币的多样选择性	世界上绝大多数国家都有自己的货币。出口方和进口方签订买卖合约时，采用哪国货币作为计价和支付货币，有多种选择方案

国际分销渠道的要求：合理的国际分销渠道符合下列要求，如表 6-11 所示。

表 6-11　国际分销渠道的要求

要求	释义
快速适应	通常情况下，开拓国际市场需要更多的成本，因此，进入和扩张国际市场的速度成为一个至关重要的因素。为了加速适应市场，一种方法是利用那些熟悉国际市场环境和商业关系的中间商，另一种方法是雇佣当地的经营人才来从事相关市场开拓工作。这些策略可以有效降低成本，提高市场进入速度

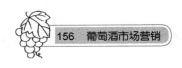

要求	释义
按照国际惯例办事	不论是与国外中间商建立合作关系，还是履行对顾客的承诺，都可能产生权利界定方面的问题，关系到有关各方的责任分担和利润共享。这就需要按国际惯例办事，采用对双方都有利的、双赢的国际分销渠道策略
多元结构	出口贸易很容易受各国政治经济环境及国家间关系变化的影响。为了确保国际分销网络的稳定并巩固在国际市场上的地位，建立多元化的国际分销渠道至关重要。这意味着将多个国家市场作为目标市场，并积极发展与多个国家进出口商和商业机构的联系和贸易关系
可控性	国际分销渠道应为销售企业的商品服务。建立和管理国际分销渠道，应当把重点放在凝聚力或控制力的形成、运用和调节上，以便企业有效激励渠道成员，加强合作，推动商品流通
高分销效率	在适应国际市场环境的前提下，国际分销渠道的建设应当按照"少环节、低内耗、高效能"原则，对渠道的长度、宽度及每个渠道成员进行认真的选择和组织，并激励它们有效发挥各自的分销功能
有应变弹性	国际分销渠道应当加强国际市场调研和信息沟通，以便国内生产厂商及每个渠道成员能及时有效地做出调整，适应国际市场环境和顾客需求的快速变化

　　要建立一个合理的国际分销渠道体系，企业管理者必须重视调查研究，在获得充分资料和信息的基础上，认真研究国际市场环境和目标市场条件，积极与政府的国际贸易管理部门、相关行业协会及专业领域的专家进行广泛的沟通，倾听各方的意见。这有助于对各种可行的国际分销渠道方案进行适当的评估和选择。

第 2 节　供应链设计与管理

一、设计原则和目标

1. 供应链设计原则

　　（1）自顶向下和自底向上相结合的设计原则　　自顶向下指的是从全局到局部将设计目标与任务逐级分解的过程，自底向上则是从局部到全局将设计系统逐步集成的过程。在进行供应链设计时，往往由企业供应链管理者根据企业实际情况做出供应链战略规划与决策，再结合采购、物流、生产、库存等业务流程特点进行详细规划设计，下游部门负责实施决策，并充分利用自底向上流程收集反馈信息，对供应链进行优化与改进，体现自顶向下和自底向上综合的供应链设计方法。

　　（2）简洁性原则　　能否高效把握并响应市场需求变化是供应链设计的重要环节。为提升供应链的灵活性，各节点需精简高效，能根据客户订单迅速重构，快速适应市场变化。

　　（3）集优原则　　也称互补性原则。供应链节点企业的选择应遵循"强强联合"原则，以便更好优化整合企业内外资源。供应链中每个节点企业都应具备核心能力，并集中精力与资源发展核心业务，培育并提升本企业核心能力。

　　（4）协调性原则　　供应链合作伙伴的关系是决定供应链业绩的关键因素。在供应链中，每个成员企业都要承担一定的位置与作用，为了达到供应链管理目标，实现供应链总体价值最大化，供应链中成员企业就需要与其他节点企业相互协调，供应链的顺畅运作是发挥最佳效能的关键。

　　（5）动态性原则　　也称不确定性原则。由于企业经营环境的复杂变化及供应链节点企业的动态选择，动态性成为供应链的一个显著特征，进一步导致供应链中不确定性的增加。因此企业要预测各种不确定因素对供应链运作产生的影响，动态调整、优化供应链结构，降低不确定性对供应链带来的负面影响，以适应动态变化的竞争环境。

（6）创新性原则 创新是企业发展的核心动力，能助企业应对市场竞争，确保长久发展，实现企业战略目标。创新是供应链设计的重要因素。构建创新供应链系统需敢于突破常规，以新视角审视旧有管理模式，大胆创新。供应链创新设计要注意以下几点。

第一，目标导向。创新应与企业总体目标和战略保持一致。

第二，客户导向。要从市场角度出发了解客户需求，运用企业自身特点与优势，最大限度地满足顾客需求。

第三，集思广益。要充分发挥企业各部门人员的能动性，加强与供应链其他企业间的合作交流，充分体现供应链系统优越性。

第四，科学决策。要建立科学的供应链设计项目评价体系和组织管理系统，合理评估项目的技术经济条件与可行性。

（7）战略性原则 供应链的设计要体现长远规划与预见性，不能仅仅着眼于满足眼前企业运营的需要，还应能够满足企业未来发展的需要。供应链的系统结构发展应与企业战略规划保持一致，并在企业竞争战略和供应链管理策略的指导下进行，确保战略性原则的贯彻与落实。

2. 渠道目标

渠道目标是企业在一定时间内通过渠道管理活动需实现的营销目标和营销战略成果。在实际生活中，许多企业迫于竞争压力往往制定过高的渠道目标，最后的结果也常常不尽如人意。制定渠道目标既要契合企业实际，也需与营销目标和营销战略相符。为增强目标的指导性，企业应围绕顾客需求设定目标，并以目标市场期望的服务水平为来表述渠道目标。

（1）渠道目标分类 根据渠道缺口分析可以将渠道目标划分为渠道建设目标、渠道服务目标和渠道治理目标。

渠道建设目标主要包括市场渗透目标、市场覆盖目标、经销商发展目标和终端市场展示目标等。但在实际情况中企业可能会出现渠道建设目标与渠道任务之间不一致的情况。例如，企业为了提高市场占有率，往往需要加大在市场建设方面的投入，但此时渠道费用也会随之增加，企业为了获得长期的利益不得不放弃短期的利益。因此在制定渠道建设目标时，渠道管理者需要综合考虑企业的长期利益与短期利益。

渠道服务目标主要涉及服务供给，如批量采购、等待时间等。渠道服务目标主要体现企业在既有渠道中渠道服务的产出，重点需要关注顾客对企业渠道系统的满意程度，因此渠道服务目标还需要设置顾客渠道满意目标。

渠道治理是指建立、维持和结束渠道关系或制度安排。营销渠道对于企业而言是一种战略性资源，建立营销渠道将会对企业的利益产生长远影响，因此营销渠道的稳定与否关乎企业的健康发展，企业对于营销渠道的治理也就显得尤为重要。渠道治理目标包括渠道控制目标、渠道信任目标、渠道满意度目标等，在企业日常的渠道管理中也深深影响着企业的行为。

（2）渠道目标的确立 确定渠道目标需从三个维度考虑：确定目标市场，确定可量化

目标，确定不可量化目标。确定目标市场旨在明确服务对象与方式；确定可量化目标，可量化目标主要涉及经济利益指标，如销售额、市场占有率、市场覆盖范围等；确定不可量化目标，如目标顾客与渠道成员的满意度、渠道发展、渠道合作、渠道氛围等。

二、渠道成员选择

1. 渠道成员

在营销渠道中，每一个渠道成员都发挥着重要功能。营销渠道的源头是制造商，终端是用户，在制造商和终端用户之间，存在大量的市场营销中介机构，它们各自有自己的名称，执行着不同的功能。广义上说，这些在商品流转过程中起作用的所有组织都是营销渠道的成员。

（1）制造商　　制造商是产品或服务的生产者和创造者。制造商有不同的类型，如下所述。

1）用自己的商标生产产品。这类制造商有积极管理渠道的能力和欲望，通过渠道管理，同时增加品牌价值，即将渠道管理与对品牌的投资密切结合。

2）贴牌制造商。将产品出售给中介组织，由中介组织将产品打上商标后销售。由中介组织对渠道进行管理，协调渠道利益。

3）贴牌生产，但直接向零售商销售。对于零售商来说，这类制造商是隐形制造商。这类制造商比一般的贴牌制造商在渠道管理中承担更多的责任。

4）服务型产品的提供者，如共同基金公司。

（2）中介机构　　中介机构包括买卖中间商、代理中间商和辅助商，具体分类如表 6-12所示。

表 6-12　营销渠道中介机构分类

中介机构	主要职能
买卖中间商	通过购买商品获得商品所有权，然后卖出商品，包括中转商、零售商等
代理中间商	寻找顾客，有时也代表生产者与顾客谈判，但不取得商品所有权，如经纪人、销售代理商
辅助商	辅助商品分销，既不参与商品所有权转换，也不干预商业谈判，如运输公司、独立仓库、银行、财务公司、信用卡公司、保险公司、广告代理商、信息技术公司、营销研究公司等

（3）终端用户　　终端用户是渠道成员，因为他们常常承担渠道的责任。如他们的购买量超过了平时的使用量，他们就承担了实体流、所有权流、融资流的责任，从而节省其他渠道成员的费用，因此，他们会要求降低价格。

2. 渠道成员选择的重要性

渠道成员的选择是营销渠道管理中的最后一环，具有重要意义。一般来说当公司面临以下三种情况时需要进行渠道成员的选择：第一，公司现有渠道成员流失，急需选择新的渠道成员填补空缺；第二，公司经过定期评估后发现，一些渠道成员已经无法胜任其当前的分销任务；第三，公司需要扩大现有市场区域以获取更大的市场占有率时，即使渠道的长度和中间商类型保持不变，也需要选择更多的中间商承担分销任务。

渠道的成员的选择不同于一般的交易或买卖，它是为了达成长期的合作，是实现企业长期目标的重要一环。特别是对于分销密度小的企业来说，只能选择较少的企业进行分销，选择渠道成员后，企业将失去选择其他成员的机会，依赖少数成员将增加风险，因此选择至关重要。随着分销密度的增加，渠道成员的重要性会降低，企业应根据密集程度及时进行调整。

3. 渠道成员选择的标准

（1）中间商综合实力的强弱 中间商的综合实力强弱可以从中间商存续时间的长短、中间商的市场覆盖范围、中间商的资金实力和财务状况、中间商的产品销售能力、中间商的产品知识等方面来进行评估。

第一，中间商存续时间的长短。一般来说长期从事某种商品经营的企业通常会积累丰富的专业知识和市场经验，并拥有忠实的顾客群体，能够帮助企业快速占领市场，在市场中建立优势。

第二，中间商的市场覆盖范围。市场是选择中间商的关键因素，需要特别关注其市场覆盖范围。可从三个方面入手：一是比较中间商的经营地区与企业销售计划是否一致。二是观察中间商的销售对象是否与目标顾客相匹配。三是考虑中间商企业市场覆盖范围是否与现有渠道成员市场范围相重叠，一般来说重叠面积越小越有利于生产企业未来发展。

第三，中间商的资金实力和财务状况。一般情况下，生产企业都倾向于选择资金实力雄厚、财务状况良好的中间商企业。如果中间商企业财务状况良好，必要时可给予企业适当的资金帮助，有助于企业加大生产、扩宽销路；反之，如果中间商企业财务状况不佳，企业在与之合作时可能会面临财务上的损失。

第四，中间商的产品销售能力。随着市场态势逐渐由卖方市场向买方市场转变，过度依赖产品质量和产品价格的企业想要在日趋激烈的市场竞争中生存变得越发困难，良好的产品需要良好的营销计划才能发挥最大价值，因此企业应选择具有出色产品销售能力的中间商企业。

第五，中间商的产品知识。那些销售过某类型产品，对于该类型产品具有丰富销售经验和产品知识的中间商企业，更容易被生产同类型产品的生产企业所选择，因为具有丰富销售经验和产品知识的中间商企业对产品认知更深刻，往往能够结合产品特性开展营销活动，进而推动产品在目标市场中的销售。

（2）中间商的预期合作程度 企业是一个有血有肉的生命体，每个企业都具有自身独特的企业文化，就像人类的血液般流淌在企业的每一个角落。渠道成员间的合作就是两个生命体的融合，如果两个企业间的企业文化存在较大差异，那么双方在目标、理念、价值观、角色认知等诸多方面都会产生分歧，那么合作也就难以顺利推进。

因此，企业在寻找渠道成员时应选择企业文化相近的中间商进行合作，双方能够在渠道目标、经营理念、战略目标、价值观等诸多方面相互认同，达成共识，才会更积极主动地推进合作，遇到问题时也会共同寻找解决办法，从而成为长期的合作伙伴。

（3）中间商的信誉 渠道成员的诚实守信是保证整个渠道健康运行的前提条件，任何一个渠道成员的违约行为将会导致整个营销渠道的崩盘，所以企业在选择渠道成员时应充分考察中间商企业过往的信誉程度，以保证渠道的稳定和长期的合作发展。

4. 渠道成员寻找的途径

（1）销售组织　　大多数制造商都有自设的销售组织和推销人员，最直接获取渠道成员的方法就是利用企业的自身销售团队。一方面这些销售团队了解企业自身产品、目标与价值观，在选择渠道成员时能够筛选出更适合企业的中间商；另一方面销售团队在进行产品批发、零售等业务的过程中与中间商有很多业务往来，掌握了更多的中间商信息，因此他们是制造商寻找渠道成员的有力助手。

（2）商业途径　　商业途径主要包括行业协会、行业展销会、商业展览会等，将聚集某一领域的制造商、批发商、零售商或经销商，企业有机会接触大量类型的商业机构，是大多行业潜在渠道成员信息的重要来源。

（3）中间商咨询　　中间商作为连接营销渠道中上下游两方的企业，往往掌握行业中大量信息。企业通过直接向中间商咨询该领域内的渠道成员，或让现有中间商进行推荐，可能会找到合适的渠道成员，开展新的合作关系。

（4）顾客　　顾客是营销活动的中心，也是中间商服务的最终体验者。多数顾客愿意公开评价中间商，因此企业可通过正式或非正式的方式调查顾客对中间商的态度，从而筛选未来的合作伙伴。

（5）广告　　制造企业可以选择在商业出版物、广播媒体、电视媒体、网络媒体等媒介平台上刊登广告来寻找潜在的渠道成员。在信息时代，媒体具有庞大的受众群体，企业不仅可以在上述平台上发布广告，也可以在上述平台上搜集中间商企业相关信息，以此来发掘未来的渠道成员。

5. 渠道成员选择的方法

（1）评分法　　评分法又称为加权平均法，即对拟合作对象的各项商品分销能力和条件合理评估，然后对分数进行排序。在评分法中生产企业需要列出选择营销渠道成员时所考虑的各项因素，再根据各因素对营销渠道功能的影响程度分别给予不同的权重，然后计算每个中间商的加权总分，再根据总得分的高低进行排序，最终选择平均总分最高的中间商企业作为渠道成员。

（2）销售量评估法　　销售量评估法是挑选中间商的主要方法，具体指生产企业对拟选择合作的中间商近年来销售额、销售增长率、顾客流量等指标进行分析，在此基础上，对候选企业实际能够承担的分销能力尤其是能够达到的销售量水平进行预计，进而选择能够承担渠道销售任务的最佳中间商。

（3）销售成本评估法　　营销渠道的管理与运作涉及多项费用，如市场开拓、谈判及贷款延迟等成本，这些均属于销售费用，增加此类费用将降低企业利润。因此，在选择渠道成员时，需要深入分析渠道销售费用，方法包括总销售费用比较法、单位商品销售费用比较法、费用效率分析法三种，三种方法分别借助中间商企业的总销售费用、单位销售费用、费用效率作为评判依据来选择渠道成员。

三、渠道成员的激励

1. 激励理论

在管理学中，激励（motivation）是通过设计激励机制、工作环境、行为规范及惩罚措施，结合交流互动来激发、引导、维持并规范组织及个人的行为，从而有效实现组织和个人目标的过程。如果说在组织中领导者对下属的激励是实现组织目标的重要手段，那么在营销渠道这一超越组织的系统中，渠道领袖对于渠道成员的激励就是实现渠道目标的关键举措，因此在渠道管理中渠道成员激励是一项关键任务。

在管理学中存在多种激励理论，如马斯洛需求层次理论、ERG 理论、X 理论和 Y 理论、赫兹伯格双因素理论、公平理论、强化理论、期望理论等，均可以为激励活动提供指导。其中弗鲁姆（Vroom）提出的期望理论（expectancy theory）被广泛应用于渠道成员激励的研究。

期望理论又称作"效价-手段-期望理论"，弗鲁姆于 1964 年在《工作与激励》中最早提出激励理论的概念。激励理论可以用公式表示为

$$激动力量 = 期望值 \times 效价$$

式中，激动力量是激发个人潜力的强度；期望值是个人对达成目标的信心程度；效价则是目标对个人需求的满足程度。此理论表明，人的积极性大小取决于期望值和效价的乘积。即，对于目标的信心越高，预估成功率越大，就会激发更多的动力和积极性。根据上述理论可构建如图 6-3 所示的渠道激励模型。

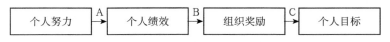

图 6-3　期望理论作用机制（渠道激励模型）

模型中显示了个人努力、个人绩效、组织奖励和个人目标四个要素，这四个要素间构成了图中所示 A、B、C 三种链接关系，A、B、C 三种链接关系的内涵及主要内容如表 6-13 所示。

表 6-13　期望理论链接关系

链接关系	内涵	主要内容
A 链接	努力与绩效的关系	代表着渠道成员的期望。当渠道成员认为付出一定程度的个人努力会带来期望的个人绩效时，将会付出相应的个人努力
B 链接	绩效与奖励的关系	代表着工具。解释了当渠道成员达到一定绩效水平时，可能获得的某种奖励，这里的奖励可能来自渠道成员内部，如该渠道成员获得的成就感与满足感，也可能来自渠道成员外部，如渠道领袖给予的奖励等
C 链接	奖励与个人目标的关系	代表着效价。回答了这样的问题：B 链接中给予渠道成员的奖励是否符合渠道成员的个人目标？对渠道成员具有多少的吸引力？

2. 渠道激励的方法

（1）直接激励　直接激励指通过提供实物或金钱奖励激励渠道成员，以促进其积极

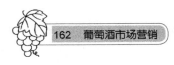

性，从而达到组织和个人的目标。直接激励主要包括品牌及产品激励、对中间商返利、利润分成、放宽信用条件、补贴等方式。

1）品牌及产品激励：一种基本的激励手段，制造商通过向中间商提供具有更高品牌价值、更优质的产品，来增加对中间商企业的吸引力，实现对中间商企业的激励作用。

2）对中间商返利：制造商在销售完成后，根据一定的标准向中间商提供的实物或现金滞后奖励。例如，2020年至2021年期间，五粮液集团为实现渠道变革目标，逐步建构了自己的线上渠道，线上渠道的建设虽然为集团带来价值，也让线下渠道成员感受到了危机。为更好调动线下渠道经销商热情，五粮液集团决定实行新的渠道激励政策，将原有的动销考核奖励改为关键绩效指标（KPI）考核奖励，销量考核只占六成，其余部分根据价格达标率、终端开发数量、开瓶扫码率等指标评判打分，根据积分进行排名，排名靠前的不仅有物质奖励，还授予优秀经销商等称号。这一提议获得了经销商的一致支持，提议发布后线下渠道经销商对集团工作的配合度也显著提高。

3）利润分成：制造商将所获利润按照一定比例分配给中间商，提升了中间商的利润以此实现对中间商的激励效果，是"收益共享"思想的体现。

4）放宽信用条件：企业为与中间商达成长久的合作伙伴关系，在中间商企业资金困难时期，适当放宽对中间商企业的信用条件限制，甚至可以在安全范围内为其提供信用贷款，是一种人文关怀的体现，有利于双方企业达成长期合作，激励中间商企业绩效的完成。

5）补贴：针对中间商企业为扩大销量在进行产品销售时所付出的努力行为，制造商给予中间商奖励性质的补贴，如广告费补贴、商铺补贴等费用补贴。这种激励手段不仅有利于产品的进一步销售，也激发了渠道成员的工作积极性。

（2）间接激励　　间接激励是渠道领袖通过协助渠道成员优化销售管理，提升销售效率与成果，进而激发其积极性的手段。具体方式包括协助中间商管理库存、指导零售商提升终端管理水平、培训中间商、合作推广广告及提供市场情报等。

1）帮助中间商进行库存管理：渠道领袖在渠道内部集中顾客需求信息，帮助渠道成员进行库存管理，提高了供应链每一阶段顾客需求信息的准确度，同时增强了渠道成员对于渠道领袖的忠诚度。

2）帮助零售商进行零售终端管理：制造商通过提供支持，如向零售商派驻厂商代表、培训销售人员、制定更完善的营销计划等协助零售商管理终端。不仅可以有效地帮助中间商提高运营管理水平，进而提升中间商利润水平，同时还可以向中间商灌输渠道领袖企业的经营理念和文化，加固了双方的合作关系。

3）对中间商进行培训：渠道领袖向中间商提供培训人员或提供商业咨询服务，以此来增加对中间商的支持力度。

例如，广州劲普蓄电池有限公司是一家以从事电气机械和器材制造业为主的企业，于2008年成立。2010年，劲普初到南非市场，设立南非合资公司，但南非合资公司业绩连续三月下滑，且一时半会看不到止住颓势的信号。调查发现，客户对劲普公司的产品没有意见，销量不好是因为销售无法及时解答客户关心的问题，客户不了解公司产品，自然也对产品失去信心了。于是，劲普公司派遣专人到南非公司开展销售队伍的产品培训和销售培训，使每个销售对新产品都了如指掌，建立合资公司的激励制度。经过2个多月的调整，南非合资公司销售人员的精神面貌和专业素质显著提升，也终于让劲普公司在南非的销售止住了颓势，使劲普公司在南非的销售重新走上了正轨。

4）共同开展广告宣传：当某一产品进入新市场时，由于没有以往的顾客积累，这种产品往往不被消费者所知晓，因此大多数中间商不愿意经营这样的产品，制造商为了吸引中间商的合作，承诺与中间商共同承担宣传费用，减轻中间商的宣传负担，以此来促进与中间商合作的开展。

5）提供市场情报：渠道领袖通常为了提升整体营销渠道的绩效，将自己所掌握的市场信息、市场动向及自身发展情况及时传递给渠道成员，使其能够更好地开展营销计划，有利于整个供应链绩效的提升。

第 3 节 渠道合作与冲突

一、葡萄酒渠道合作管理

1. 渠道合作

渠道合作是渠道成员为实现共同目标而采取的互利行为，其根源在于成员间的相互依赖及功能专业化。专业化让成员通过规模经济发挥优势，但也将生产过程分割，需依赖其他企业完成。一般而言，相互依赖性越强，渠道成员合作的基础就越牢固，合作程度相应的也就越高。一旦相互依赖性消失了，企业间合作的基础也就随之消失了，合作也就停止了。

2. 渠道合作的形式

渠道合作的形式有多种，主要包括联合促销、联合储运、提供专卖产品、信息共享、联合培训和地区保护六类。

（1）联合促销　　联合促销指多个企业或品牌共同开展促销活动，其优势在于能以较低成本实现更显著的促销效果，有时效果甚至超越单独促销所能达到的目标。包括联合广告活动、联合产品展示活动、联合销售活动、联合调研活动、联合担保活动等。

（2）联合储运　　联合储运主要包括制造商和中间商联合加入适时管理系统（just-in-time system，JIT 系统）、电子数据交换系统（EDI 系统），制造商或批发商发起或参与紧急运货活动，协助中间商。同时，制造商还协助批发商和零售商筹措存货资金。

（3）提供专卖产品　　提供专卖产品是指制造商向自己的渠道成员提供专门的产品。由于专卖产品设计独特，且只在特定渠道进行销售，从而降低了价格的竞争效应，可以应对或减轻价格竞争对渠道成员的影响。

（4）信息共享　　制造商、批发商和零售商等渠道成员可通过电子数据交换系统实现信息高效流通。同时，制造商和中间商可发起或参与销售联合会，促进同业交流与合作。

（5）联合培训　　联合培训指中间商联合制造商在销售、产品方面进行的培训。例如，海尔通过海尔大学，对中间商的业务骨干进行教育与培训。

（6）地区保护　　地区保护指的是制造商特许中间商的地区独家代理权。一般来说，地区保护政策的存在会使渠道合作得到加强。

3. 渠道关系的生命周期

在营销渠道中渠道成员之间的合作关系可以称为"渠道关系"。渠道关系包含了知觉、开发、强化、承诺和散伙五个阶段，是一个动态演化的过程，被称为渠道关系的生命周期，如表6-14所示。

表6-14　渠道关系的生命周期

阶段	主要内容
知觉阶段	一家企业主动发现它与另一家企业有共同的利益，基于此认为双方有成为交易伙伴的可能
开发阶段	一方探索性地与另一方接触，双方企业开始尝试性地合作
强化阶段	合作双方需要具有相同的目标，为共同实现目标需要双方增强沟通，增加合作
承诺阶段	双方为了进一步加强合作的稳定性，可能会加大交易专有资产的投入并相互输出自己的企业文化与价值观，巩固和维护已经形成的伙伴关系
散伙阶段	双方因条件或环境变化失去了合作的基础

（1）渠道关系的知觉阶段　　在渠道关系的知觉阶段，通常会有一家企业基于共同利益寻找其他企业，并基于此认为双方有可能成为交易伙伴。在发现潜在交易伙伴后，首先企业会试图了解潜在交易伙伴，以判断它是否值得交往。其次，由于双方企业对彼此只有少量的了解和信任，企业会积极寻找第三方，希望第三方能够在适当时机起到中介作用，促进双方合作的达成。

（2）渠道关系的开发阶段　　在渠道关系的开发阶段中，企业尝试与合作企业交流并探索合作方向，例如，双方企业进行一些市场交易活动，通过尝试性的合作来考察、评估对方企业，如果双方的初步合作取得愉快的结果，那么他们就会加强接触与沟通，进行更深层次的合作，甚至会主动与对方分享信息，达成更广泛的合作。在开发阶段中，双方企业取得相互信任的过程是渐进的，因此本阶段会持续较长时间。两企业间达成合作的主要动力是双方共同获益，因此当双方企业在渠道开发阶段认为有利可图，将会进入渠道关系的强化阶段。

（3）渠道关系的强化阶段　　进入渠道关系的强化阶段的基础是双方均有进一步发展的动力，在此阶段中合作双方需要具有相同的目标，为共同实现目标需要双方增强沟通，增加合作，在信任螺旋不断上升的过程中，降低其他企业的可替代性，提高相互依赖性。

（4）渠道关系的承诺阶段　　一般来说，在渠道关系的承诺阶段合作双方经过长时间的考察，合作关系已经十分坚定稳固，任何一方都不会轻易放弃这段关系并寻求新的替代者。在此阶段中双方为了进一步加强合作的稳定性，可能会加大交易专有资产的投入并相互输出自己的企业文化与价值观，巩固和维护已经形成的伙伴关系。

（5）渠道关系的散伙阶段　　大多数处于散伙阶段的渠道关系都是因为环境或者双方企业自身条件发生了变化而失去了合作的基础。此外，双方的投机行为、强权行为或维系关系的关键人物离去等原因也有可能导致渠道关系进入散伙阶段，倾向于解体。

二、葡萄酒渠道冲突管理

1. 渠道冲突及其类型

渠道冲突（channel conflict）一般指当一个渠道成员的行为或目标与其他渠道成员不一

致时，该渠道成员阻挠甚至损害他人利益，妨碍他人实现目标，导致渠道成员间形成了相互对立的不和谐状态。

在学习渠道冲突时应注意辨析渠道冲突与渠道竞争两个概念的区别。渠道竞争是一种直接的、以达成目标为中心的行为活动；而渠道冲突则是一种间接的、以损害他人利益或妨碍他人实现目标为中心的行为活动。例如，在进行红酒销售时，A、B 两个品牌的红酒厂商通过价格竞争、广告营销、促销等营销手段来提升自身产品销量的行为是正当的渠道竞争，而 A 品牌厂商恶意散播 B 品牌红酒谣言，并与多家经销商联手抵制 B 品牌红酒的销售，这种行为称为渠道冲突。

渠道冲突随着其冲突产生的主体、原因、程度、性质不同，呈现出多元化的表现形式，现以冲突产生的主体、原因、程度、性质为标准将渠道冲突进行分类，如表 6-15 所示。

表 6-15　渠道冲突分类

分类依据	分类
冲突产生主体	水平冲突、垂直冲突、多渠道冲突
冲突产生原因	竞争性冲突、非竞争性冲突
冲突产生程度	现实冲突、潜在冲突
冲突产生性质	恶性冲突、良性冲突

1）按照冲突产生的主体，可把渠道冲突划分为水平冲突、垂直冲突和多渠道冲突

水平冲突是指在同一渠道中同一层次的中间商之间产生的冲突。例如，葡萄酒厂商 A、B，若它们为同一制造商生产产品，也就意味着 A、B 两个厂家属于同一渠道中同一层次的中间商，他们之间的冲突称为水平冲突。

垂直冲突是指在同一渠道中不同层次企业之间的渠道冲突。例如，同一营销渠道中，零售商和批发商抱怨制造商生产的产品具有品质问题。一般在渠道冲突的研究中，由于垂直冲突发生频率较高，且带来危害较为严重，因此大多研究更关注渠道冲突中的垂直冲突。

多渠道冲突一般指建立两条及以上渠道的制造商在一个市场出售产品、提供服务时，在渠道间出现的冲突。比如，某制造商计划通过大型综合商店销售其产品，但与此同时将引起该制造商原有独立专卖店的不满，由此导致了渠道冲突。

2）按照冲突产生的原因，可把渠道冲突划分为竞争性冲突和非竞争性冲突

竞争性冲突是指两个或多个渠道成员在同类型市场上竞争时发生的冲突。例如，两个零售商在同一区域内市场竞争而产生的冲突，或者同一区域内的大型商超与零售店之间竞争所导致的冲突。

非竞争性冲突一般指渠道成员在目标、角色或利润分配方面存在差异造成的冲突。例如，两个红酒代理商为了获得制造商更多的价格优惠而相互诋毁的行为。

3）按照冲突产生的程度，可把渠道冲突划分为现实冲突和潜在冲突

现实冲突是指渠道成员间已经出现了互相诋毁等行为上的对抗状态。潜在冲突是由于各方获取的利益、资源不等造成的冲突，这种冲突虽然没有导致渠道成员之间的行为对抗，但由于存在不一致现象，当渠道设计不良或环境发生变化时，潜在的冲突可能会变成现实冲突。

4）按照冲突产生的性质，可把渠道冲突划分为恶性冲突和良性冲突

恶性冲突是指那些冲突结果对渠道成员关系造成了损坏，甚至破坏了营销渠道原有结构的渠道冲突。这种类型的渠道冲突往往表现为现实冲突，渠道成员为了维护自身利益，影响整个营销渠道的绩效水平，对营销渠道的每个成员都造成了损失，因此这种冲突应该尽量避免。

良性冲突也称为功能性冲突，主要指对渠道关系的提升具有建设性的潜在冲突。渠道成员可以通过解决冲突消除误会，促使双方进行深度沟通，进而加深对渠道成员的了解，有利于提升渠道关系和渠道绩效。

2. 渠道冲突的原因

渠道冲突是渠道成员在达成渠道合作的前提下形成的，在渠道合作中渠道成员之间存在较强的"功能性相互依赖"关系，但由于渠道成员均为独立的经营个体，它们之间的差异性必然伴随着意见分歧，最终导致渠道冲突的产生。渠道成员之间的这种差异性和分歧就是导致渠道冲突产生的根本原因，可以将其归纳为角色定位不清、资源稀缺、感知差异、期望差异、决策领域分歧、目标不一致、沟通障碍七类。

（1）角色定位不清　　角色界定了各渠道成员在渠道中的功能和行为范围，明确了他们应该承担何种任务及如何去执行。在由功能专业化的渠道成员所构成的营销渠道中，每个渠道成员都承担自己独特的任务，如果渠道成员对自己的角色定位不清，就会使渠道功能出现空缺或重叠，当渠道出现损失时，无法追责到具体的渠道成员。有时甚至会出现投机行为，渠道成员对于有利可图的工作争先恐后，对于无利可图的事情却相互推诿，上述情况均导致了渠道冲突的发生。

（2）资源稀缺　　在客观世界中资源是有限的且稀缺的，如何在渠道成员间分配有限的资源是对渠道领袖的一大考验，往往也是渠道冲突产生的重要原因之一。渠道成员为最大化自身利益，常因稀缺资源分配产生分歧，引发渠道冲突。在信息化时代，许多企业采用"线上+线下"销售模式，但也因此导致线上与线下渠道在资源争夺上产生冲突。

（3）感知差异　　感知是指人对外部刺激进行选择和解释的过程，但由于不同个体在个性、背景、角色、知识等方面存在差异，所以不同人的感知也存在差异。在营销渠道中，由于感知差异，不同渠道成员在面对同一刺激时，可能会做出不同的反应与选择。例如，在产品销售过程中，制造商认为现场的卖场广告营销是一种有效的销售手段，而零售商却认为这种现场的宣传材料对销售业绩并没有多大的促进作用，反而会增加营销成本，这种感知的差异无疑会导致渠道冲突的产生。

（4）期望差异　　营销渠道中的成员通常期望其他成员采取特定的行动，并采取自己认为适当的行动。当渠道成员的预期存在偏差或发生错误，并且采取了错误的行动时，便会给整个营销渠道带来损失或破坏，引发渠道冲突。

例如，2004年中国家电连锁业龙头国美电器与家电行业知名企业格力之间的冲突，正是因为双方存在期望差异。国美希望格力在价格上做出让步，预期以自己的地位格力一定会做出让步，但格力方却认为自己在家电行业拥有不容小觑的地位，并且格力在国美的全年销售额占其总销售额的比例很小，因此没有屈从于国美的要求，从而引发了激烈的渠道冲突。

（5）决策领域分歧　　渠道成员在营销渠道承担着特定的职能，当渠道成员认为其他成员侵犯了自己的决策领域时会产生渠道冲突。例如，在进行价格制定时，零售商认为价格的制定权属于他们的领域，而制造商认为定价权在他们手中，由此在零售商和制造商之间便产生了渠道冲突。

（6）**目标不一致**　在营销渠道中渠道成员除了有一个共同的目标，如提高整个渠道的绩效水平或竞争力等，还有各自的目标，如扩大知名度、提升利润等，当渠道成员间各自目标不相容或对立时，便会产生渠道冲突。

（7）**沟通障碍**　沟通是指两个及以上的参与者在事实、思想和情感等方面的信息交换。在营销渠道中的沟通亦是如此，试想如果渠道成员间的沟通存在大量阻碍，或双方进行无效沟通，甚至不进行沟通，那么信息将无法在渠道中流通，进而导致各种问题的产生，引发渠道冲突。

3. 渠道冲突管理

在营销渠道中，渠道冲突的出现并不完全是坏事，有些渠道冲突能够促进渠道成员关系，也有助于渠道成员的竞争和优胜劣汰。渠道成员在进行渠道冲突管理时可以从事前、事后两个角度展开，在前期做好渠道冲突的防范工作，在后期做好渠道冲突的解决工作。

（1）**渠道冲突的前期防范**　冲突预防指渠道成员根据可能引起冲突的一系列原因，有针对性地预先做好各种防范措施，以降低渠道冲突发生的可能性。

第一，做好渠道的战略设计和选择工作。企业应充分观察市场环境变化趋势，并结合企业自身文化、价值观与战略目标，制定适宜的营销渠道战略。

第二，做好中间商的选择工作。选择渠道成员是渠道管理的重要一环，也是预防渠道冲突的关键工作。企业要根据渠道战略和渠道目标，运用渠道成员选择方法，选择有能力并有意愿履行渠道责任的组织和个体作为渠道成员。

第三，权利与义务的规范与平衡。为了减少渠道冲突的可能性，在营销渠道中，主导企业需要制定相关政策，包括价格政策、交易条件、中间商的地域权利及双方应提供的服务内容等。明确每个成员的角色和权力范围，规范双方的权利与责任，从而减少冲突的发生。

第四，建立渠道成员间的交流沟通机制。渠道成员间保持良好顺畅的沟通是保证营销渠道畅通的前提条件，有效的沟通可以使信息在渠道中顺畅流通，保证了渠道成员各方的利益。

（2）**渠道冲突的后期解决**　渠道冲突是由于渠道成员间天然存在的差异，因此不可避免地会发生。在面对渠道冲突时除了重视前期的防范工作，还应提前制定好渠道冲突的解决对策，解决对策主要包括以下六种途径。

第一，谈判。渠道冲突产生的根本原因是由于渠道成员之间存在不一致或者分歧，只有消除这种不一致或分歧才能从根本上解决渠道冲突，谈判就是一个很好的消除这种不一致或者分歧的方法。渠道成员各方在相互理解的基础上，通过谈判寻找一个新的利益平衡点。

第二，调解。在调解过程中，中立企业的介入发挥了说服作用，协调双方继续协商或接受调解建议。调解人作为独立第三方往往会对当前情况带来新的观点与看法，正所谓"当局者迷，旁观者清"，调解人可能会发现"局内人"所不能发现的机会，并以此"破局"，使双方达成共识。

第三，仲裁。仲裁是指利益相关人双方自愿申请第三方的加入，由第三方主持谈判，最终达成仲裁协议的过程。仲裁和调解概念相似，但却有所不同，调解中的第三方在调解中起

到的作用主要是促进争议解决过程，此时达成和解的主动权在冲突双方手中。

第四，法律手段。当渠道冲突达到一定程度时，可以运用法律的手段来解决冲突。一般情况下，渠道成员解决冲突倾向于采取仲裁而不是法律诉讼的手段。

第五，渠道重组。当渠道成员间冲突已经达到无法调和的程度，并且冲突的存在已经严重影响整个营销渠道的正常运行时，渠道领袖就不得不考虑采取渠道重组的方式解决渠道冲突。虽然渠道重组在根本上解决了矛盾，但需要花费时间和精力来选择新的渠道成员，并且还面临着现有渠道成员与新渠道成员发生渠道冲突的风险。

第六，退出。解决渠道冲突的最后一个办法就是退出该营销渠道。实际上退出某一营销渠道是解决冲突最普通的方法，因此企业在选择营销渠道时应该为自己留条后路，让自己能够以较低成本进入新的营销渠道。

第 4 节　市场物流管理

一、物流的概念及物流管理

1. 物流的概念及特点

（1）物流的概念　物流是物质实体从供应者到需求者的物理移动过程，涵盖运输、配送、包装、装卸、流通加工及物流信息等多项活动，旨在创造时间与空间价值，是这些活动的集成。

（2）物流的特点　在当今数字化高速发展的时代，物流也呈现出数字化特征，称为"第五方物流"。它利用互联网技术支持整个物流服务链，并协同执行成员高效满足企业物流需求。例如，海尔旗下的日日顺供应链在前沿管理理念和物流技术的指导下汇集全球优质资源，构建开放、智能、数字化、场景化的物联网物流生态平台。将 AI 机器、大件自动导引车（AGV）、四向穿梭车等智能化设备，以及 AI、数字孪生等前沿科技应用到大件物流领域，显著提高了工作效率。

物流伴随采购、生产和销售的价值链过程。其主要特点如表 6-16 所示。

表 6-16　物流的特点

物流的特点	解释
系统性	物流作为社会流通体系中的组成部分，包含了物的流通和信息的流通两个子系统。在社会流通体系中，物流与商流、资金流和信息流具有同等重要的价值，是一个内涵丰富的集成系统
复杂性	物流与价值链增值密切联系，使物的流通和信息流通机制更加复杂
成本高	流通环节包含了订单处理、运输、仓储、配送、库存控制等综合成本。正是由于物流高昂的成本，才使物流被视为降低成本的"第三利润源泉"
生产和营销的纽带	物流是让生产和营销联系的纽带。在社会化环境中，通过物流关联活动架起了企业通向市场、客户的桥梁

2. 物流管理

物流管理的任务可以概括为 5R：以最小的成本，在正确的时间（right time）、正确的地点（right location）、正确的条件（right condition），将正确的商品（right goods）送到正确的顾客（right customer）手中。

二、物流管理的核心内容

1. 订单处理

订单处理是企业中至关重要的一项核心业务流程，包括订单准备、订单传递、订单录入、按订单订货，以及订单处理状态跟踪等活动。

1）订单准备：顾客获取所需产品或服务信息，并做出订货决定的过程。这包括选择适合的供应商和品牌，收集产品价格、功能、售后服务及供应商的库存情况等内容。缩短顾客订单准备时间，减少顾客寻求产品信息的成本，可以大幅提升企业产品在市场上的份额。

2）订单传递：将订货信息从客户传送到供应商的过程。主要的传递方式包括手工传递、电话或传真传递，以及网络传递。

3）订单录入：顾客订单信息变为企业订单的过程。

4）按订单供货：按订单供货，包括货物的拣选、包装、运输安排、准备运单、发送或运输。这些活动可以并行处理，以缩短商品配送时间。

5）订单处理状态跟踪：为了向顾客提供更好的服务，满足顾客希望了解订单处理状态信息的要求，需要对订单处理进行状态追踪，并与顾客交流订单处理状态信息。

2. 运输管理

（1）运输的概念及重要性　　运输是借助载体工具将物品从起点运送到目的地的物流活动，包括集货、分配、搬运、中转、装载、卸载和分拨等操作过程。

运输活动与客户服务水平有密切的关系，运输费用占据物流最大的成本，运输成本一般占产品价格的 10%～20%，因此，有效的运输管理对于服务水平的提高及成本的降低乃至营销渠道管理的成功至关重要。

（2）运输的职能和运输管理的原则及关键因素

A. 运输的职能　　产品的运输把空间上相隔的供应商和需求者联系起来。供应商通过运输，以合理的价格，在合理的时间里向顾客提供有质量保证的产品。运输有以下两个职能：产品移动，运输的首要功能是使产品在不同空间之间进行移动，将产品从生产商的仓库运送到顾客手中。其主要任务是高效、经济地将产品从原产地运至目的地，满足顾客需求，减少损失。此外，运输也承担短期库存职能，即在必要时将运输工具作为临时储存场所，以节约频繁装卸产生的成本。当产品需短暂储存并即将再次转移时，使用运输工具作为临时仓库尤为合适。

B. 运输管理的原则　　运输管理的两条基本原则是规模经济和距离经济。

规模经济意味着装运规模扩大时，每单位运输成本降低。例如，整车装运因满载而成本低，而零担装运则因部分装载而成本较高。大型运输工具，如铁路、水路每单位重量费用低于小型工具，如汽车、飞机。为降低成本，铁路和水路运输更受青睐，因规模经济使固定费用可分摊至总货物重量，批量运输更为经济合理。

距离经济表现为运输成本随距离的增加而减少。这种现象类似于规模经济，特别在摊派装卸费用方面表现明显。运输距离越长，固定费用分摊后的值越小，每单位距离的总费用也

随之降低。

　　C. 运输管理的关键因素　　运输管理的关键因素如表 6-17 所示。

表 6-17　运输管理的关键因素

运输管理的关键因素	解释
运输成本	指为物品位置转换所支付的款项，以及在这个过程中发生的包括管理、存货在内的相关费用。大多数企业在选择运输方式时，首要考虑的就是运输成本
运输速度	指完成单个运输任务所需的时间。运输速度与成本之间存在两方面的关系：首先，如果运输服务提供商提供更快速的服务，他们通常会收取更高的费用，因为快速运输通常伴随着更高的成本；其次，快速的运输服务能够降低产品在转移过程中的库存量，这意味着可以更频繁地利用运输工具，减少运输时间间隔。因此，在选择最合适的运输方式时，关键问题在于如何平衡服务速度和成本
运输稳定性	指在多次运输中，完成特定运输任务所需的时间与最初设定的时间或前几次的时间保持一致。多年来，运输管理者把稳定性看作是高质量运输最重要的表现

（3）运输方式

　　A. 铁路运输　　铁路运输的特点是能远距离运输大批货物，而且价格相对较低，为城市间的主要运输方式。

　　B. 水路运输　　水路运输是最古老的运输方式之一。其主要优点是运量巨大，一般运输粮食、矿石等低价值货物。水路运输除非其起始地和目的地都接近水道，否则必须要有铁路和公路补充运输。水路运输是国际货物运输的主要方式。

　　水路运输的固定成本介于铁路运输和公路运输之间。港口的建设和修缮由政府负责。因此，与铁路运输和公路运输相比，其固定成本适中。变动成本则只包括运营中的成本，而水路运输营运成本相对较低。因此，水路运输是长途配送大件物品的理想选择。

　　C. 公路运输　　大多数消费品通过公路运输，这是因为公路运输具有以下特点：速度快、可靠性高、对产品造成的损害较小。汽车运输公司具备很高的灵活性，因此公路运输应用场景广，适应性强，更为灵活。

　　D. 航空运输　　主要优点在于运输速度快，但货运的高成本使得航空运输并不适用于大众化的产品，通常航空运输一般用来运输高价值产品或时间要求比成本更为重要的产品。

　　四种主要运输方式的优缺点比较如表 6-18 所示。

表 6-18　四种主要运输方式的优缺点比较

运输方式	优点	缺点	适合情况
铁路运输	从技术性能上看：运行速度快；稳定性强；抗自然干预能力强，能保证全年运行；火车运行比较平稳，安全可靠；平均运距较公路运输长。从经济指标上看：铁路运输成本较低；能耗较低	投资成本高；建设周期长；占地多	内陆地区运送中长距离、大批量、时间敏感、要求可靠性高的一般货物和特殊货物时，从投资效益的角度来看，在运输需求较大的地区之间建设铁路是较为合理的选择
水路运输	从功能上看：运能能力强；在条件良好的航道基本不受限；配送物品范围广，适合包括大宗物品的多种货物运输。从经济技术指标来看：水路运输建设投资较为节省，运输成本低，劳动生产率高，平均运输距离较长。远洋运输不仅是发展国际贸易的重要支柱，在非常时期参还与国防建设	受自然条件影响较大，难以保证全年通航；运送速度慢，在途中的货物多，会增加货主的流动资金占有量	水路运输综合优势较为突出，适宜于运距长、运量大、时间性不太强的各种大宗货物运输

运输方式	优点	缺点	适合情况
公路运输	机动灵活；运送速度快，可以实现门到门的运输；投资少	运输能力小；运输能耗很高；运输成本高；劳动生产率低	公路运输适合短途运输，多应用于内陆地区。可以通过联运铁路、水路运输旅客或输送货物，在地形复杂地区及偏远地区进行运输。在远离铁路的区域进行干线运输
航空运输	运行速度快；机动性能好	飞机造价高；能耗大；运输能力小；运输成本很高；技术复杂	航空运输适合长距离及小件贵重物品，此外也可运输鲜活产品及邮件等货物

3. 仓储管理

（1）仓库的概念　在产品制造和销售的流通过程中担任存储货物的职能，并为决策者提供信息。

（2）仓库的分类　仓库具有多种形式，渠道管理中的仓库一般依据所有权划分为公共仓库、自有仓库和合同仓库。企业在对仓储相关问题进行决策时，一般都是从存货成本和服务顾客这两方面考虑，高效利用自有仓库、公共仓库和合同仓库，在不降低顾客服务水平的基础上降低成本。

A. 自有仓库　自有仓库是指由企业自己拥有并管理的仓库。优点：拥有较强的控制能力；拥有较高的柔性化水平；从长远角度来看，自有仓库的运行成本相对较低；可以充分发挥人力资源的优势；拥有税收和无形资产方面的优势。缺点：由于自有仓库固定的大小规模和技术水平，可能会造成仓储资源闲置或仓储资源短缺；财力方面的限制；投资回报率较低。

B. 公共仓库　公共仓库专门向客户提供相对标准的仓库服务，如存储、搬运和运输等，又称为"第三方仓库"。优点：节省资金投入；缓解存储压力；较少投资风险；较高的柔性化水平。缺点：沟通难题；缺少个性化服务。

C. 合同仓库　合同仓库是指在合同约束下使用仓库内一定的设备、空间和服务。这种协议为仓库所有者和使用者提供更稳定的合作关系，使双方在未来的投资计划上更具确定性。合同仓库是公共仓库的延伸，是一种以合作为基础的互利行为。在这种排他性协议下，仓库为客户提供定制的存储和物流运输服务，双方共同承担与经营相关的风险。

（3）仓库选址

A. 影响仓库选址的因素　影响仓库选址的因素可以划分为成本因素和非成本因素。成本因素是指直接关系成本、可以用货币度量的因素；非成本因素是指与成本无直接的关系，但能够影响成本和企业未来发展的因素（表 6-19）。

表 6-19　影响仓库选址的因素

成本因素	非成本因素
运输成本	社区环境
原材料供应成本	气候和地理条件
动力和能源供应成本，	政治稳定性

续表

成本因素	非成本因素
劳动力成本	当地文化风俗
建筑成本和土地成本	当地政府政策法规、扩展机会
利率、税率和保险成本	

B. 仓库选址决策　　仓库选址的决策方法多种多样，下面主要从宏观层面来进行评价。宏观层面主要是考虑仓库选址是否有利于企业战略获利；能否满足企业对市场营销的要求和对原材料的要求；能否提高对顾客的服务水平和降低总体的成本费用。三种选址评价方法如表 6-20 所示。

表 6-20　选址评价方法

选址评价方法	解释	影响因素
以市场营销定位的仓库选址	在最靠近顾客的地方选择仓库地址，追求顾客服务水平的最大化，缩短将产品配送给顾客的时间。可以在一定程度上获得仓库运输方面的规模经济	运输成本、订货时间、生产进度、订货批量、本地化运输可行性及顾客服务水平等因素
以生产制造定位的仓库选址	在离原材料或加工地点近处建仓，便利原料运输、集结及产品加工，为生产制造提供便捷。对多产品公司而言，能利用原材料至产品流通过程中的批量及整合装运优势，实现运输经济	原材料的可获得性、工厂生产的产品数量和产品种类、顾客订单的分发配送情况及运输整合的效率等
以快速配送定位的仓库选址	重在实现快速的产品配送，并在仓库选址中寻找一种平衡，以满足最终顾客和生产厂商的需求。综合了前两种方法的优点，通过迅速的产品运输显著提高了最终顾客的服务水平，增强了原材料的及时供应能力和产成品的快速分销，从而缩短了产品进入市场的周期	运输能力、成本、路线选择及配送数量的合理分配。对于注重顾客服务的企业，尤其需配送多种产品至不同配送中心时，此法尤为有效

4. 库存控制

1）库存的定义：狭义上，库存是指在短期内在仓库处于闲置状态的物资；广义的库存表示服务未来目标，暂时处于闲置状态的资源。不管是生产商还是销售商，库存都是价值链的重要环节，它在价值增值过程中承担着重要职能。

2）库存的作用：如表 6-21 所示。

表 6-21　库存的作用

库存的作用	解释
使企业获得规模经济	一个组织要想实现在采购、运输和制造等物流过程方面的规模经济，拥有适当的库存是必要的。库存能够降低每单位的进货成本；减少因缺货而形成的订单损失和信誉下降
平衡供求方面的关系	季节性的供需变化迫使企业必须维持库存水平。例如，在节假日，产品需求急剧增加，企业需要确保有足够的库存以迅速满足市场需求。此外，某些产品的需求在特定时段可能相对稳定，但它们的供应可能出现大幅波动。这同样要求企业保持足够的存货以满足市场需求，以免出现供不应求的情况。
预防需求和订货周期的不确定性	由于市场需求的快速变化和订货周期的不确定性，预防需求和订货周期的不确定性变得至关重要，因为其常常会导致库存不足，从而引发缺货损失
满足订货过程中的市场需求	生产和消费点之间的距离意味着从向生产商订货到货物运到消费点需要一定时间。客户需要一定的存货以备新货物抵达并卸载下来之前的市场所需

3）库存持有成本：持有库存虽然可以通过规模经济、预防需求变动等降低成本，但库存在另外几个方面也引起了成本的增加。库存持有成本主要有以下几个方面：资金的内部成本，存货价值经常占了企业流动资金的很大一部分，每单位资金的内部成本乘以存货价值就是存货占用资金的内部成本；存储费用，存储环境的控制、安全、保险、管理等方面所引起的成本的增加；产品过期或变质，如食品的变质、时尚产品错过最佳销售时机，这些都会引起成本的增加。

4）库存的分类：如表 6-22 所示。

表 6-22　库存的类别

库存的类别	解释
周转性库存	周转性库存旨在补充生产或销售过程中已消耗的物资，确保下一轮生产的物资需求得到满足，从而保障生产的连续进行
在途库存	在途库存是指在运输过程中产生的库存，即在航空、铁路、公路、水路等运输过程中的物资
安全库存	安全库存是指对未来物资供应的不确定性、意外中断或延迟等起到缓冲作用而保持的库存
季节性库存	季节性库存是针对受季节因素影响的商品或产品而设立的库存量，以保障生产和销售的平稳进行。以冰淇淋为例，其生产常因季节需求波动而受到影响，故需维护适量季节性库存

5. 物流信息系统

物流信息一般由两部分组成。一是物流系统内的信息，其是随着物流活动而产生的，涵盖了物料流转、作业、控制和管理等方面的信息。二是物流系统外的信息，其是在物流活动以外发生但对物流活动有影响的信息，包括供方信息、需方信息、订货合同信息、交通运输信息、市场信息、政策信息等。

本 章 小 结

本章内容主要分为四个部分，即渠道概述、供应链设计与管理、渠道合作与冲突、市场物流管理。本章对渠道策略在价值流通中的作用进行了深入探讨，并分析了渠道策略对企业成功的关键性影响。接着，介绍了渠道设计的原则和步骤，包括确定渠道目标、选择渠道结构、选择渠道成员等。此外，详细阐述了渠道管理的关键要素，如渠道权力与冲突管理、渠道激励、渠道协调等。本章讨论了渠道评估与改进的方法，包括渠道绩效评价、渠道改进策略等，为读者提供了关于渠道策略的全面认识，有助于企业优化渠道管理，提高市场竞争力。

参 考 文 献

常勇胜. 2009. 营销渠道：理论与实务. 北京：电子工业出版社

陈婧，李晨溪，袁浩宇，等. 2022. 分"酒"必合：五粮液集团中低端产品渠道变革之路. 大连：中国管理案例共享中心

陈明，罗航，邓海欣，等. 2022. 劲普蓄电池公司南非市场的渠道拓展之路. 大连：中国管理案例共享中心

张闯. 2016. 营销渠道管理. 2 版. 大连：东北财经大学出版社
庄贵军. 2018. 渠道营销管理. 3 版. 北京：北京大学出版社

【案例分析】

果酒营销创新：线上线下双渠道协作之路

资料来源：张莉，郭慧妍，何波，等. 2023. 果酒营销创新：线上线下双渠道协作之路. 大连：中国管理案例共享中心

思考题

1. 该果酒公司为什么要由传统营销渠道向网络营销渠道发展？

2. 该果酒公司在网络营销渠道发展过程中遇到了哪些问题？原因是什么？

3. 王总是如何解决所遇问题的呢？未来又该如何继续优化？

4. 该果酒公司的营销渠道问题给类似的中小型传统企业带来了怎样的启示？

第七章 价值实现：促销策略

【知识目标】

1. 掌握促销策略的基本概念、类型和作用，理解其在市场营销中的重要性。

2. 熟悉不同类型的促销工具和方法，包括广告、公关、销售促进和个人销售等，并了解它们的特点和适用场景。

3. 理解数字经济背景下促销策略的新趋势和变化，以及如何利用数字工具和平台进行有效促销。

【能力目标】

1. 能够根据企业的市场定位和目标客户群体，设计和选择适合的促销策略。

2. 制定和执行促销计划，以提高产品的销售和市场占有率。

3. 评估和分析促销活动的效果，根据反馈调整和优化促销策略。

4. 结合实际案例，分析和解决促销策略实施过程中可能遇到的问题。

【价值目标】

通过本章学习，学生应认识到有效的促销策略对于实现顾客价值、提升销售业绩和增强企业竞争力的重要作用。同时，学生也将意识到在促销活动中坚持诚信、履行社会责任的重要性，以实现可持续发展和达成企业社会责任的目标。

【思维脉络】

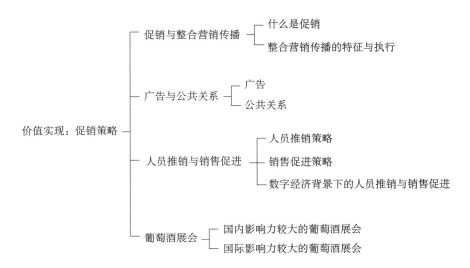

【营销观察】

夸张的号手

在一个繁忙的市场中，一位号手自信满满地宣称他的号角能够吹出最动听的旋律，吸引最多的顾客。他用尽全力，吹得号角震天响，果然吸引了众多围观的人群。然而，当人们靠近后，却发现号手的号角除了响亮外并无其他过人之处，甚至有时走调。顾客们失望地散去，号手的号角声最终成了市场上的一场闹剧。

【营销启示】

促销活动虽然能够吸引消费者的注意，但若无法提供实质性的价值，最终只会适得其反。企业在设计促销策略时，应确保其与产品或服务的实际价值相符，避免过度夸大或误导消费者。企业应认识到，真正的竞争力来自产品的质量、服务的体验，以及品牌的信誉。只有通过持续提供超越顾客期望的价值，企业才能建立起稳固的市场地位和良好的品牌形象。

在实施促销策略时，企业应注重与消费者的真诚沟通，通过实际行动赢得他们的信任和支持。同时，企业还应不断优化产品和服务，确保每一次促销都能为顾客带来满意的体验，从而在激烈的市场竞争中实现可持续发展。

【营销语录】

没有商品这样的东西。顾客真正购买的不是商品，而是解决问题的办法。

——哈佛商学院教授　特德·莱维特

推销的要点不是推销商品，而是推销自己。

——著名汽车销售员　乔·吉拉德

在购买时，你可以用任何语言；但在销售时，你必须使用购买者的语言。

——前美国教育部部长　玛格丽特·斯佩林斯

【政策瞭望】

以习近平新时代中国特色社会主义思想为指导，深入贯彻党的二十大精神，坚持稳中求进工作总基调，完整、准确、全面贯彻新发展理念，加快构建新发展格局，着力推动高质量发展，把恢复和扩大消费摆在优先位置，优化就业、收入分配和消费全链条良性循环促进机制，增强消费能力，改善消费条件，创新消费场景，充分挖掘超大规模市场优势，畅通经济循环，释放消费潜力，更好满足人民群众对高品质生活的需要。

——国家发展改革委《关于恢复和扩大消费措施》

在当今竞争激烈的商业环境中，企业的价值实现不仅依赖于产品或服务的固有质量，更在于其能够通过有效的市场策略将这些价值传递给消费者。促销策略在这一过程中发挥着核心作用。本章将详细探讨如何通过一系列精心设计的促销活动来最大化企业价值，涵盖从传统广告、公共关系到数字营销和体验营销等多方面。分析这些策略的有效性及其在不同市场条件下的适用性，探讨如何将它们整合为协同一致的整体，以实现营销传播的最大化效果。通过深入的案例分析和实际应用讨论，本章旨在为读者提供一个系统的促销策略框架，以便在实际商业运作中有效应用，推动企业持续增长和市场价值的提升。

第 1 节　促销与整合营销传播

一、什么是促销

1. 促销手段

促销是指企业通过短期激励手段来增加产品或服务的销售量、提高品牌知名度或改善企业形象的一系列活动。促销活动旨在激发消费者的购买欲望，加速购买决策过程，从而在竞争激烈的市场环境中获得优势。常见的促销手段包括折扣促销、优惠券、捆绑销售、赠品促销、抽奖、限时促销、满额折扣等。

1）折扣促销：指以百分比或固定金额为折扣直接降低产品价格以吸引消费者购买。例如，一件上衣打八折，一条裤子减免 20 元。直接面向消费者，利于消费者理解。

2）优惠券：指消费者可以在购物时抵扣金额的优惠券，与折扣不同的是，优惠券促销传统意义上指实体优惠券。随着信息技术的进步，实体优惠券渐渐被电子优惠券所取代。区别于折扣促销，优惠券可以实现精细化促销对象，有选择地给目标客户发放优惠券，重点促进某些关键用户的消费。

3）捆绑销售：指将多个产品捆绑在一起销售。优势在于能够通过优势产品带动劣势产品的销售量，清理库存，并且提高总销售额。例如，奢侈品消费中，热门款通常要求"配货"购买，想要购买热门产品 A，需捆绑购买另一个产品 B。

4）赠品促销：指购买产品时附赠特定产品或礼品。优势在于提高售卖商品的附加值，增强吸引力。例如，购买一个手机，赠送一个手机保护套。与捆绑销售的区别在于，捆绑销售的两者都是商品，而赠品促销一个是商品一个是赠品，赠品不需要消费者为其付费。

5）附加赠送：指购买一款产品，赠送消费者比标定数量更多的该款产品。例如，购买一款 1000 毫升的洗发露，赠送一支 200 毫升的小瓶装。

6）抽奖：消费者购买产品或参加活动后有机会参与抽奖活动。通常抽奖奖品的价值更大，因而给予大众更大的激励使其参与其中。

7）限时促销：指在特定时间范围内提供折扣或其他优惠。优势在于通过时间限制创造紧迫感，促使消费者购买。同时，也可以实现在商家所需的特定时间范围内实现销售额的大量增长。例如，购物平台的"双 11"购物节等。

8）满额折扣：指购买额达到一定数量或购买商品达到一定单位时，提供特定的销售折扣。优势在于设定一个能够满足商家目标的门槛，增加销售量和销售总额。例如，网购平台全场跨店满 500 元减 200 元；服装店满 5 件打 8 折。事实上这是一种折扣促销的变种，近年随着网络购物的发展愈发流行。

9）样品试用：指提供给消费者试用产品的机会。针对一些特殊性质（如无法退换、产品效果因人而异）的产品，获得消费者的信任，促成消费。例如，化妆品、香水的试用小样。

10）陈列促销：指产品的特殊陈列方式，如陈列在超市引人注目位置或在带有品牌标识和特色装饰的品牌陈列柜专门陈列该品牌的商品；置于超市收银处的口香糖、糖果。这种方

式能够吸引消费者的注意，促使消费者进行原本没有购买计划的消费。

2. 促销对象

消费品公司的客户不仅仅是"C"端个体消费者，还包括"B"端团体客户，如零售商、经销商。对于终端个体消费者来说，促销的目的即给予他们激励以促成购物消费的发生。对于团体客户来说，促销活动可能有如下意义：①帮助新产品进入市场走上货架；②拥有更好的产品陈列位置；③店内其他品牌宣传：如广告海报等。例如，甲城市的超市有 A 可乐和 B 可乐两种可乐品牌，两种可乐的成本价都是 1 元，卖给经销商、零售商的价格都是 2 元，客户在经销商处购买的最终支付价格是 3 元。甲城市的 A 可乐区域经理与当地最大的零售超市达成促销协议，将可乐卖给零售商的价格降低为 1.9 元，从而获得在该超市内饮料区域一个专门的产品陈列柜，从而压制竞争对手，赢得更多消费者。

二、整合营销传播的特征与执行

1. 整合营销传播的特征

整合营销传播（integrated marketing communication，IMC）是一种确保所有形式的营销传播（如广告、公关、直接营销、销售促进等）在不同渠道和方法上保持一致性的管理概念和过程。其核心目标是通过统一的信息和品牌形象，向消费者传递清晰、一致的信息，提高营销效率和效果。其关键特征包括以下几点。

（1）一体化传播　　确保公司和品牌信息在各种传播渠道中的一致性是品牌构建牢固的基础。冲突的品牌形象一定不会带来品牌价值的增加，而一致的品牌形象才能为品牌的增值提供可能。在 20 世纪 80 年代，人们在购物时越来越关注品牌，市场上也有了越来越多的品牌和多种多样的传播渠道，如何管理品牌在各大渠道中的形象催生了"整合"的需求，因此整合营销传播一定程度上是迎合品牌构造、品牌增值的需求而兴起的理论。正如品牌专家凯文·凯勒所说，"建立和合理地管理品牌资产已经成为所有公司、所有行业、所有市场都必须优先考虑的事"。

（2）多渠道传播　　在网络技术高度发达，渠道媒体多样化的今天，整合营销传播能够有效利用多种传播渠道，如电视、广播、杂志、报纸、互联网、社交媒体等，以覆盖更广泛的受众。实现高触达高覆盖的同时，整合营销传播的"整合"强调不同渠道的协作，提高效率，避免不同媒介间的重复化传递。

（3）故事化传播　　品牌故事和企业文化是提升品牌价值的途径之一。通过讲述品牌故事和用户体验，以情感化的方式传递品牌价值和形象。

（4）效果评估与调整　　在过去，营销常常被赋予"想象""不切实际""没有依据"的刻板印象。当代营销随着自身的理论进步和外界的技术进步，也越来越强调客观的指标与标准的量化。这是舒尔茨口中的"可衡量性"和"可问责性"，整合营销传播从战略上看，需要为企业有效地衡量其短期和长期回报，使营销传播的各项投入都体现出明显、独特的价值。从具体战术上看，整合营销传播能通过数据分析和市场反馈，点对点触及顾客，留存、分析顾客信息，精细量化、评估各种传播渠道的效果，并根据结果对营销活动进行调整和优化。

（5）品牌合作与联合营销 与公司有着良好关系的其他公司和品牌也是资源和渠道之一。整合营销传播包括与其他品牌或相关行业进行合作，共同开展营销活动，以扩大品牌影响力和市场覆盖范围。例如，在2022年下半年，上海米哈游网络科技股份有限公司旗下的《原神》和百胜中国控股有限公司旗下的必胜客、肯德基达成合作，《原神》游戏中一些可爱的游戏角色与必胜客、肯德基的餐厅环境相结合，一方面映现了玩家的游戏体验，吸引玩家到店消费；另一方面，餐厅氛围相对自由，以及《原神》和肯德基、必胜客的顾客群体重合度较高，使得玩家和非玩家食客都能在餐厅内自发地创造、享受与游戏文化相关的自我展现活动，产生共鸣。

（6）个性化传播 某种程度上来说，关注个体顾客的需要是营销的最高追求，营销学界也在不断地改进理论以实现将市场细分到个体顾客。整合营销传播贯彻了这个理念，要求充分考量不同渠道消费者的特点和偏好。并且随着网络技术的进步，整合营销传播能够真正做到开展个性化的传播和定制化的推广活动。

2. 整合营销传播的执行——五步骤

美国西北大学教授唐·舒尔茨所提出的整合营销传播计划的五个步骤如下所示。

（1）明确现有顾客和潜在顾客 对于营销来说，了解谁是你的目标群体永远是不可或缺的一步。营销管理常规运用的分类标准包括：种族、年龄、性别、学历、地理位置等，这些标准的运用建立在市场是同质（homogeneous）市场这一前提下。但是舒尔茨提出整合营销传播应当以人的具体行为来划分客户群体。在这一原则下，最原始的三个群体可以划分为：现有顾客、竞争对手顾客和新用户。在此基础上，可以再细分为高频率购买用户、高客单价用户等。将现有顾客和目标潜在顾客以行为为基准分类后，再用其他的数据填充，如年龄等，使得用户画像更加清晰明确。

这一方法是基于异质（heterogeneous）市场的原则。划分群体的初始依据是是否完成购买（包括购买自己的产品和竞争对手的相似产品）的行为。这一行为映照出营销的根本目标——是否完成销售。因此可以说，这一理论更加适用于非进入期［产品生命周期理论：一个产品会经历四个阶段，进入期（introduction）、成长期（growth）、成熟期（maturity）、衰退期（decline）］的产品，有助于改进、提升已有的产品或维持现有的市场地位。

（2）衡量目标顾客价值 尽管有时可以将顾客看为同质的，但无法否认，每一位顾客的价值一定是因人而异的。顾客的价值可以且必须得到衡量，尽管营销人员应该秉承为顾客服务、顾客是上帝的态度，但此时对顾客的"物化"也是为了更好地交换价值。顾客价值不是一个新概念，常见的计算方法有CLV法（customer lifetime value）：

$$CLV=(M-c)/(1-r+i)-AC$$

式中，M为顾客所能创造的利润空间；c为针对于这个顾客所花费的营销传播/促销成本；r为客户的留存率；i为市场利率；AC则是为了获得该客户的一次性成本。

CLV法主要关注消费者的实际消费所带来的边际效益，而舒尔茨和沃尔特斯提出了另一种更贴近整合营销传播的关注品牌价值的方法，叫作CBV法（customer brand value）：

$$CBV=P\times BR\times SOP\times CM$$

式中，P为市场渗透率，即该产品的顾客占同类产品的顾客总数的比例；BR为类别购买率，即个体消费者在一定时间内对于该类产品的需求量，时间区间一般为一年；SOP为消费

占比，即顾客在该类别的产品消费总额中，有多大比例是消费在该产品上的；CM 为边际收益，即该顾客购买一个该产品给该公司带来的毛利。

CBV 法主要是从品牌价值的角度衡量消费者价值。它与 CLV 法逻辑上的主要差别在于 P 和 SOP 这两个变量。这两个变量乍一看好像是同一个概念，都是市场份额。但实际上它们是 CBV 法逻辑的关键之处，P 强调消费者占比，SOP 强调消费金额占比，这两者的差异，就是品牌所带来的价值。如品牌价值高，则 SOP 高于 P；品牌价值低，则 P 高于 SOP。

（3）制定并传播信息和激励计划　　首先要思考这次传播计划的目的是什么，是在于向消费者简单介绍产品，留下印象（to inform）？还是说服消费者进行购买（to persuade）？还是巩固在消费者心中的地位（to remind）？这与前面提到的产品生命周期相关。

（4）评估顾客投资回报　　关键绩效指标（key performance indicator，KPI）是职场上一种简单的评估办法，其以一些关键指标为基准，如月销售额、新增客户数量、铺货率等，以此衡量市场表现是否达到公司预期。另外一些高阶的、详细的财务分析知识在这里暂时不赘述。但是值得注意的是，营销活动的成功与否有时并不直接等同于当下销售额的增减。

（5）项目复盘和未来规划　　整理该次计划的得失，以便新一轮的投入计划。舒尔茨提出的五步法是一个闭环的计划系统，以便追踪整个营销传播计划的短期和长期增益。

此外，还有一种 6M 理论框架也同样适用于整合营销传播计划的规划，可用于进入期的产品，填补舒尔茨五步法的不足。

传播目标（mission）
↓
目标群体（market）
↓
项目预算（money）
↓
内容和传播渠道（message+media）
↓
效果评估（measurement）

3. 案例分享

大众汽车（Volkswagen）公司是一家享誉全球的德国汽车制造商，旗下成功的车型有帕萨特和迈腾。2002 年，大众推出辉腾（Phaeton）车型，这款车被设计为豪华车型，售价在 100 万元人民币左右。这是一款凝聚了大众汽车集团高层的心血和期待的车型，力图与久负豪华经典车型盛名的奔驰 S 级同台竞技。然而，这款车上市之后，在全世界的销量都十分惨淡，甚至在不少地区都面临停产停售的窘境，问题出在何处呢？

从营销管理的角度说，辉腾的产品定位并不存在致命问题，因为它确实能被称为一款豪华车型：做工精细，数万个零部件皆由大众汽车集团资深员工手工安装；用料豪华，无处不在的皮革与名贵材料；动力充沛，搭载大众汽车集团的集团之宝 W12 发动机。如此豪华的车型，100 万元的售价似乎比奔驰 S 级还具备性价比，为何消费者不买账呢？

从整合营销传播的角度来说，辉腾这款车型与消费者心中的大众汽车的印象相去甚远。

从名字上来说，Volkswagen 的英语翻译就是 people's car，人民的、大众的汽车。人们早就习惯了大众汽车所制造的平价而高性价比的家用汽车，而不是奢华的商务汽车。更重要的是，辉腾在不同渠道上传播出了不一样的信息：一方面，在广告上竭力展现其奢华、出色的形象；另一方面，面临销售困境后，又推出降价促销，让消费者越来越难以相信这是一款媲美奔驰的豪华车型。很明显，在制定激励计划上，辉腾是不足的。如果大众汽车高层在事前能够分析其竞争对手的顾客和新顾客（没有现有顾客，因为这是第一款大众汽车豪华车型）的价值，并且与获取成本相比较，或许他们会发现大众汽车的品牌价值不足以支撑辉腾从奔驰获得顾客，从而取消该车型的生产计划。

第 2 节　广告与公共关系

一、广告

1. 什么是广告

广义上讲，任何组织面向他人的信息传播都算是广告。广告的学术定义：广告是由可识别的出资人通过各种媒介，通常是有偿的、有组织的、综合的和非人员性劝服的，进行有关商品、服务和观点的信息传播活动。在营销商业的狭义上，一个组织付费将想要传达的信息展现在媒介上以促进商品的销售就是传统意义上的营销广告。

随着时代进步，无偿、无组织的广告也越来越多。在整合营销传播和改进商业观念（如强调企业社会责任）的大趋势下，广告与其他传播工具融合协作的机会越来越多。比如，一个企业发布自己的某款产品是如何的低碳环保，消费者很难去强行划分这是广告还是公共关系。因此，在整合营销传播的视角下，不能孤立地学习广告，要全面与其他营销领域和工具的知识互动融合。

2. 广告与媒介

媒介与广告密不可分。从所有权上来说，媒介可以分为三种。

（1）付费媒介（paid media）　　指付费给媒介所有者以获得在该媒介的展示机会。比如，最常见的电视广告，品牌商付费给电视台。选择在付费媒介上打广告的优点在于：选择多样，从电视节目，到户外广播屏，再到大巴车身涂鸦；能够快速地接触到大量消费者。缺点在于：费用高昂；受众和广告发布者的沟通有一定障碍；随着大量商家在流行媒介上竞争购买广告位置，消费者易对广告感到疲劳，转化率低。

（2）自营媒介（owned media）　　指所有权归商家自身所有的媒介。例如，肯德基在新浪微博的官方账号。自营媒介的优点不仅仅在于没有费用，更在于它的所有权归属处于商家掌控之下，易于和受众沟通。

例如，一位顾客在肯德基新浪微博宣传疯狂星期四活动的广告下提出了自己的意见，肯德基可以立刻再发一条微博回应，而如果是电视广告，肯德基不可能因此再发一条电视广告专门回应。另外，当下流行的社交媒体，如抖音、小红书、哔哩哔哩等，都采取个人账号关注制，因而一定程度上说自营媒介是当下应用最广泛的。关注制度下，商家在账号下发的广

告，受众群体更忠诚。这样一来既有着更高的转化率，粉丝也可以在评论区进行自发的二次文化创作，自建品牌社区。但问题也同样明显，它的传播是大大受限的，并且考虑到没有成本和相对缺少审核，商家在自营账号发布的信息，给人感觉的可信度往往不如付费媒介高。

（3）赢得媒介（earned media）　　指自发地无利益关系地宣传某个产品、商家的个人或团体，即口碑（word of mouth）。它的优点是，对于被宣传的人来说，朋友的推荐有着较高的可信度，留下较深印象而且转化率也较高。缺点在于效率较低，覆盖范围小。

这三种媒介并不是互斥独立的，特别是在强调整合营销传播的今天，商家可以根据需要转换使用，或者融合使用这三种媒介。例如，假设肯德基希望在新浪微博扩大疯狂星期四的影响力，于是向微博平台购买流量，将自己的推文推荐给更多非粉丝用户；同时，肯德基发现了一个自己的忠诚粉丝经常在账号上宣传肯德基的产品，因此与其达成合作，向其支付一定奖金以鼓励其继续宣传。

3. 数字广告

数字广告一般有两类：展示广告（display ad）和搜索广告（search ad）。

（1）展示广告　　展示广告是指一种以图像、图形、文字和多媒体内容的形式在网站、移动应用程序和其他数字平台上展示的数字广告形式，通俗来讲就是向网站或其他数字媒介购买一个固定的位置以展示自己的广告。旨在在用户浏览数字媒介时，吸引用户注意，促成用户互动。它的形式多种多样，有在网站的海报展示的广告，也有在视频开头、中间、结尾的广告，可跳过的广告（如果用户选择跳过则视为无效投放，无需向平台付费），互动广告（如邀请用户填写资料）等。

假设有一个很受欢迎的综艺节目，有 12 个商家希望能在这个节目投放广告，竞争综艺开头的 8 个广告位，他们应该怎么做呢？首先要明确的一点是，广告位的确有优劣之分，有着第一、第二、第三广告位的区别。通常来讲，开头的广告好于最后的广告好于中间的广告〔新近性理论（recency theory）〕。这 12 个广告商为竞争广告位要做的就是竞拍。竞拍的规则——价高者得，无需过多解释。但是在数字营销中，有一个特殊的竞拍规则，叫作第二价格拍卖（second price auction），即竞拍成功者的实际交易价格是自己下一顺位的出价。假设有第一、第二广告位，总计有 A、B、C 三个公司参加竞拍：

A 出价 10 万元；B 出价 8 万元；C 出价 7 万元

毫无疑问，A、B 两家公司赢得了这两个广告位，A 赢得了开头的第一广告位，B 赢得了旁边的第二广告位。根据上述规则，A 支付给流媒体平台的价格是 B 出价的 8 万元，B 支付给流媒体平台的价格是 C 出价的 7 万元。

采取第二价格拍卖原则的原因，主要是为了调节竞拍者的支付意愿，避免过高出价或过低出价，激励竞拍者以自己的最高可行支付意愿出价（图 7-1）。

图 7-1　出价及实际最高支付意愿（来源：编者绘）

想一想，假如你是 A 公司，成交价格（即第二顺位竞拍者的出价）如果分别位于 X 点左侧、X 点和 Y 点之间、Y 点右侧，会发生什么？如果 X、Y 点互换位置，这三种情况下又会发生什么？

（2）搜索广告 搜索广告是指商家通过支付搜索引擎（如百度、淘宝）一定费用，以在搜索引擎的搜索结果页面上显示他们的广告。例如，在百度搜索"牛奶"，前几位的搜索结果都是某品牌的广告，这是一种最常见的搜索广告，向搜索引擎付费，以获得用户搜索某些关键词时的页面上最显眼的展示位置和广告推荐。

如同展示广告，搜索广告同样有第一、第二广告位，也同样采取第二价格拍卖的原则。但是搜索引擎相比其他平台，更具"权威"属性，也因此有着更高的社会责任要求，否则就会产生一些道德甚至法律问题，如 2016 年的魏则西事件，百度对其展示的搜索广告缺乏审查与管理，造成了令人痛心的结果。

 相关案例

2016 年魏则西事件

2016 年的魏则西事件是一起在中国社会引起广泛关注和讨论的事件。魏则西是西安电子科技大学的一名学生，他于 2014 年被诊断出患有罕见的滑膜肉瘤。在寻求治疗的过程中，魏则西通过百度搜索引擎找到了北京某医院的"生物免疫治疗中心"，并接受了该医院提供的生物免疫疗法。然而，这种疗法已经被淘汰，而且并没有达到预期的治疗效。魏则西在 2016 年 4 月 12 日不幸去世，他的去世引发了公众对于网络虚假医疗广告和医疗监管问题的深刻关注和讨论。

为了避免这类问题重演，搜索引擎也在不断改进其自身的竞拍规则。例如，谷歌在竞拍中采取了一个叫品质分数（quality score）的参数，来反映竞拍者的商业品质。将品质分数乘以出价，即为实际分数。再以 A、B、C 公司为例：

A 出价 10 万元，品质分数 5，实际分数 50

B 出价 8 万元，品质分数 10，实际分数 80

C 出价 7 万元，品质分数 8，实际分数 56

因此，B、C 竞标成功，B 的成交价格为 7 万元，C 的成交价格为其下一顺位竞标者的出价。

（3）衡量数字广告的效果 在竞标、投放了数字广告后，自然要考虑其实际效益是否真的达到了预期的效果，衡量广告效果最重要的概念之一就是 A/B 测试。

A/B 测试与对照实验类似，首先要分别设置一个实验组和对照组，前者被投放了广告、后者则没有。其次要做到两个组之间，除要观察的属性（如购买率）外，其他属性（如年龄、性别、地域）在统计意义上完全一致。如何检验其他属性在统计意义上是否完全一致，从统计学基础上讲，可以将其他属性进行 T 检验，比较 p 值与置信度的大小关系。在证实了实验组和对照组有效后即可检验实验组和对照组之间想要观察的变量是否有显著差别，即广告是否真的有效带来销售量的增加。同样可以针对观察变量再进行一次 T 检验，以确定实验组和对照组的购买率是否有显著差别。

4. 广告与传播模型

在探讨好广告的要素前，营销人员必须先了解传播学，因为广告的核心便在于通过视频或图片将信息传达出去。

图 7-2 是当下传播学广泛使用的传播模型。信息（message）的发送方（sender）首先将自己的信息"编码"（encoding），即将自己的信息选择某种表达方式进行加工，如拍一个视频讲述一个品牌故事。然后将编码过后的信息置于选择的渠道（channel），接收方（receiver）在渠道收到你的信息后，进行"解码"（decoding），即接收方对于信息的个性化解读，最后了解到经过自我解读后的信息。之后，接收方会有自己的反应（response），通过种种方式，如购买商品，让信息发送方收到反馈（feedback），发送方再改进自己的信息传播过程，完成一个循环。同时，整个过程充满了影响双方判断的"噪音"（noise）。

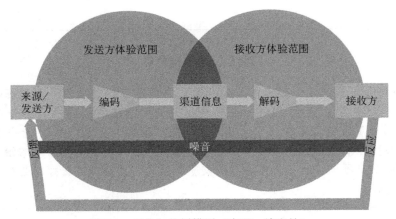

图 7-2　广告与传播模型（来源：编者绘）

在此过程中，有两个重要的节点影响着传播是否成功：第一个节点是编码和解码的过程，一个原始的想表达的信息，编码的过程让它的意义可能改变了一点，解码的过程让它又改变了一点，最后呈现给受众的信息是否还是原始的意思？第二个节点是反应的表达和反馈的接收。发送方能否正确解码，了解到接收方经过编码的真实的反应，从而得到自己这次传播过程真正的反馈？

这两个节点非常重要，又充满了风险，但是有一个环节是能够更好掌控的，那就是蓝色环形图案代表的发送方体验范围（sender's field of experiment）和绿色环形图案代表的接收方体验范围（receiver's field of experiment）之间的渠道。这里是双方在一次传播体验中所能共同感知到的领域，因而，广告选择好的渠道有助于将信息更轻松、更清晰地传达出去，也让顾客更愿意响应呼吁。

5. 什么是好广告，怎样写一个好广告

（1）广告创作三要素

A. 了解要推广的产品　　如果要给一个产品做广告，那么首先要做世界上最了解这个产品的人，即便是对于第三方广告公司来说。如果自身对这个产品的优势、特点、不足都不够了解，又怎么能将这些信息巧妙地在广告中"编码"并传递给受众呢？

B. 了解目标受众　　了解目标受众的特征、需求和偏好，清晰用户画像，确保产品符合他们的需求，这样的广告才有传播力和影响力。

C. 了解广告目标　　明确广告希望达成的目标，是仅仅希望介绍产品，给受众留下印象？还是说服受众购买？还是维护产品的形象，避免受众遗忘？明确传播的目标，才能设计出有针对性的广告内容和广告形式。

（2）内容的科学编排　　广告脚本的写作是影视传媒的专长，但是也有一些营销领域的元素。我们知道，广告是要传递某种信息，鼓励受众进行某种行为，它的呼吁（appeal）分为两种：情感呼吁（emotional appeal）和理性呼吁（rational appeal），前者强调从情感上打动受众；后者强调从理性上说服受众为什么需要听从我的广告。这两者在广告中是穿插融合使用的，并非互斥。此外，一类产品，如快消品、耐用品、工业品，通常有着行业惯用的广告模板。以快消品的视频广告为例，它的设计通常包含如下要素：以标题或开头语吸引观众注意；展示一个消费者的问题或需求；提出自己的产品可以解决这个需求；通过多元途径（消费者反馈、专家研究等）证明产品可以解决该需求；呼吁消费者采取行动。

（3）形式的创意创新　　开发有创意和吸引力的广告内容和设计，并与竞争对手有区别，以引起消费者的兴趣和情感共鸣，从而增加广告的效果和影响力。

相关案例

中国服装品牌恒源祥在 2008 年北京奥运会期间有一条非常著名的广告，内容就是恒源祥+三次重复十二生肖名，如"恒源祥，羊羊羊；恒源祥，鼠鼠鼠"。有人可能认为，重复呆板的内容，在央视 2008 年奥运会这种黄金时间段还播出 1 分钟，如此"高价"而"低质"的广告，怎么能算得上合格呢？但是，即便是在十多年后的今天，这条广告仍然能激起很多人的回忆，进而让人想起恒源祥品牌，那就足够说明这条广告的成功。这条广告的成功也提醒了其他企业，除了在视觉的形式创新，听觉的形式也可以创新。在未来，嗅觉、味觉的广告也将成为可能，因而对广告者的创造力有了更高要求。

（4）传播渠道　　根据用户画像选择适合目标受众的广告传播渠道，并制定合适的媒体计划以最大化广告的曝光和覆盖面。

（5）一致性和品牌价值观　　例如，整合营销传播的要求，确保广告内容与品牌形象保持一致，增强品牌认知和品牌忠诚度。

（6）事前测试和事后评估　　考虑到成本及品牌形象，每一个广告发布前都应该深思熟虑。对此，企业既可以进行市场调研，研究市场是否还有该类产品空间，以及广告可能带来的回报，也可以针对广告进行试点测试，在一个小地区/平台进行小规模试点或者邀请志愿者进行测试。测试的方式在过去可能常用问卷调查，但是随着消费者行为研究技术的进步，越来越多的科技可以应用于此，如目光追踪器可以关注受试者在关注什么，以及脑电波、心电波测试等。

企业还需要了解广告的效果和影响，在广告运行期间进行实时监测和评估，以便根据数据和反馈进行调整和优化。在广告运行后进行统计整理，分析广告带来的边际收益，是否达到了项目预期和战略目标。

（7）合规和道德　　确保广告内容符合法律法规，避免误导消费者或涉及虚假宣传。法律法规相对来说比较清晰明确，但是，任何想成功的商业主体都还应重视不同地区的风俗习惯、尊重人民情感，秉持商业道德。

📖 **相关案例** ───────────────────────────

2021 年 6 月 30 日晚，某数码产品企业发布预热海报，宣布新机将选在 7 月 7 日晚上 10 点发布，而这正是 1937 年"七七事变"的发生时间，这一"巧合"随即引发中国网友质疑和愤怒。尽管该企业随后发布了道歉声明，但仍然遭到了中国网友的强烈谴责，并被处以罚款。

（8）明确预算　　总预算的确定一般有两种方法：一种是自下而上法，公司设立一个广告目标和计划，负责执行的员工根据自身实际需求上报预算；一种是自上而下法，公司管理层根据自己的想法，设定一个预算，让执行员工在这个预算内完成目标。

在自上而下法中，公司管理层通常采取的设定预算的方式有以下几种。

随意法：按照自己的经验或实际支付能力来确定预算。

销售百分比/销售额法：公司通常有多个产品线，根据不同产品的销售额的百分比或具体数额来确定某产品的重要性，进而确定给予该产品线的广告预算。

竞争对手法：参照竞争对手产品的预算确定自己的预算。

百分比设定法：有的公司可能专注于一个产品，将该产品的运营、广告、促销等开支分别划分固定百分比，进而确定广告预算。

（9）成本与收益计算　　进行投资回报分析，评估广告对销售和业绩的影响，以便优化广告投资的效益。从消费者的反应中了解广告效果，才能持续改进做出更好的广告。

正如前文传播模型所说的反应与反馈之间，编码与解码带来的困难，对于数字营销来说，互联网帮助消除了很多"噪音"，帮助企业轻易直观地了解到真实的信息。例如，企业可以精确统计，有多少位消费者进入带有广告的网页，多少位观看广告、点击链接进入了购买页面，多少位完成了购买。

但是，针对其他的一些传统营销方式，又该如何统计呢？一个重要的原则就是 A/B 测试，控制变量以实现对比对照，从而找出广告所带来的边际收益。衡量广告是否成功还有一些财务指标，最常规的就是衡量广告影响力和成本之间关系的千人成本（cost per mille，CPM），即每 1000 人接触到广告的成本。公式为

$$CPM=（广告成本/总浏览量）\times 1000$$

（10）持续学习和创新　　保持对广告市场的持续学习和关注，跟随新兴趋势和技术，不断创新和改进广告策略和执行方式。对于优秀广告的学习借鉴，能够帮助企业弯道超车，后来居上。

📖 **相关案例** ───────────────────────────

汉堡王与麦当劳的广告之"争"

汉堡王首先在公路边做了一个超大的户外广告牌，这个指示牌除了指引顾客去到 258 千

米外的汉堡王以外，超大的尺寸也能吸引旅客注意，起到品牌曝光的作用。汉堡王的竞争对手麦当劳也不甘示弱，但是麦当劳只在旁边放了一个正常尺寸的广告牌，直截了当地表明，麦当劳得来速餐厅只需往前开 5 千米。一个小广告牌就将自己的优势展现得一览无余，并且借助汉堡王如此大的广告牌衬托自己的小广告牌，更给人心灵上的冲击，有一种中国传统的"酒香不怕巷子深"韵味和"四两拨千斤"的巧妙（图 7-3）。

图 7-3　汉堡王与麦当劳的路边广告牌（来源：麦当劳官网）

　　麦当劳还专门拍下了这个照片作为一个新的海报，以及用这个场景做了一个视频广告，主要内容都是：因为有 1000 多家得来速，麦当劳总是离你更近。可以说麦当劳的学习和超越非常成功。

　　此后，汉堡王不甘示弱，也再拍了一个视频广告。视频中的夫妻，的确去了最近的麦当劳点了一杯咖啡，但他们点咖啡是为了在去汉堡王的路上提神。当他们到达汉堡王后，夫妻二人大口吃着汉堡王的汉堡，并说："这一点都不远嘛！"汉堡王的回应同样巧妙，他们大方承认了麦当劳的优势，但是也同样点出了自己品牌的独特魅力——美味的汉堡。在这个案例中，麦当劳和汉堡王都充分展现了自己的独特优势。

相关案例

广告在葡萄酒营销中的应用

　　贺兰山东麓葡萄酒的推广模式是一个全面而创新的市场营销策略，它通过一系列精心策划的广告和宣传活动，成功地提升了该地区葡萄酒的品牌知名度和销售业绩。这种推广模式的核心在于整合资源、创新活动和多渠道营销，具体体现在以下几个方面。

　　1）故事化广告：贺兰山东麓葡萄酒通过讲述品牌故事，强调其独特的地理和文化背景，以及葡萄酒的品质和工艺。这种故事化的叙述方式在广告中创造了情感共鸣，增强了消费者对品牌的认同感。

　　2）视觉和内容营销：在经销商大会、城市巡展等活动中，贺兰山东麓葡萄酒利用精美的展位设计、宣传册、视频和海报等吸引人的视觉元素，有效地传达品牌形象和产品信息。这些视觉广告材料不仅展示了葡萄酒的高端形象，还传递了产区的文化和历史。

　　3）数字广告和社交媒体推广：利用社交媒体、搜索引擎和电子商务平台等数字渠道，投放定向广告和搜索引擎营销（SEM），以提高品牌的在线可见度。通过精准的数据分析和用户定位，这些广告能够触及潜在的目标消费者，增加品牌的网络曝光率。

　　4）公关和媒体合作：通过与媒体的合作，发布新闻稿和专题报道，以及与知名博主、KOL 的合作，进行口碑营销和影响力营销。这些公关活动和广告合作有助于塑造品牌的正面形象，并在公众中建立信任和权威性。

　　5）体验式广告：在线下活动中，通过品酒会、葡萄酒文化讲座等形式，让消费者亲身体验葡萄酒的品质和文化。这种体验式广告不仅能够增加消费者的参与感和互动性，还能够直接促进销售转化。

　　6）跨界合作广告：与其他行业的品牌进行跨界合作，如与美食、旅游、艺术等领域的结合，通过联名活动或特别推广，创造新的消费场景和体验。这种跨界合作的广告策略能够扩大品牌的受众范围，并增加品牌的多样性和创新性。

二、公共关系

1. 什么是公共关系

　　根据美国公共关系协会（PRSA）的定义，公共关系是指在组织和公众之间建立互利关系的战略沟通过程。英国公共关系协会（CIPR）认为，公共关系的核心在于声誉的建立，因为声誉能促进理解与支持，进而影响观点和行为。简单来说，公共关系和整合营销传播类似，都是要维护形象，只不过前者强调在所有相关的群体面前树立良好形象，后者强调在所有渠道面前树立一致的形象。

2. 公共关系和广告的区别

　　在过去，公共关系和广告通常是两个独立的部门。比如，营销界著名的奥美公司，就有公共关系和广告两条独立的业务线。但随着整合营销传播观点的普及与践行，共同作为传播工具的公共关系和广告的界限不再那么清晰，中国市场上，相当一部分负责广告的营销团队通常也会承担公共关系的责任。但并不代表两者逐渐融合成了一个概念。明晰两者的区别，更有利于发扬两者各自的特点和优势。

随着商业越来越强调企业社会责任（CSR），公共关系的角色也越来越重要。在 CSR 中有一个重要的概念，利益相关者（stakeholder）。在过去，商业公司常常只关注股东（shareholder）的利益。但是 CSR 要求企业承担社会责任，关注所有利益相关者的利益，包括但不限于：股东、公司职员、合作者、竞争者、政府、社会团体、当地居民等，任何公司的存在会影响其利益的主体。CSR 对于利益相关者的要求非常适用于公共关系。整合营销传播也要求公司在消费者之外的群体维护一致、统一的形象（表 7-1）。

表 7-1　广告与公共关系对比

	广告	公共关系
活动范围	基本限定在产品层面	在公司、商业层面
宣传主体	侧重于宣传某个产品	侧重于宣传整个公司
互动对象	产品的潜在消费者	所有利益相关者
主要目的	促进产品销售	维护公司声誉
可信程度	一般较低，因为宣传者对于广告的控制较高	一般更高，公司对于自身在别人嘴里的口碑（WOM）更难控制
投资水平	一般需要付费	一般不需付费或费用较低
战略视角	一般聚焦于某产品促进销售的短时活动	一般是战略的、长期的、稳定的对于公司品牌形象的规划

3. 公共关系的执行

如上文所述，公共关系是与利益相关者的交流沟通，不同的利益相关者有不同的侧重内容。

雇员关系：上级代表公司形象和员工的交流沟通。比如，给全体员工定期发送公司内部商业合规和反贪污报告，彰显公司的价值观，扬善惩恶，并督促员工合规行事。

投资关系：定期举办股东大会，管理层汇报公司进展和价值观，增强投资者的信心。

对公关系：在合规的前提下与行业相关公司开展交流沟通、互赠礼品，维护行业和谐。

媒体关系：与记者和媒体机构建立良好的关系，以有效传达公司的新闻和行业见解，及时回应媒体的询问并提供准确的信息。

社区关系：通过赞助、合作、志愿活动或支持社会事业来回馈社区。例如，星巴克在全世界实行了数十年的咖啡豆产地农民权益保护计划，力求保障农民权益、保护产地生态安全和可持续发展。

公共关系的活动形式可以概括为以下几种。

1）公共宣传（publicity）：针对公司的某个事件邀请媒体或公关公司在媒介上进行宣传（图 7-4）。

2）观点表达/立场宣称：通过邮件、报纸等媒介发布文字或者视频表达公司对某个事件、议题、观念的态度。比如，哔哩哔哩表达对于时代的感激，对年轻人的积极向上的期许的年度视频《后浪》。

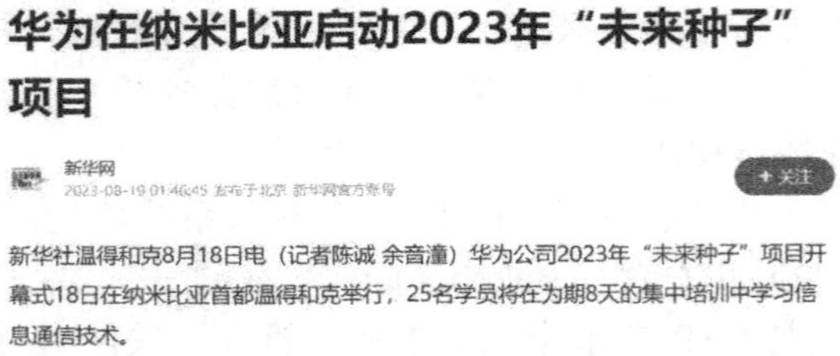

华为在纳米比亚启动2023年"未来种子"项目

新华网
2023-08-19 01:46:45 发布于北京 新华网官方帐号

◆ 关注

新华社温得和克8月18日电（记者陈诚 余音潼）华为公司2023年"未来种子"项目开幕式18日在纳米比亚首都温得和克举行，25名学员将在为期8天的集中培训中学习信息通信技术。

图7-4　新华网对华为"未来种子"项目的报道（来源：新华网）

3）赞助：赞助体育赛事等社会活动，增加公司品牌的曝光度。比如，中国企业成为2022卡塔尔世界杯最大的赞助商，海信、万达、蒙牛、vivo四家企业入选世界杯官方赞助商。

4）公益分享：将物质或非物质的财富无偿向公众分享。比如，鸿星尔克在面对河南7·20暴雨灾害时，低调捐款捐物，被网友发现后，各地群众纷纷以行动支持鸿星尔克。另外对于商业公司来说，智库内容也可以作为一种价值分享。通过博客、文章和演讲等方式，将公司高管或专家定位为行业的智库，分享行业见解、趋势和专业知识。这有助于树立信誉，强化公司的声誉。

5）危机管理：当公司在面临公众性丑闻或危机时，公司对该危机的管理与处理过程。这个业务成为当下中国公共管理的主要业务，一方面，传递积极信息的业务可能部分与营销部门结合。另一方面，大众对于品牌的关注度越来越高，一旦在公关危机的处理中有半点失误，都可能造成无可弥补的损失。

6）舆论管理：监控和管理在线声誉，保持对公司在线对话和评论的警觉。及时、专业地回应反馈，无论是正面的还是负面的，以维护正面的品牌形象。市面上有很多专业的舆论监控管理的平台，如梅花数据。

相关案例

葡萄酒企业如何维持公共关系

张裕公司作为中国葡萄酒行业的领军企业，在维持公共关系方面采取了一系列积极措施，这些措施不仅提升了品牌形象，也增强了与消费者、供应商、政府机构等利益相关方的良好关系。

1）发布环境、社会及治理（ESG）报告：张裕发布了ESG报告，披露了公司在可持续发展方面的实践和成果，展现公司对社会责任的重视和承诺。

2）参与社会责任活动：积极参与和倡导理性、健康、适度的饮酒态度，通过举办和参与各类公益活动，如"全国理性饮酒宣传周"，强化公司在社会公益方面的形象。

3）推动行业技术进步和标准化：致力于葡萄酒技术的研究与创新，参与制定了多项行业标准，如《酿酒葡萄》《橡木桶》等，推动整个行业的技术进步和产品质量提升。

4）供应链管理与合作：注重供应链的一体化建设，与供应商建立良好的合作关系，通过提供技术支持和仓储、配送平台，实现合作共赢。

5）产区发展与乡村振兴：在烟台等地区推动葡萄酒产区的发展，通过建设酒庄和葡萄种植基地，带动当地经济和乡村振兴，提升公司的社会责任形象。

6）数字化转型：积极拥抱数字化，通过智能化生产和区块链技术，提高生产效率和产品质量，同时增强消费者对品牌的信任。

7）文化传播与教育：通过传播葡萄酒文化和教育活动，如举办葡萄酒品鉴会和文化讲座，提升消费者对葡萄酒的认知和兴趣，同时强化公司的文化影响力。

第 3 节　人员推销与销售促进

一、人员推销策略

1. 人员推销的特点与关系营销

人员推销作为一种直接的营销手段，其核心优势在于能够实现与客户的即时互动和个性化沟通。销售人员不仅传递产品信息，更是品牌故事的讲述者和客户关系的维护者。在关系营销的框架下，人员推销的目标不仅仅是完成一次性的交易，而是通过建立长期的、互惠的客户关系来实现持续的业务增长。

1）个性化交流：销售人员需根据客户的具体需求和偏好，提供定制化的解决方案，从而实现个性化服务。这种服务不仅能够提升客户满意度，还能够促进口碑传播，吸引新客户。

2）长期关系维护：通过定期的跟进和客户关怀活动，销售人员可以维护与客户的良好关系，增强客户的忠诚度。长期关系的维护需要销售人员具备良好的沟通技巧和客户服务意识。

3）信任建立：在推销过程中，销售人员的专业性和诚信是建立客户信任的关键。通过提供准确的产品信息、遵守承诺和及时解决问题，销售人员可以赢得客户的信任，从而促进复购和推荐。

2. 人员推销的过程

（1）准备阶段　　在准备阶段，销售人员需要对产品或服务有深入的了解，并能够清晰地阐述其特点和优势。这包括了解目标市场、竞争对手分析、客户需求调研，以及制定具体的销售策略。此外，销售人员还需要准备销售工具，如产品手册、案例研究、演示文稿等，以便在与客户沟通时使用。

（2）接近阶段　　接近阶段是销售人员与潜在客户建立联系的第一步。这通常通过电话、电子邮件、社交媒体或个人介绍等方式进行。在这个阶段，销售人员的目标是吸引客户的注意力，并引起他们的兴趣，以便安排进一步的会面或沟通。

（3）展示阶段　　此阶段销售人员有机会详细地向客户展示产品或服务。这包括解释产品的特性、演示其使用方法、提供客户案例研究，以及讨论产品如何解决客户的具体问题。销售人员需要确保他们的展示是有说服力的，并能够针对客户的需求进行定制。

（4）处理异议　　即使在最有说服力的展示之后，客户也可能会有疑虑或异议。销售人员必须准备好回应这些异议，这可能涉及提供额外的信息、澄清误解或提出替代方案。处理异议的关键是保持耐心、倾听客户的需求，并提供令人信服的解答。

（5）**成交阶段**　　成交阶段是人员推销过程中的最后一步，销售人员在这个阶段努力将潜在的销售机会转化为实际的销售。这可能涉及谈判价格、讨论付款条款、安排交付细节等。销售人员需要具备优秀的谈判技巧，并能够识别客户的购买信号，以便在适当的时机提出成交。

（6）**后续跟进**　　销售完成后，销售人员仍需进行后续跟进，以确保客户满意并维护长期关系。这可能包括询问产品使用情况、提供额外支持、分享新产品信息或邀请客户参加公司活动。良好的后续跟进可以提高客户的忠诚度，为未来的销售创造机会。

二、销售促进策略

1. 销售促进的概念

销售促进是一种旨在短期内刺激销售的营销手段。它通过提供额外的价值或激励来吸引消费者，从而加速购买决策过程。

1）短期激励：销售促进通常涉及价格优惠、赠品、抽奖等短期激励措施。这些措施可以迅速吸引消费者的注意，并激发他们的购买欲望。

2）市场反应：销售促进活动可以迅速改变市场反应，提高产品的可见度和吸引力。然而，企业需要谨慎设计和执行这些活动，以避免对品牌形象造成长期的负面影响。

2. 销售促进的方式

1）价格激励：包括折扣、优惠券、买一送一等价格优惠措施。这些措施可以直接降低消费者的购买成本，刺激销量。

2）非价格激励：如赠品、样品、积分奖励等非价格激励措施。这些措施可以增加产品的价值，提高消费者的满意度和忠诚度。

3）促销活动的创意与执行：成功的销售促进活动需要创意并精心地执行。企业可通过独特的活动主题、吸引人的视觉设计和有效的传播策略提高吸引力。

3. 销售促进计划的实施

有效的销售促进计划需要细致地规划和执行。

1）目标设定：明确销售促进活动的目标，如提升销量、清理库存、增加市场份额等。目标应具体、可衡量，并与企业的长期战略相一致。

2）预算管理：合理分配促销预算，确保资源的有效利用。预算应根据预期的回报和市场反馈进行调整。

3）效果评估：通过销售数据、客户反馈和市场调研来评估销售促进活动的效果。评估结果应用于指导未来的营销决策和活动优化。

三、数字经济背景下的人员推销与销售促进

大数据分析的应用使得企业能够洞察消费者行为，从而制定出更为精准和个性化的销售策略。同时，线上线下融合的销售渠道策略不仅拓宽了市场接触点，也为消费者提供了更加

便捷的购物体验。智能化工具，如人工智能的引入，极大提升了销售人员的工作效率，尤其是在客户服务和数据分析方面。社交媒体的兴起为销售人员提供了新的互动平台，通过创造性的内容营销和用户参与活动，有效提升了品牌影响力和客户忠诚度。此外，数字化的客户关系管理（CRM）系统使得客户信息管理更加系统化、实时化，为销售人员提供了强有力的支持。在这个过程中，销售人员需要不断学习新技能，适应新的销售模式，而企业则应重视人才培养，确保团队能够紧跟数字经济的步伐，共同推动销售业绩的持续增长。

1. 数字经济背景下人员推销与销售促进的关键挑战与机遇

在数字经济的大潮中，人员推销与销售促进正站在一个新的历史起点上。这一背景下，销售人员不仅要面对数字化转型带来的技能更新挑战，还需适应消费者行为的快速变化和市场竞争的加剧。同时，新兴的数字工具和平台为销售人员提供了前所未有的机遇，使他们能够以更加高效、精准的方式接触和理解客户，实现销售策略的创新和优化。

（1）在机遇方面

1）数字化转型带来的新商业模式。企业可以通过数字化转型，创新商业模式，如利用云计算、大数据等技术提升服务效率和质量，开拓新的市场和收入来源。例如，2023年网上零售额15.42万亿元，增长11%，连续11年成为全球第一大网络零售市场。

2）数据驱动的决策制定。数字经济为企业提供了大量的数据资源，企业可以利用这些数据进行深入分析，从而做出更加精准的市场预测和决策。例如，跨国企业在中国市场的数字化营销中，通过数据分析识别目标客户，提高转化效率。

3）提升客户体验。数字化可以帮助企业更好地理解和满足客户需求，提供个性化的服务和产品。例如，沃尔玛中国通过数据化手段融合购物场景，增加与顾客的触点，提升顾客体验。

 相关案例

沃尔玛中国的数字化转型

沃尔玛在中国进行数字化升级时，实施了多种数据驱动的策略来整合不同的购物环境，并增加与顾客的互动机会，目的是提高顾客的整体满意度。核心策略是运用数据分析深入洞察顾客需求和购物偏好，提供更定制化和便捷的服务体验。

在门店方面，沃尔玛通过改进店面布局和设施，优化了顾客的购物路径，让顾客在店内更容易找到所需商品，从而节省时间，提升购物效率。此外，沃尔玛还增设了多个主题购物区，如应急用品区、儿童游乐区和新鲜果蔬区，这些区域不仅增加了顾客的购物选择，也提升了他们的购物乐趣。

沃尔玛还利用数据分析对商品组合进行了调整和优化。特别是在顾客喜爱的生鲜食品领域，沃尔玛不仅扩大了展示空间，还推出了自有品牌的高品质商品，如Marketside品牌的可追溯肉类和蔬菜，以及高端水果。这些措施旨在满足顾客对高品质生活的需求，同时提供具有竞争力的价格。

沃尔玛进一步增强了顾客的购物体验，通过引入先进的数字技术，如"腾讯优屏"智慧零售系统。顾客可以通过互动屏幕来获取商品详情、参与互动游戏，甚至领取电子优惠券。这种互动方式不仅让购物变得更有趣，还提升了顾客的参与感和满意度。

此外，沃尔玛还大力发展线上业务，优化了线上订单的处理流程，如扩大了线上订单的拣货区域。这样的改进实现了线上购物和线下服务的无缝对接，让顾客能够享受到更加便捷的在线购物体验，并且享受到快速的物流配送服务。这不仅提高了顾客的购物便利性，也加强了沃尔玛在电子商务领域的竞争力。

（2）在挑战方面

1）数字营销成本上升。随着数字化转型的加速，品牌需要通过多种数字渠道接触消费者，这导致了数字营销成本的增加。新冠疫情进一步推动了这一趋势，因为线下活动受限，品牌不得不增加数字化营销预算。

2）数字营销的复杂性增加。数字营销的渠道多样化，品牌需要在电商平台、社交媒体、视频平台等多个触点上与消费者互动，这增加了营销策略的复杂性和执行难度。

3）数字化转型的技术和管理挑战。企业在数字化转型过程中可能会遇到技术转型、人才缺乏、管理理念更新等挑战。例如，中小企业在数字化转型中可能因为资源有限而面临更大的困难。

2. 人员推销与销售促进的数字化转型

人员推销与销售促进的数字化转型是当今企业适应市场变化、提升竞争力的必由之路。这一转型不仅涉及技术的应用，更关乎企业战略、组织结构、人才培养，以及文化建设等多个方面的深层次变革。

1）技术应用与创新：数字化转型首先意味着企业需要运用先进的信息技术，如大数据、人工智能、云计算等，来优化销售流程和提升客户体验。例如，通过数据分析，销售人员可以更准确地识别目标客户群体，实现精准营销；利用人工智能，企业可以开发智能客服和销售助手，提高响应速度和服务质量。

2）战略调整与规划：数字化转型要求企业重新审视和调整其市场战略。企业需要根据数字化环境下的市场特点和消费者行为，制定新的销售促进计划和推广活动。同时，企业还需建立与数字化转型相匹配的长期发展规划，确保转型方向的正确性和实施的连贯性。

3）组织结构优化：为了适应数字化转型的需要，企业可能需要调整其组织结构，打破传统的部门壁垒，建立更加灵活和协同的工作模式。例如，设立专门的数字化团队，负责推动和实施数字化项目；或者构建跨部门的协作平台，促进信息共享和资源整合。

4）人才培养与技能提升：数字化转型过程中，企业需要重视人才的培养和技能的提升。销售人员不仅要掌握传统的销售技巧，还需要学习数字营销、数据分析等相关技能。企业可以通过内部培训、外部引进等方式，提升员工的数字化素养和创新能力。

5）文化建设与价值导向：数字化转型不仅是技术和战略的变革，更是企业文化和价值观的重塑。企业需要培养一种开放、创新、以客户为中心的文化氛围，鼓励员工积极拥抱变化，主动探索数字化带来的新机遇。

需要关注的是，人员推销与销售促进的数字化转型是一个系统工程，需要企业在多个层面进行综合考虑和协同推进，要求企业重新思考和设计人员推销和销售促进的策略。具体可以从以下三方面开展。

1）工具与平台：销售人员可以利用 CRM 系统、社交媒体平台和移动应用等数字化工具来管理客户关系、分析市场趋势和执行销售活动。

2）销售预测：通过数据分析，企业可以更准确地预测销售趋势，提前准备和调整销售策略。

3）线上线下融合：结合线上数字营销和线下人员推销的优势，提供无缝的客户体验。线上预约和线下体验店的结合可以提高销售效率和客户满意度。

3. 基于场景和功能划分的人员推销与销售促进策略

在数字化背景下，人员推销与销售促进策略的划分可以更加精细化和个性化，以适应不同场景和功能的需求。以下是基于场景和功能的推销与销售促进策略。

（1）体验营销　体验营销（experiential marketing）是一种通过创造和提供独特的消费体验来吸引和留住顾客的策略，它强调的是顾客的参与感和情感连接，而不仅仅是产品或服务的功能特性。通过直播带货、展销会和线下体验店等活动，提供沉浸式的购物体验，吸引消费者参与和购买。具体包括以下内容。

虚拟体验：利用虚拟现实（VR）和增强现实（AR）技术，为顾客提供沉浸式的虚拟产品体验。例如，顾客可以在虚拟环境中试用产品，或者通过 AR 技术在自己的环境中预览产品。

互动体验：通过社交媒体平台和移动应用程序，企业可以设计互动活动，如在线游戏、竞赛、投票等，让顾客参与其中，从而增加品牌互动和顾客忠诚度。

个性化体验：企业可以根据顾客的个人喜好和行为数据提供定制化的产品和服务体验，如个性化推荐、定制服务等（图 7-5）。

图 7-5　酒庄为顾客提供的整桶定制服务（来源：西鸽酒庄官网）

线上线下融合体验：结合线上数字平台和线下实体店的优势，提供无缝的购物体验。例如，顾客可以在线浏览产品信息，然后到实体店进行体验和购买，或者在实体店体验后选择在线下单。

（2）社交媒体营销　社交媒体营销指在社交平台上推广品牌、产品、服务，与消费者建立双向关系的实践。社交媒体是当下最流行的趋势之一，中国常见的社交媒体类型包括商

品体验分享类（小红书）、知识付费类（知乎）、聊天软件类（微信）、购物软件类（拼多多）等，其市场规模达到了 23 785.7 亿元①。

社交媒体的特点主要有以下几点。

用户之间点对点接触：不同于手机或邮件，用户使用社交媒体通常是出于非商业用途与他人联络，因此是用户个人之间的点对点接触。也因此，口碑（WOM）的角色也格外重要。

用户生成内容（UGC）：社交媒体上的大部分信息是由用户自主创作的。在这种情况下，用户通常较为肯定内容的真实性，倾向于相信其他用户的观点和反馈。

社会关系导向：社交媒体存在的根本意义在于使用电子产品来管理自己的社会关系，因此，社交媒体总会为用户提供属于自己平台的社交网络，不同的社交媒体会帮助用户维护不同领域的社交关系。例如，微博是分享生活日常、新鲜事的粉丝关注制度；领英是专注职业发展的双向连接制度；微信是促进信息交流的好友群聊制度。

由社交媒体的特点可知，口碑是社交媒体营销的关键和魅力所在。一方面，几乎人人都有社交媒体、人人都用社交媒体与他人联系，市场空间巨大；另一方面，因为口碑的突出地位，庞大的用户群体自身可以成为传播媒介，商家的信息可以以极低的成本达到极高的触达率。例如，一个品牌的官方账号以 0 成本在某平台发布了一个广告/营销活动，用户们认为其非常有趣，自发地与朋友分享、传播，甚至二次创作，这个广告/营销活动便成为一个爆款。这样的例子在互联网上每天都在发生，在社交媒体上的这样的活动叫作病毒式营销（viral marketing，形容信息传播得十分之快）。病毒式营销的魅力无需多言，因此，每个营销从业者都在探寻病毒式营销的奥秘，如何让信息在互联网上易于传播？目前，业内达成的共识是乔纳·伯杰（Jonah Berger）教授提出的 STEPPS 法则。

1）社会影响（social currency）：人们都喜欢那些让自己看起来过得更好、更有趣、更有身份象征的东西。这植根于人类的群居生活和社会等级的特性。

2）触发点（trigger）：一些简单好记的语言、动作或其他事物，以至于每当接触到它，都能激发起关于相关的记忆。例如，每个知名足球球星都喜欢设计自己专属的进球动作，每当 C 罗的招牌转身跳跃动作和声音"siu"被应用到一些他代言的产品广告中，消费者都能想起 C 罗本人。

3）感情渲染（emotion）：一些较为强烈的感情，能够唤醒、调动消费者的心智，使其更容易参与、浸入我们设定的情境中，如恶心、兴奋、惊讶、生气、恐惧。

4）公众性（public）：公众能够了解和参与的活动更易传播，人们也更容易模仿其他人正在做的事情。例如，哔哩哔哩近年来实现快速提升一个账号影响力的常见方式就是，通过抽奖活动吸引用户评论、转发、关注。

5）实用价值（practical value）：和人们生活息息相关，有实用价值的信息更容易传播。人们通常愿意分享与他们实际生活相关的问题，并采取措施来解决相关问题，解决的过程无形中也形成了与信息的互动。例如，2023 年 8 月 24 日日本决定排放核污染水，中国部分地区的超市出现了食盐抢购的情况，这与核污染水新闻的热度息息相关。

6）故事讲述（story）：让故事成为信息的载体，在故事中应用社会影响、触发点、感情

---

① 数据来源：https://www.iimedia.cn/c400/84604.html

渲染、公众性和实用价值。故事作为一种体裁，往往更容易记忆，并且传递信息与价值观，并让观众沉浸其中。试问，你是否还记得高中时学习的某一篇要求全文背诵的课文？但是你一定记得幼儿园听的诸如小红帽的童话故事。

相关案例

冰 桶 挑 战

近年来，世界范围内最成功的病毒式营销案例，非冰桶挑战莫属。冰桶挑战是指，参与者在网络上发布自己将一桶冰水从头淋下的视频。完成挑战后，在视频末可以点名三位人士在 24 小时内完成这个挑战，否则为渐冻症捐款 100 美元。这个活动的初心是为渐冻症患者筹集善款，并通过冰水的形式让大家感受渐冻症症状，提高对渐冻症的认识。这次活动筹集了约 2.2 亿美元的善款，无数的名人参与其中，更重要的是无法衡量的社会对于渐冻症的认识与关注。

用 STEPPS 法则来分析冰桶挑战成功的原因。社会影响：它既可以展现自己的爱心，同时也是以淋湿状态的新形象出现在镜头前的机会；触发点：简单、重复地将水从自己头上倒下的动作；感情渲染：对渐冻症的同情，以及名人浇冰水的刺激；公众性：人人都可以参加，且可以点名要求某人参与其中；实用价值：如果被点到不接受的话，要捐款 100 美元，但接受挑战后，又可以邀请自己的朋友参与其中，成为一个与朋友互动的机会；故事讲述：通过冰水的形式来讲述渐冻症患者的苦痛，来让人们与渐冻症患者感同身受。

（3）数字营销　　数字营销是随着当代信息技术发展而兴起的一个领域。它本质上与整合营销传播这样一个新型的营销理念不同，只是建立在一个新的介质上，尝试与经典营销理论融合并发展出一些带有数字媒介特点的一个营销领域。

如果说营销知识是一栋大楼，那么整合营销传播可能是将大楼早些年修建的一些旧的楼层进行修缮，并增修楼层；而数字营销则是在大楼的地基相邻处另起了一座新楼。数字营销的特点即数字媒介的特点，例如，即时性，数字媒介的高速使得营销者和顾客之间即时的沟通和互动变为现实；数据性，一举一动在数字媒介上都可以得到记载并保存，能够转化为可以衡量的数据以实现精细的分析；广泛性，数字媒介能够实现广泛的覆盖，打破地域的限制触达全球每一个角落；突破空间的限制，将全渠道媒介融合在一个小小的移动设备中。

A. 数字营销常用的数据分析方法　　归因模型：在实际营销中通常不会只采取一种数字营销方式，例如，先投放展示广告给客户，在用户搜索时又植入搜索广告，最后再通过移动电话给用户发送个性化营销信息。这个过程中先后有三个触点的参与，假如用户最终完成了交易，企业若要进行数据分析复盘，自然要衡量哪个触点对促成销售的作用更大。一般有三种基本归因方法：最后接触原则，全部归给最后一个营销方式；第一接触原则，全部归给第一个营销方式；线性接触原则，平均分给所有参与的营销方式。此外，不能只衡量完成了交易的客户，也要用同样的方法，分析那些触点接触了，但是没有购买的客户，与购买了的用户的数据对比分析出触点的实际功效。

社交网络分析：通过计算每一个节点（人）在社交网络中的"距离"和中心程度，绘制一个社交网络地图来显示社交关系。例如，张三和王五两家人互不相识，但张三和王五有一个共同好友，李四，那么两家人的社交网络便可以通过李四这个中心连接起来。这个概念与各大社交平台的推荐机制息息相关：一种是基于自身喜好的分析推荐，另一种是基于好友喜好的推荐。

图 7-6　词云图

词云、情感分析、主题建模：将三者归为一起是因为他们的步骤相似。三者都是基于一段文本的分析，他们的必经流程是文本拆分、提取词干、删除常用停用词、建立矩阵。首先，将文本的句子拆分为单个的单词，并将单词还原为原始基础形式（如过去时动词转化为现在时的动词），再删除那些没有意义的通用词，如"和""但"，再将净化后的单词建立矩阵以便于语言模型分析，可以简单地理解为将非结构化的数据转换为 dataframe（一种表格型数据结构）。之后运用编程软件中的功能包处理这些数据（图 7-6）。

情感分析是指，用预训练的情感模型来识别单词的性质（积极、消极或中性），并进行赋分，来分析这句话中的情感态度。可以简单地理解为内嵌了一本字典，每一个单词有对应的态度性质。主题建模也是用自然语言处理技术，分析文本中的语句结构，从语句中提取主题或话题，快速地了解大量文本中的主要话题。

B. 数字时代的商业伦理道德　　数字媒体，作为一种新的、流行的媒介，也自然产生了一些争议话题。

虚假营销：最受重视的社交媒体也是问题的高发区。比如，商家深知口碑的重要性，便以请水军等方式，冒充真实反馈，散布虚假消息。

数据道德：数字时代，数据是一个强有力的工具，但是数据获取、使用的道德议题层出不穷。比如，苹果的 iOS 系统一直以保护数据为产品亮点，与之相对的，安卓系统的许多 APP 被爆出不正当读取用户的数据隐私，用户是否在知情的情况下，自主地同意授权了数据的使用，甚至和其他公司分享？滴滴作为中国毫无争议的网约车翘楚，拥有着大量的用户数据，滴滴是否应该分析用户的数据，以及分析到什么程度？数据是否有向外国泄露的风险？

知识产权：社交媒体使得信息的交流十分便捷，人们越来越认识到信息的重要性，也因此，知识付费的概念也逐渐深入人心。在网络上的信息，只需复制粘贴就可以完成储存。但也正因如此，出现了很多侵犯数字知识产权的情况，相关的管理规定也还没有特别的完善。

信息责任：如前文所言，搜索引擎是有一定展现客观资料的义务的，如何平衡展示搜索结果和付费广告之间的关系？例如，用户搜索凯德拉克凯雷德，但却显示林肯探界者的结果，这是否影响用户体验？更甚者，如果付费广告商家对用户造成了侵害，搜索引擎是否应当承担责任、承担多少责任？

沟通频率：商家频繁跟消费者互动，是否会对消费者造成困扰甚至骚扰？

精准推送：尽管在数据的来源和分析是被允许的情况下，用分析技术将消费者揭露得"一丝不挂"，将精巧的人类转化为一个个冰冷的数据，是人类文明的体现吗？精准投放广告，投其所好，使其沉醉在自己的舒适区，是否是对用户负责任的行为？例如，虽说孩童的教育主要责任在家长，但是抖音的强大算法让偏远地区、没有自控能力和辅导人员的孩童上瘾，是否又合乎道德？抖音专注推送用户喜好的话题，但这是否会让人的眼界变得局限、观点变得偏执？

第4节　葡萄酒展会

展会不仅为葡萄酒生产商和分销商提供了展示和交易的机会，也为行业专业人士和爱好者提供了学习、交流和体验葡萄酒文化的平台。通过参加这些展会，参与者可以了解到最新的行业动态，建立有价值的商业联系，并享受葡萄酒带来的美妙体验。

一、国内影响力较大的葡萄酒展会

1. 中国（上海）国际高端葡萄酒及烈酒展览会（High-end Wine）

此展会是中国东部地区极具国际影响力的葡萄酒行业盛会。它以规模宏大、参展商家众多和专业观众数量庞大而著称。High-end Wine 展会专注于展示高品质的葡萄酒和烈酒，满足市场对于优质酒品的不断增长的需求。展会不仅是一个商业交流的平台，也是葡萄酒文化交流和知识传播的重要场合，吸引了众多国内外葡萄酒贸易商和专业人士参与。

展品范围包括以下几类。

1）各个品种的葡萄酒：红葡萄酒、白葡萄酒、桃红葡萄酒、干葡萄酒、甜葡萄酒等。

2）洋酒：白兰地、威士忌、伏特加等。

3）传统与时尚酒：白酒、黄酒、保健酒、啤酒、鸡尾酒、果露酒等。

4）葡萄酒器具及相关产品：酒起子、瓶盖、瓶塞、酒鼻子、木盒、酒柜、醒酒器具等。

5）酒桶、罐、器皿、包装、存储设备、物流运输等方面。

6）其他宣传品：奖章、证书、书籍、杂志等。

网址：https://www.high-endwine.com

2. 上海国际葡萄酒、红酒及烈酒贸易展览会（ProWine Shanghai）

作为中国葡萄酒与烈酒贸易的领先展会，ProWine Shanghai 每届都吸引了大量的国内外酒庄、行业合作伙伴和贸易商。展会提供了一个专业的交流和展示平台，让参展商有机会向业界展示他们的最新产品和创新技术。此外，ProWine Shanghai 还举办了一系列研讨会和大师班，为参会者提供了深入了解葡萄酒行业的机会（图7-7）。

图7-7　2023年ProWine Shanghai展会现场（来源：展会官网）

网址：https://www.prowine-shanghai.com

3. 全国糖酒商品交易会（China Food & Drinks Fair）

全国糖酒商品交易会，简称"糖酒会"，是中国食品和酒类行业的一项重要展会。这个展会历史悠久，始于 1955 年，每年举办春秋两届，是中国食品行业的重要"晴雨表"。糖酒会由中国糖业酒类集团有限公司主办，是中国规模大、影响力强的专业食品和酒类行业展会之一。

糖酒会的展览内容涵盖了食品、饮料、酒类及其相关产业链的各个方面，包括但不限于休闲食品、饮品及乳制品、调味品及配料、食材及进口食品、食品机械、食品包装及设计等。展会期间，不仅有大量的产品展示，还会有一系列的行业论坛、研讨会、新品发布会等活动，为业内人士提供了交流思想、获取信息、寻找商机的重要平台（图 7-8）。

图 7-8　2024 年第 110 届糖酒商品交易会现场（来源：展会官网）

近年来，糖酒会的规模不断扩大，参展商数量和专业观众人数持续增加。例如，第 106 届全国糖酒会展览总面积达到了 26 万平方米，成为 2022 年全球规模最大的食品和酒类行业展会。第 110 届糖酒会则有超过 6600 家展商参展，展出来自 45 个国家和地区的超过 30 万件展品，吸引超过 40 万人次的专业观众观展。为了满足更多客商的需求，糖酒会还通过官方直播间、小程序等线上服务手段，让无法到会的客商也能通过线上观展的方式参与盛会。

网址：http://www.qgtjh.org.cn/en/index.html

二、国际影响力较大的葡萄酒展会

1. Vinexpo

Vinexpo 是全球领先的葡萄酒与烈酒展览会，自 1981 年在法国波尔多吉伦特商会的倡导下创立以来，已经成为葡萄酒烈酒行业的标杆展会。Vinexpo 不仅在波尔多举办，还扩展到了香港、纽约等地，并且于 2019 年首次在中国内地的上海举办。这个展会吸引了全球各地的葡萄酒和烈酒生产商、分销商、行业专家及爱好者参与，是一个国际性的贸易和交流平台。

Vinexpo 的亚太区展会（Vinexpo Asia）是亚太区最盛大的葡萄酒展会，专注于为亚太区酒业人士提供专业的交流和展示平台。展会通常在香港会议展览中心举办，已经成为业界翘首以待的盛事。Vinexpo Asia 在 1998 年首次登陆香港，之后每两年举办一次，为亚洲市场的葡萄酒和烈酒专业人士提供了一个重要的行业盛会（图 7-9）。

图 7-9　往届 Vinexpo 展会现场（来源：展会官网）

2024 年，Vinexpo Asia 再次在香港会议展览中心（HKCEC）举办，来自 64 个国家和地区的近 10 000 名专业人士参加。此次展览汇聚 40 个参展国家、1300 家生产商和 10 000 名商贸访客，展现了 Vinexpo 在亚洲市场的重要地位和影响力。此外，Vinexpo 还关注行业趋势和发展，如在 2024 年的发布会上，亚洲侍酒及教育中心总经理兼 Sinowine 执行总经理罗布·坦普尔（Rob Temple）在现场解读了亚洲葡萄酒及烈酒行业发展趋势最新报告。

Vinexpo 不仅是一个展示和交易的平台，它还通过举办各种研讨会、品鉴会等活动，为参会者提供了学习和交流的机会，促进了葡萄酒文化的传播和行业知识的分享。Vinexpo 不仅为参展商提供了一个向全球市场推广自己产品的机会，也为葡萄酒和烈酒行业的专业人士提供了一个了解最新趋势、建立商业联系的重要场所。

网址：https://vinexpoasia.com/newfront

2. Decanter Fine Wine Encounter

Decanter Fine Wine Encounter 是由 *Decanter* 杂志主办的一系列高端葡萄酒品鉴活动，这些活动在全球多个城市举办，包括上海、伦敦、纽约和新加坡等。这些品鉴会旨在为葡萄酒爱好者、收藏家和专业人士提供一个独特的平台，让他们能够品尝到世界各地的顶级葡萄酒，同时享受与同行交流的机会。

1）Decanter Shanghai Fine Wine Encounter：在上海举办的高端葡萄酒品鉴活动，被认为是上海最佳的葡萄酒品鉴活动之一。通常会展示一系列精选的葡萄酒，让参与者能够体验到不同产区和年份的佳酿。

2）Decanter Fine Wine Encounter London：活动在伦敦举办，通常会在历史悠久的地标酒店举行，提供优雅的品鉴环境。

3）Decanter Fine Wine Encounter Singapore：在新加坡举办，标志着 Decanter Fine Wine Encounter 在亚洲的重要扩展。新加坡作为国际化的城市，为葡萄酒文化交流提供了理想的背景。

4）Decanter Fine Wine Encounter NYC：在纽约举办，为参与者提供了品尝、享受和体验世界各地精品葡萄酒的机会。

这些活动通常包括葡萄酒品鉴、研讨会、大师班和与行业专家的互动环节。参与者不仅

能够品尝到高品质的葡萄酒，还能了解到葡萄酒背后的酿造故事和专业知识。Decanter Fine Wine Encounter 活动以其高标准和专业性质而受到葡萄酒爱好者和专业人士的高度评价。通过这些活动，*Decanter* 杂志进一步巩固了其在葡萄酒行业中的影响力和权威地位（图 7-10）。

Global Fine Wine Encounters 2024

图 7-10　Decanter Fine Wine Encounter 2024 年展会信息（来源：展会官网）

网址：https://www.decanter.com

3. ProWein

ProWein 是全球规模最大的葡萄酒和烈酒展览会之一，起源于德国，由杜塞尔多夫展览公司（Messe Düsseldorf）主办。这个展览会以其国际化的平台和丰富的展商与酒款而闻名。ProWein 不仅在德国举办，还扩展到了其他国家和地区，包括中国上海的 ProWine Shanghai 和香港的 ProWine Asia。2024 年 ProWein 吸引了来自 135 个国家及地区的 47 000 名注册专业观众，以及来自 65 个国家及地区的 5400 家展商（图 7-11）。

图 7-11　2024 年 Prowein 展会现场（来源：展会官网）

网址：https://www.prowein.com

本 章 小 结

本章节深入分析了价值实现过程中的促销策略，揭示了其在企业与消费者沟通和交易中的关键作用。促销策略的有效实施对于传递产品价值、激发消费者购买意愿具有重要意义。在数字经济背景下，促销手段呈现多样化趋势，包括广告、公关、销售促进和个人销售等多种形式。数字技术的应用为促销活动提供了新的渠道和工具，如社交媒体营销、内容营销和大数据分析等，这些手段增强了促销的个性化和互动性，同时允许实时效果跟踪和分析。此外，促销策略在建立和维护品牌形象方面发挥着重要作用，通过传递品牌价值和文化，增强消费者的信任和产品的附加值。面对不断变化的市场环境和消费者需求，企业需不断创新促销策略并保持其持续性，以实现长期竞争优势和市场成功。

参 考 文 献

邓慧兰，赵占波，姚凯，等. 2022. 顾客价值视角下拼购小程序营销创新研究：基于扎根理论的案例分析. 南开管理评论，25（6）：108-119

李飞，贾思雪，刘茜，等. 2011. 关系促销理论：一家中国百货店的案例研究. 管理世界，（8）：115-129，188

刘建新，范秀成，李东进. 2024. 促销之名，推销之实？新产品促销性脱销的消费者相似品推荐反应. 南开管理评论，（8）：123-134

张诚，王富荣，郁培文，等. 2023. 基于深度增强学习的个性化动态促销. 管理世界，39（5）：160-178

钟琦，曲冠桥，唐加福. 2024. O2O外卖价格促销策略对消费者购买意愿的影响研究. 中国管理科学，32（2）：254-264

【案例分析】

构建双赢：Oriole 美甲沙龙的联合促销探索之旅

资料来源：王季，肖宇佳，罗莎，等. 2020. 构建双赢：Oriole美甲沙龙的联合促销探索之旅. 大连：中国管理案例共享中心

思考题

1. 什么是联合促销？联合促销的适用情境是什么？

2. 联合促销合作对象的类型有哪些？Oriole美甲沙龙的联合促销合作对象有哪些类型？

3. 企业进行联合促销的步骤有哪些？Oriole美甲沙龙在参加颐堤港购物中心组织的联合促销活动时采取了哪些步骤？

4. 联合促销应该遵循哪些原则？根据这些原则，分析Sophie和大众汽车4S店合作失败的原因。

5. 联合促销的方式有哪几种？Oriole美甲沙龙应用的联合促销方式都是什么？

第八章 视野拓展：国际葡萄酒营销

【知识目标】

1. 了解国际葡萄酒市场的基本格局、发展趋势及主要的消费市场和生产国。

2. 掌握葡萄酒营销的核心概念、策略和方法，包括品牌建设、市场细分、目标市场选择和定位等。

3. 学习国际葡萄酒营销中的文化差异和消费者行为，理解如何在跨文化环境中进行有效沟通和营销。

【能力目标】

1. 分析和评估不同国家和地区的葡萄酒市场潜力，为企业提供建议。

2. 设计和实施针对特定市场的葡萄酒营销计划。

3. 运用跨文化营销的技巧和工具，提高葡萄酒产品的竞争力和品牌影响力。

4. 通过案例分析，培养学生解决国际葡萄酒营销中实际问题的能力，如文化适应、市场准入壁垒等。

【价值目标】

通过本章节的学习，学生应深刻理解国际葡萄酒营销在全球经济一体化背景下的重要性和挑战性。学生将认识到尊重和适应不同文化的重要性，学会如何在多元文化的环境中进行有效的营销活动。同时，学生也将意识到在国际营销活动中坚持诚信经营和可持续发展的原则，以促进企业长远利益、实现全球社会责任。

【思维脉络】

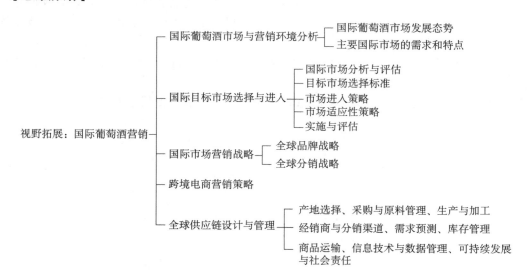

【营销观察】

葡萄酒节的盛宴

在法国波尔多的一个小镇上，每年都会举办一场盛大的葡萄酒节。来自世界各地的葡萄酒爱好者和专业人士齐聚一堂，共同品鉴和探讨各种葡萄酒的独特风味。酒庄主们不仅展示自家的精品葡萄酒，还通过举办研讨会、品酒会和文化活动，向参与者传递葡萄酒的文化和价值。这场葡萄酒节不仅提升了小镇的国际知名度，也促进了当地葡萄酒的销售和出口，为小镇带来了显著的经济和社会效益。

【营销启示】

在国际葡萄酒营销中，文化和故事的传播同样重要，甚至比产品本身更能吸引消费者的注意和兴趣。通过创造和分享葡萄酒背后的故事，企业可以增强品牌的吸引力和影响力，从而在竞争激烈的市场中脱颖而出。同时，企业还应注重与消费者的互动和体验，通过各种活动和平台，让消费者深入了解葡萄酒的文化内涵和价值，从而建立情感上的连接和忠诚度。

此外，企业在进行国际营销时，需要考虑不同国家和地区的文化差异和消费者偏好，更好地满足不同市场的需求，提高市场接受度和产品销量。在全球化的背景下，企业应不断学习和适应，利用国际视野和创新思维，开拓更广阔的市场空间。通过提供高质量的产品和服务，结合有效的营销策略，企业可以在国际葡萄酒市场中实现可持续的发展和长期的成功。

【营销语录】

葡萄酒是唯一一种你会根据它的产地来衡量它价值的东西。

——英国葡萄酒评论家　休·约翰逊

关于葡萄酒最需要记住的事情就是享受它。

——美国葡萄酒教父　罗伯特·蒙大维

企业的宗旨是创造并留住顾客。

——现代管理学之父　彼得·德鲁克

营销不再是关于你所制造的产品，而是关于你所讲述的故事。

——商业作家　塞思·戈丁

【政策瞭望】

坚持市场导向、品牌发展。坚持用酒庄酒塑造产区品牌、用产区品牌放大市场，提升产区品牌影响力。积极融入国内大循环、国内国际双循环相互促进的新发展格局，优化产品结构，深耕国内一二线城市市场，全力开拓国际市场，培育引领中国葡萄酒产业发展的战略性品牌。

——自治区人民政府办公厅关于印发《宁夏贺兰山东麓葡萄酒产业高质量发展"十四五"规划和 2035 年远景目标》的通知

在全球化浪潮推动下，国际葡萄酒市场的竞争日趋激烈，企业的成功不仅取决于产品的品质和特性，更在于其能否通过高效的营销策略在全球范围内传递和实现品牌价值。本章将深入探讨国际葡萄酒营销的策略与实践，着重分析如何在全球多元文化和复杂市场环境中，运用创新的营销手段和精准的市场定位来提升品牌影响力和市场份额。本章内容涵盖品牌建设、市场细分、渠道管理、推广策略等关键领域，并通过案例研究和市场分析，揭示在不同国际市场中成功实施营销策略的关键因素。通过本章的学习，有利于读者构建国际葡萄酒营销框架，助力企业在全球市场中实现价值最大化和可持续发展。

第 1 节　国际葡萄酒市场与营销环境分析

一、国际葡萄酒市场发展态势

葡萄酒可分为静止葡萄酒（still wine）、起泡葡萄酒（sparkling wine）和加强型葡萄酒（fortified wine）。2022 年，葡萄酒占酒类市场营收的 21%，总营收达 3090 亿美元，在市场占比上，略逊于烈酒（33%）和啤酒（38%）（图 8-1）。

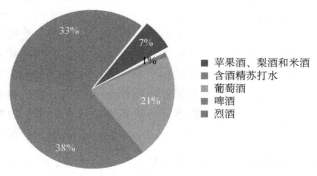

图 8-1　2022 年酒类市场份额（数据来源：Statista 数据库）

静止葡萄酒依旧是葡萄酒市场的主产品——在 2022 年达到 2604 亿美元的营业额，并且预计将在 2027 年迅速成长至 3401 亿美元（图 8-2）。虽然如此，起泡葡萄酒的市场在未来几年也具有快速成长的潜能。起泡葡萄酒在 2022 年的营业额达到了 373 亿美元，且预计将会持续稳定成长，预估将在 2027 年达到 561 亿美元。起泡葡萄酒成为除红、白葡萄酒外的佐餐葡萄酒。佐餐葡萄酒占总市场的最大销售份额，在 2020 年已超过 84%。它的易取得性和低价的特质让它成为许多新消费者的选择。非即饮市场（如商超、线上渠道）的成长也仰赖佐餐葡萄酒和餐后甜酒。低价葡萄酒也会吸引更多消费者进入葡萄酒的市场，其中较为低价的起泡葡萄酒，如自然气泡酒（pét-nat）、酸酒（piquette）的受欢迎程度大为提升。pét-nat 和 piquette 也受葡萄酒市场的新消费者客群——千禧年代的喜爱。这是因为千禧年代追求低酒精浓度和低糖分的饮品。派对文化的流行也带来对于低酒精浓度饮品的需求提升，因此会刺激葡萄酒产业的成长。

1995～2021 年的研究显示拥有饮用葡萄酒习俗的国家（如法国、意大利和西班牙等）和高消费葡萄酒的国家（如阿根廷、乌拉圭）在消费葡萄酒方面呈现显著的下降趋势。伴随着全球化的趋势，本土的文化习俗不再是影响葡萄酒消费的关键因素。拥有深厚饮葡萄酒文化的国家因为交通与网络的发达而拥有更多酒精选择，也对于外来文化或文化转变抱有更开放的态度。比如，在意大利，年轻群众更偏好新兴的饮料，主要消费客群——男性重度饮酒者也减少了他们的饮酒量。健康观念、酒精政策、葡萄酒的定价、葡萄酒的营销手

彩图

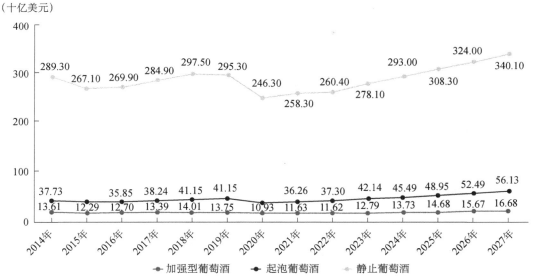

图 8-2　各类葡萄酒 2014～2027 年营业额（含预测值）（数据来源：Statista 数据库）

彩图

法、标价和税收政策、农业政策也导致南欧国家平均每人在葡萄酒上的消费减少。尽管如此，欧洲国家依旧是全球消费和生产葡萄酒的主要国家，占比 2022 年全球葡萄酒总营业额的 48%（图 8-3）；葡萄酒在欧洲市场的复合年增长率（CAGR）也预计从 2014 年至 2027 年增长 0.5%。其中葡萄酒产业拥有最高营业额的欧洲国家分别是法国（241 亿美元）、意大利（200 亿美元）和英国（199 亿美元）（表 8-1）。

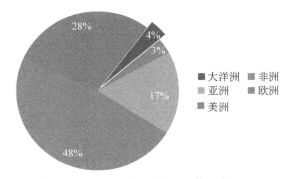

图 8-3　2022 年全球各地区的葡萄酒营业额（数据来源：Statista 数据库）

彩图

表 8-1　2022 年欧洲各国家的葡萄酒营业额（数据来源：Statista 数据库）

国别	营业额/亿美元
法国	241
意大利	200
英国	199
德国	144
西班牙	75

　　国际化的趋势也将葡萄酒引进其他市场，其中葡萄酒在亚洲地区的营业额在 2022 年已经达到 536 亿美元，并预计其复合年增长率（CAGR）从 2014 年到 2027 年将增长 3.5%，成为最有成长潜力的葡萄酒市场。其中，中国市场为亚洲地区拥有最高葡萄酒营业额的市场，在 2022 年就达到了 252 亿美元的营业额，而位居亚洲市场第二的日本仅达到 87 亿美元的营业额（表 8-2）。中国近年来的葡萄酒市场体现了显著的成长趋势，与快速的经济增长有紧密的关系。2001 年，中国加入世界贸易组织（WTO）也导致了葡萄酒的进口税下降，有利于将国外的葡萄酒引进中国市场。

表 8-2　2022 年亚洲地区的葡萄酒营业额的排名和分布（数据来源：Statista 数据库）

国别	营业额/亿美元
中国	252
日本	87
印度尼西亚	76
泰国	14
韩国	12

　　美洲市场占全球葡萄酒总营业额的 28%，而其中美国为最大的市场，其 2022 年葡萄酒营业额达到 527 亿美元（表 8-3），并预计将在 2027 年增长至 711 亿美元。其他市场，如非洲和大洋洲在 2022 年分别占全球葡萄酒市场的 3%（83 亿美元）和 4%（137 亿美元）。虽然两地区在全球的营业额占比差距不大，但大洋洲的人均营业额在 2022 年达到 332.3 美元，而非洲的人均营业额只有 6.8 美元。

表 8-3　2022 年美洲地区的葡萄酒营业额的排名和分布（数据来源：Statista 数据库）

国别	营业额/亿美元
美国	527
加拿大	159
阿根廷	50
智利	38
巴西	35

1. 地理分布

　　葡萄酒的主要产区有哪些？各个产区葡萄酒的特点是什么？每年的葡萄酒产量、出口和进口情况如何？2022 年全球各国葡萄酒总产量和出口总额如图 8-4 和图 8-5 所示。

　　意大利生产的葡萄酒采用法定产区（denominazione di origine controllata，DOC，即受法律监管的原产地名称）的分级系统。根据葡萄酒的产区、生产方法、葡萄酒品质分成日常餐酒（VDT）、地区餐酒（IGT）、法定产区葡萄酒（DOC），以及优质法定产区葡萄酒（DOCG）。意大利生产最高品质餐酒的地区分别是东北部威内托（Veneto）、中部的托斯卡纳（Tuscany）和西北部的皮埃蒙特（Piedmont）。

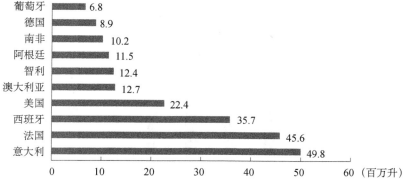

图 8-4　2022 年全球各国葡萄酒总产量（数据来源：Statista 数据库）

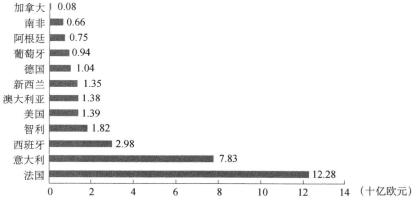

图 8-5　2022 年全球各国葡萄酒出口总额（数据来源：Statista 数据库）

威内托最著名的葡萄酒为瓦尔波利切拉（Valpolicella）地区生产的葡萄酒。瓦尔波利切拉葡萄酒含括了各种价位，亦可以满足多种需求，如清新、易入口的 Valpolicella Classico 酒类、稀有的甜红酒 Recioto della Valpolicella。托斯卡纳主打的葡萄品种为桑娇维塞（Sangiovese），其呈现的口感特色广泛——有泥土风味的（earthy）亦有果味突出的。任何地区生产的桑娇维塞都带有樱桃的味道并伴随着微微番茄的味道。

皮埃蒙特的山区产出更为出色，寒冷的阿尔卑斯山和温暖的地中海气候产生了逐渐消散的早晨薄雾，让种植在高山的葡萄接受到更多的光照，酝酿出更高质量的葡萄酒。在亚平宁山脉北部的阿尔卑斯山麓地区也可以找到质量相当的葡萄酒，但是由于气温较低的关系，所生产的葡萄酒较为轻盈、酸度较高。皮埃蒙特以纳比奥罗为名，为富含单宁的葡萄品种，在10～15 年的陈酿后最为美味，呈现出微妙的香料、玫瑰、樱桃和无花果的香气。白莫斯卡托也是皮埃蒙特著名的葡萄品种，具有玫瑰、柑橘、棉花糖和荔枝的浓郁香气。

意大利每年的葡萄酒产量、出口和进口情况如何？综观 2011 年至 2021 年，意大利的葡萄酒产量变化不大，在 2018 年达到生产高峰的 54.8 亿升后下跌至 47.5 亿升，在 2020 年后稍有增长。2019 年的生产量下跌可以归因为 2018 年的气候——寒冷多雨的春天和极热干燥的夏天不适合葡萄酒的生产（图 8-6）。威内托是 2020 年生产葡萄酒最多的意大利地区，接着是普利亚、艾米利亚-罗马涅地区。

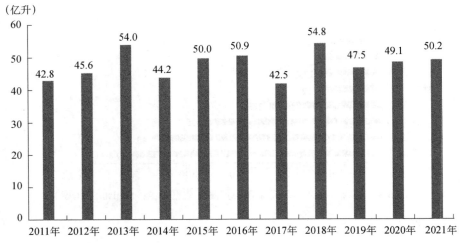

图 8-6 2011～2021 年间意大利葡萄酒产量（数据来源：Statista 数据库）

意大利的年度葡萄酒总出口量近十年来总是在 20 亿升至 22 亿升之间浮动，然而意大利葡萄酒的出口总额从 2014 年的 51.15 亿欧元上升至 2021 年的 71.15 亿欧元（图 8-7）。意大利葡萄酒最高出口额分别来自威内托（Veneto）（24.95 亿欧元）、皮埃蒙特（Piedmont）（12.22 亿欧元）、托斯卡纳（Tuscany）（11.30 亿欧元）。意大利葡萄酒出口额最高的目的地依次是美国（17.20 亿欧元）、德国（11.34 亿欧元）和英国（7.43 亿欧元）。

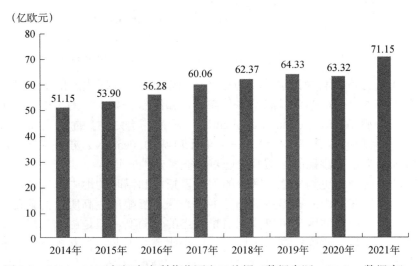

图 8-7 2014～2021 年间意大利葡萄酒出口总额（数据来源：Statista 数据库）

法国的葡萄酒采取原产地命名控制（appellation d'origine contrôlée，AOC）的分级制，每一地区只生产特定品种的葡萄，以确保品质和原产地的一致性。AOC 分级制中 AOC 为最高品质的葡萄酒，由严格的规范所管制，包括种植手法、制酒方法等；接着有地区餐酒（vin de pays），其葡萄品种和制作程序不受到 AOC 规范管控，葡萄酒标签管制也比 AOC 葡萄酒更为宽松；日常餐酒（vin de table）为最低等级的法国葡萄酒，没有特定的制酒和地区限制。

波尔多为法国生产高质量葡萄酒最多的地区，以混酿红葡萄酒著名。波尔多的主要葡萄酒品种分别有单宁较强的赤霞珠和相对柔和、易入口的梅洛。该区也生产长相思和赛美蓉混酿的白葡萄酒，以及因特殊菌类导致风味更为甜美和酒精度较高的苏波特甜酒。勃艮第区也产生许多备受欢迎的葡萄酒，因稀缺性而拥有高价值，此区主要以黑皮诺和霞多丽这两个品种闻名。黑皮诺的顶级园区集中在金坡的上部——波恩坡（Côte de Nuits），黑皮诺的味道具有泥土香气和樱桃果味。生产霞多丽葡萄酒的地方有波恩坡，此地的霞多丽味道丰富且拥有矿物风味；夏布利（Chablis）的霞多丽葡萄酒则带有白垩质地且高酸度；夏隆奈斯山脉（Côte Chalonnaise）和玛孔内斯山脉（Mâconnaise）的霞多丽葡萄酒则具有高价值。香槟地区也为法国的重点产区，因为葡萄较难成熟而主要生产带有酸度的起泡葡萄酒，因耗费大量劳动力而拥有高售价。白葡萄酒通常由位于中部的卢瓦尔河谷地区生产，而罗纳河谷地区因生产红葡萄酒而闻名。卢瓦尔河谷地区主要葡萄品种是霞多丽、黑皮诺和黑品诺梅尼耶，后两者用于制作白葡萄酒。奥布（Aube）、白山坡（Côte des Blancs）、塞赞山坡（Côte de Sézanne）、兰斯山（Montagne de Reims）和马恩谷（Vallée de la Marne）为香槟区的主要子产区，每个产区专注于其中一种主要葡萄品种。香槟大多数由来自不同年份的葡萄酒混合而成；香槟可以由单一品种的葡萄制成，亦可以用两种或更多的葡萄混酿而成。

法国葡萄酒产量从 2006 年的 53.3 亿升持续下跌至 2021 年的 37.8 亿升（图 8-8）。法国的制酒公司数量也在 2015 年达 1741 家的高峰以后持续下跌，从 2018 年到 2020 年维持在 1280 家左右。法国葡萄酒产业的总营业额在 2023 年达到了 152 亿欧元，从 2018 年起法国都是欧洲最高营业额的葡萄酒产地。2023 年法国葡萄酒的市场增长了 5.5%，预计未来五年将维持差不多的涨幅。

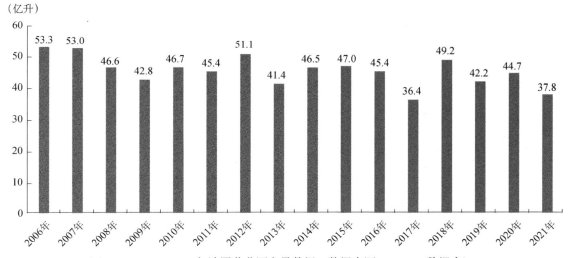

图 8-8　2006～2021 年法国葡萄酒产量数据（数据来源：Statista 数据库）

2000～2021 年间法国出口葡萄酒总量如图 8-9 所示。法国在 2021 年全球出口额较高，主要出口到美国（占总出口额的 19%），接着是英国（13%），排名第三的是德国（7%）

（图 8-10）。法国进口葡萄酒总额在 2000 年为 4.28 亿欧元，并一直持续增长，在 2021 年达到 8.46 亿欧元（图 8-11）。法国进口葡萄酒总量从 2016 年达到了高峰 7.65 亿升后下跌至 2021 年的 6.05 亿升（图 8-12）。

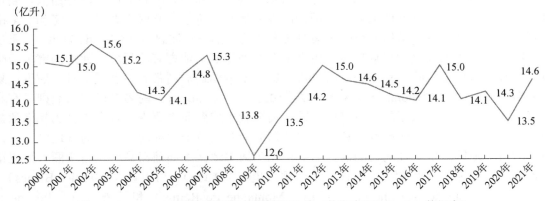

图 8-9　2000～2021 年间法国出口葡萄酒总量（数据来源：Statista 数据库）

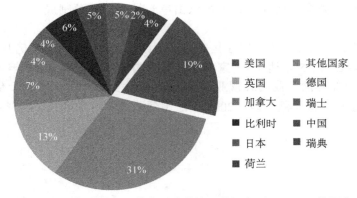

图 8-10　2021 年法国出口葡萄酒目的地（数据来源：Statista 数据库）

彩图

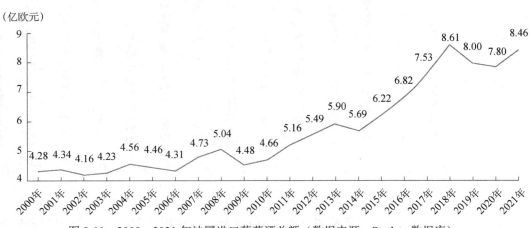

图 8-11　2000～2021 年法国进口葡萄酒总额（数据来源：Statista 数据库）

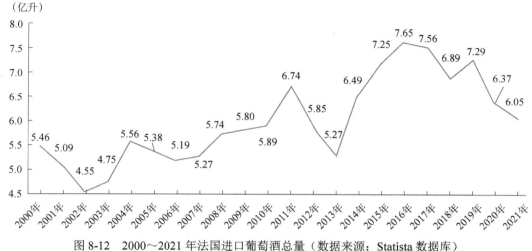

图 8-12　2000～2021 年法国进口葡萄酒总量（数据来源：Statista 数据库）

2. 消费模式和趋势

分析葡萄酒消费模式和趋势可以揭示市场的变化和未来发展方向。例如，葡萄酒的零售渠道，包括传统零售商、电子商务和直销渠道的比重和发展趋势。应重点关注销售渠道的发展趋势。此外，也要关注新兴的消费趋势，如有机葡萄酒、低酒精葡萄酒、起泡葡萄酒等。

疫情期间兴起的直面消费者（direct-to-consumer，DTC）模式因为疫情逐渐减缓、各国的经济逐渐开放、锁国政策解除等因素而不再拥有疫情期间的爆发性成长趋势。由 Sovos ShipCompliant 和 Wines Vines Analytics 拟写的直销葡萄酒运输报告就指出在 2022 年，以 DTC 渠道销售葡萄酒的总量从 2021 年下降了 10.3%（876 848 箱），其总销售额也下降了 1.6%（6600 万美元）。平均消费在每瓶葡萄酒 50 美元以下的消费者在后疫情时代开始减少他们在 DTC 渠道上的葡萄酒开支，然而愿意消费 100 美元或以上购买一瓶葡萄酒的消费者在 2021～2022 年间在 DTC 渠道的消费仍然保持一样的趋势。这些高价精品葡萄酒其实只占了 DTC 市场的 8.1%，撤除这些精品葡萄酒，可观察到 DTC 销售渠道的总出货量减少了约 12%，而总额也减少了 8.2%。售价低于 50 美元的葡萄酒是 DTC 销售渠道的主要产品，占了该市场的 70%，然而这类葡萄酒在总出货量上减少了 14.5%。售价高于 50 美元的葡萄酒也只增长了约 1%。DTC 销售模式可以归因为疫情时代的退去，消费者转向线下的销售渠道。近年的物价暴涨和经济不稳定导致消费者减少了通过 DTC 模式的消费。由此可见，DTC 销售渠道深受经济大环境波动的影响，因此过度依赖任何一种销售渠道并不明智。DTC 渠道在 2021 年和 2022 年都占了非即饮渠道的 12%。

同一报告也指出能源、物价、服务、借贷的成本提升导致葡萄酒的售价从 2019 年以来增长了 10.9%。一般消费低价葡萄酒的消费者更是减少或是完全停止了购买葡萄酒。低于 30 美元的葡萄酒总售出量在 2022 年下跌了 17.5%。高价的葡萄酒却不受这波市场萎缩的趋势影响，在 2021 年得到 34.2%的增长以后，持续在 2022 年也得到了 7.8%的增长。此现象可归因为高价葡萄酒的消费者通常为高收入群体，更有能力适应通货膨胀和高物价。赤霞珠品种的葡萄酒较不受市场波动影响，总出货额得到了 5.7%的提升，总出货量虽然减少了 7.2%，但其降低幅度低于市场平均。

概括而论，DTC 销售渠道呈现萎缩的趋势，主因有二：①疫情后的消费者消费行为转变而转向其他销售渠道；②通货膨胀的连环效应：消费者开始减少开支，葡萄酒制作业的成本高涨而导致葡萄酒的平均售价上涨。DTC 渠道在连续 12 年的稳定性增长后第一次呈下跌趋势，是商家值得留意的现象。另一值得注意的是对于低价葡萄酒的消费开始下降。若葡萄酒的平均售价继续增加，此现象预计将持续下去，这是因为通过 DTC 渠道购买低价葡萄酒的消费群是中低收入群体，也就是受通货膨胀影响最多的客群。然而，高价葡萄酒在 DTC 销售渠道的销售占比继续增长，因此高价葡萄酒的主要消费者为高收入群体。DTC 渠道的增长趋势是否会在未来反转有赖于通货膨胀是否开始减缓，若通货膨胀现象持续，DTC 渠道的萎缩现象极大可能持续，因此仰赖 DTC 渠道为主要销售渠道在当前而看并不理想。婴儿潮出生的消费者逐渐从 DTC 模式葡萄酒市场退场，由 X 世代和千禧年代的消费者所取代，但由于这个客群的消费者品位更为多元，更能接受其他酒类品种，因此对于葡萄酒有兴趣的消费群有所缩小。DTC 模式葡萄酒市场的竞争也因此变得更为激烈，甚至影响葡萄酒产业，所以如何扩大新消费者客群、如何激起新时代对于葡萄酒的兴趣成为未来葡萄酒产业的重要议题。

精品葡萄酒产业持续表现卓越，但是精品葡萄酒在 2022 年的成长（9.6%）不如 2021 年的成长（18.2%）。虽然如此，高端化将持续成为葡萄酒产业的趋势。高端化的消费者在过去疫情时代累积了超过一万亿美元的储蓄，让他们更有消费能力在经济疲软时期购入精品葡萄酒，让高端葡萄酒产业继续蓬勃发展。

虽然婴儿潮出生的消费者依旧是葡萄酒的消费者，但是要在未来持续扩大婴儿潮消费者的客群显得颇有难度，因此应该专注于拓展更年轻的客群。年轻的客群在葡萄酒上的消费行为更多元化，喜欢各类型的葡萄酒。值得注意的是很大部分拥有饮酒习惯的年轻客群（小于 50 岁）仍然选择其他非葡萄酒酒类。未来的消费者群将越发注重养生、健康等课题，因此饮酒习惯开始发生转变，重度饮酒者越来越少，强调适度饮酒更成为主流文化。

3. 市场竞争和趋势

了解全球葡萄酒市场的竞争格局和趋势对于判断市场发展态势至关重要。包括研究葡萄酒生产商、品牌和产品的竞争情况，以及行业内的合并和收购、新兴市场的崛起等趋势。

4. 市场前景和挑战

评估全球葡萄酒市场的前景和面临的挑战有助于预测其发展态势。考虑因素包括经济状况、政策法规、消费者健康意识、气候变化对葡萄酒生产的影响等。

二、主要国际市场的需求和特点

美国、欧洲和中国的葡萄酒市场在 2020 年都经历了营业额下降的趋势，主因是行业受到新冠疫情的影响。后来三个市场都在 2021 年回弹，但在 2022 年，三个市场都呈下跌趋势，其中欧洲市场营业额下跌最多（图 8-13、图 8-14）。所幸的是三个主市场的营业额在 2023 年都有所回升。

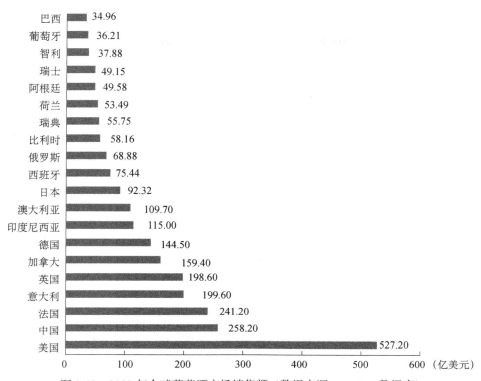

图 8-13　2022 年全球葡萄酒市场销售额（数据来源：Statista 数据库）

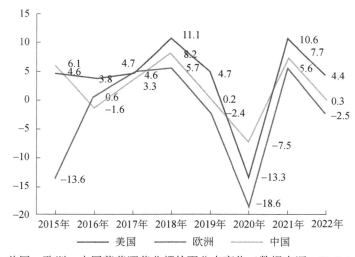

图 8-14　美国、欧洲、中国葡萄酒营业额的百分点变化（数据来源：Statista 数据库）

彩图

　　美国葡萄酒市场预计将以每年 5.85% 的增长率（2023 年至 2027 年的复合年增长率）增长。虽然美国是 2023 年全球最高营业额的市场，美国在 2022 年的人均葡萄酒消费量（12.6升）远低于排行第一的葡萄牙（67.5 升）及其他欧洲国家，如法国（47.4 升）、意大利（44.4 升）、瑞士（35.5 升）。中国和美国虽然作为全球的葡萄酒主市场，但两个国家的人口众多，因而葡萄酒的人均消费量偏低。

美国葡萄酒市场近年来有走向高端化（premiumisation）的趋势。虽然后疫情时代，物价上涨导致整体消费力下降，但是平均在葡萄酒上的花费增加，因此仍可以概括未来的市场策略应该会更注重品质提升，因为消费者更趋向在减少购买量下，选择高价且高质量的葡萄酒。10 美元成为消费的分水岭，售价 10 美元以下的葡萄酒的消费量逐渐下降，这个趋势也预计将持续下去。49%的美国葡萄酒消费者为高收入群体，并且高投入消费者（对于葡萄酒抱有高的好奇心、投入较多时间和金钱）从 2019 年的 24%上升到 2022 年的 32%。概括而论，美国的葡萄酒市场主要消费者为积极投入此领域的常客，通常为较年轻客群（图 8-15、图 8-16）。

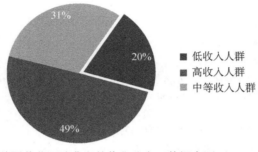

彩图

图 8-15　美国葡萄酒消费者的收入分布（数据来源：Statista 数据库）

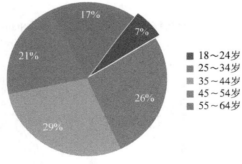

彩图

图 8-16　美国葡萄酒消费者的年龄分布（数据来源：Statista 数据库）

尽管最积极参与的 X 世代和千禧一代消费者仅占美国定期饮用葡萄酒总人数的 30%左右，但他们占据了总葡萄酒消费额的近 60%。Z 世代最偏好的葡萄酒品牌是利达民酒庄（Lindeman's），与其他年龄层不同，但其实此品牌在 Z 世代中的购买份额仅为 13%，可见 Z 世代并无特定喜好的品牌，针对这个年龄层的市场没有固定的主品牌（表 8-4）。这是因为年轻一代的消费者因为对于葡萄酒的认识较少，而更愿意尝试各种小众品牌。其实此现象也体现在所有年龄层的消费者，他们趋向尝试各种风味的葡萄酒，越来越少的消费者只回购他们熟悉的品类。在美国，最主要的葡萄酒销售渠道是品酒室（占总营业额的 30%），而葡萄酒俱乐部位居第二（占总营业额的 24%）（图 8-17）。商家在创新品酒体验上投入精力也可以拓展年轻消费者客群，因为年轻消费者具有冒险精神，对广泛的葡萄酒销售渠道拥有较高的接受度。

表 8-4　2021～2022 年美国 Z 世代偏好的品牌（数据来源：Statista 数据库）

品牌	份额
利达民酒庄（Lindeman's）	13.00%
西班牙桑格利亚（Reál Sangria）	10.80%
查尔斯肖（Charles Shaw）	9.60%
木桐嘉棣（Mouton Cadet）	9.20%
洛斯卡托（Roscato）	8.50%
菲泽酒庄（Fetzer Vineyard）	7.80%
斯特拉罗酒庄（Stella Rosa）	7.50%
璞立酒庄（Beaulieu Vineyard）	7.30%
绿雾系列果酒（Arbor Mist）	7.00%
贝尔富特酒庄（Barefoot）	6.10%

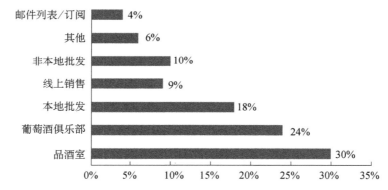

图 8-17　2022 年美国各销售渠道的销售占比（数据来源：Statista 数据库）

　　佐餐葡萄酒依旧是美国最畅销的葡萄酒品类，因为消费者可以在非即饮渠道轻易取得餐酒，且餐酒也是平价葡萄酒的选择。起泡葡萄酒创下了连续 21 年的高涨幅，并且高价的品类，如香槟也预计将在未来持续增长。无酒精或低酒精葡萄酒虽然只占了全酒类市场的1%，但是被看好将在未来得到不错的增长。这个趋势可以归因为美国地区近年来对于健康意识和政策的转变。许多消费者也开始降低饮酒量，导致对于低酒精、无酒精的饮品需求逐渐上升。

　　无酒精饮品的市场因为不受酒精销售政策的限制而得以蓬勃发展，在大电商平台，如亚马逊取得销售优势。后疫情时代也让 TikTok 成为葡萄酒营销的热门渠道，葡萄酒相关的标记，如#winetok、#sommelier 的使用数在 2020～2021 年上升了接近 50%；这些标记的月观看数甚至超过了 3700 万。从这个趋势可以预计葡萄酒消费者的消费习惯，特别是常用 TikTok 的 Z 世代，将在未来越来越受到 TikTok 所推广内容的影响。TikTok 拥有严谨的政策管控与酒精相关的内容，所以葡萄酒在此平台的销售也有所限制。美国的消费者也偏好在餐厅和特别佳节选择葡萄酒。葡萄酒的即饮销售渠道在后疫情时代恢复，并且主要的客群是常客（饮葡萄酒频率较高者）。

　　在欧洲，后疫情时代的消费趋势有所转变。首先，欧洲消费者更关注品牌对于环境可持续性的态度，市场对于有机、自然葡萄酒需求上升。大部分的欧洲消费者愿意以比普通食品高 5% 的价格购入有机食品。欧洲对于有机食品的需求因地区而异，2021 年在有机食品上人均消费最高的国家有瑞士（425 欧元）、丹麦（384 欧元）和卢森堡（313 欧元）。但东欧国家对有机食品的平均消费较低，如人均消费最高的爱沙尼亚，消费额只有 70 欧元，远低于欧洲的平均值 104.3 欧元。因此，若商家有意销售有机葡萄酒，应针对特定市场。

除了对环境友善，欧洲消费者也看重葡萄酒是否符合"平等贸易"的需求。欧洲消费者的饮酒习惯也受疫情影响，而偏好在家饮用葡萄酒。年轻一代的客群也因为健康因素而更趋向适量饮酒，因此低酒精甚至无酒精的葡萄酒或起泡葡萄酒将成为他们的消费选择。虽然欧洲葡萄酒因为收入水平的提高和生活习惯的转变而得以增长，但是有关酒精的政策和管控也逐渐增加，再加上制酒成本的提高而导致售价提高，相关市场的增长幅度也有所限制。佐餐葡萄酒仍然是占市场最大份额（超过 84%）的葡萄酒品类，而起泡葡萄酒在欧洲市场也有惊人的增长幅度。起泡葡萄酒在欧洲市场持续扩大是因为前菜文化在各地区逐渐流行，再加上消费者对于开胃酒 Spritz 的兴趣近年来大增。

中国经济的迅速发展让中国成为全球第二大葡萄酒市场。疫情虽然打击了中国葡萄酒产业的成长，但是随着疫情逐渐退散、防疫政策的转变，2023 年中国葡萄酒产业在首季度就展现了回弹趋势（图 8-18）。

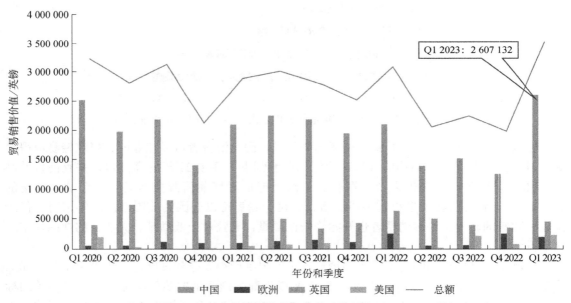

Q1 2023：2 607 132

图 8-18　Cult Wines 每季度各地区葡萄酒销量（数据来源：Statista 数据库）
Q 代表季度

彩图

疫情期间导致了消费需求被挤压，中国家庭储蓄率达到了历史高点。过剩的储蓄率在 2022～2023 年导致了北美和欧洲市场的增长，但是此现象未必会在中国重现。许多分析师坦言到这些储蓄未必会转换成消费，因为许多消费者由于经济不稳定而更趋向储蓄，因此将难以见到所谓"报复性消费"的趋势。后疫情时代导致更多线下聚会变得更可能，也让许多庆祝活动开办，的确也有助于葡萄酒产业的复苏，但增长幅度可能会因经济前景仍充满不确定性而更为保守。尽管美中地缘政治引发的制裁仍存在，但随着集装箱运输成本的下降，进口葡萄酒的成本将会降低，从而进一步促进葡萄酒消费。

中国多地的政府也制定了刺激葡萄酒产业发展的政策，如宁夏葡萄酒政策、新疆昌吉回族自治州拨款 5000 万元用于葡萄酒产业高质量发展、山东省烟台市也列支 4000 万元帮助葡萄酒业的成长。这些政策有助于 2023 年以后葡萄酒产业在中国的复苏。中产阶级的兴起有助于中国的葡萄酒走向高端化的趋势。对于中国消费者而言，高端葡萄酒是展现自身财富地位的媒介，因此如果中国的经济持续增长，葡萄酒市场也将逐渐高端化。200～399 元价格段的葡萄酒的需求随高端葡萄酒市场的扩张而增长，深受资深和新生代的消费者喜欢。拉菲、奔富，这些头部品牌的消费量也因后疫情时代商务接待的需求上升而增加。法国的名庄酒，出于品牌效应和品质的保证，也成为商业应酬的常驻选择。在中国，电商的普及化和网络购物的迅速发展也有助于推动高端化葡萄酒的发展。小红书商城的普及化，让网上内容创作结合线上购物。葡萄酒商家可以通过创意和吸睛内容介绍酒品，拓展消费者对于葡萄酒的认识，配合小红书商城的便捷购物功能，使销量可以进一步地提升。其他主流的社群媒体，如抖音也紧密贴合电商的需求，如个人橱窗展示、短视频带货、直播带货等功能都可以被利用起来，助力于开拓中国葡萄酒市场。

中国的年轻消费者（90 后、95 后）在酒水市场增长迅速，而且年轻消费者的性别比例不相上下，90 后、95 后的女性消费者比例甚至在快速地增长。葡萄酒为中国年轻消费者最喜好的酒类前三名之一。在网红影响力越发凸显的年代，线上流行起来的酒类内容也会影响年轻人的喜好，如在网上风靡一时的热红酒就符合了年轻人喜好尝鲜、冒险的性格。各种酒类的品牌也努力举办各种联名活动，与年轻人熟悉的其他品牌联名，即使不是相关的领域，也可以吸引到年轻人的消费，甚至可以吸引到对饮酒文化不熟悉的年轻人进入酒水市场。饮酒习惯也逐渐转变，年轻客群更注重适量饮酒，因此推动了低度数酒精的市场。葡萄酒作为低度数的酒深受年轻人欢迎，其中口感更容易入口、味道为大众更为接受的果香味的葡萄酒将更受年轻市场的欢迎。年轻客群买酒的需求主要以用于送礼居多，因此在营销上面强调品牌如何满足送礼的需求是吸引年轻客群的主要渠道之一。

第 2 节　国际目标市场选择与进入

一、国际市场分析与评估

1. 经济指标与市场潜力

在评估国际市场的经济指标时，首先需要关注的是目标国家的宏观经济状况，包括但不限于国内生产总值（GDP）增长率、消费者购买力、失业率和人均收入水平。这些指标反映了市场的经济活力和消费者的购买能力，是判断市场潜力的关键因素。例如，一个高 GDP 增长率和高人均收入水平的国家往往意味着更大的市场规模和更高的消费潜力。此外，还应考虑国家的经济发展阶段、贸易平衡和外部投资环境等，这些都会影响到葡萄酒的市场接受度和消费模式。

1）GDP 增长率：GDP 增长率是衡量一个国家经济活动和市场潜力的关键指标。持续增长的 GDP 通常表明经济健康和市场机会的增多。

2）利率：利率水平对投资和借贷活动有重要影响。较低的利率可能刺激经济增长，因为它降低了企业和消费者的借贷成本，而较高的利率可能会抑制经济活动。全球利率的数据有助于分析不同国家的货币政策和经济状况。

3）通货膨胀率：通货膨胀率衡量物价水平的变化，对购买力和投资回报有直接影响。一个稳定的通货膨胀环境通常被视为经济健康的标志。全球通货膨胀率的数据有助于评估不同国家的货币稳定性和生活成本。

4）失业率：失业率是衡量劳动力市场健康状况的指标。较低的失业率通常表明经济状况良好，劳动力需求旺盛，而较高的失业率可能表明经济疲软。全球失业率数据有助于评估不同国家的就业市场和消费潜力。

5）政府债务占 GDP 比重：政府债务水平反映了一个国家的财政状况和未来财政政策的空间。较高的债务水平可能会限制政府的财政政策灵活性，并可能影响信用评级和投资者信心。全球政府债务数据有助于评估不同国家的财政稳定性。

6）贸易差额：贸易差额显示了一个国家的出口与进口之间的差额，反映了一个国家在国际贸易中的竞争力。一个正的贸易差额表明出口超过进口，而负的贸易差额则表明进口超过出口。全球贸易差额数据有助于评估不同国家的贸易状况和市场潜力。

7）经常账户占 GDP 比例：经常账户余额反映了一个国家与世界其他国家的交易情况，包括贸易、投资收益和转移支付。经常账户盈余可能表明一个国家是净贷款国，而经常账户赤字则可能表明一个国家依赖外部资金。全球经常账户数据有助于评估不同国家的国际收支状况。

2. 政治和法律环境

政治稳定性和法律框架对于国际葡萄酒营销至关重要。企业需要评估目标市场的政治风险、政府对外国投资的态度，以及与葡萄酒相关的法律法规。这包括关税、进出口限制、标签和包装规定、酒精含量限制等。一个稳定且开放的政治法律环境可以降低市场进入和运营的不确定性，为企业提供可预测的商业环境。

3. 文化差异与消费者行为

文化差异对消费者的购买行为和品牌偏好有着深远的影响。在国际市场中，葡萄酒的消费者行为受到当地饮食文化、社交习惯和健康观念的影响。例如，某些文化更倾向于低酒精度的饮品，而其他文化则可能欣赏高酒精度的葡萄酒。了解目标市场的文化特点和消费者偏好，对于制定有效的产品策略和营销活动至关重要。

1）认知差异：在西方国家，葡萄酒被视为一种文化传统和生活方式的一部分，消费者对葡萄酒的品质、产地、酿造工艺等有较深的了解和认知。相比之下，中国的葡萄酒文化尚处于发展阶段，普通消费者对葡萄酒的认知相对较低，更多是通过借鉴国外的葡萄酒文化知识来满足基本需求。

中国葡萄酒企业正在通过结合传统文化元素和现代设计美学，强化产品的本土化表达，从而吸引消费者。例如，宁夏西鸽酒庄的玉鸽单一园系列就采用了中国传统美学元素，提升了产品的文化价值和市场吸引力。

2）消费动机：西方消费者购买葡萄酒可能更多出于个人品味和享受，而中国消费者可能更多地受到健康需求和社交需要的驱动。例如，77%的中国消费者饮用葡萄酒的原因是健康需要，而在西方，葡萄酒可能更多与社交活动和个人享受相关。

3）购买渠道与消费习惯：在中国，随着电子商务的发展，越来越多的消费者通过在线平台购买葡萄酒。而在西方国家，消费者可能更倾向于在专业的酒类商店或直接在酒庄购买。

4）酒礼和饮酒礼仪：中西方在酒礼和饮酒礼仪上存在显著差异。中国消费者在饮酒时更注重礼节和社交互动，西方消费者可能更注重品酒的过程和享受。

4. 行业竞争结构

分析目标市场的行业竞争结构，可以帮助企业了解竞争环境的强度和特点。这包括评估现有竞争者的数量、市场份额、产品差异化程度，以及市场集中度。此外，还需要关注潜在的新进入者、替代品的威胁，以及供应链中的力量平衡。通过这些分析，企业可以确定自己在市场中的定位，制定相应的竞争策略，如通过差异化或成本领先来获得竞争优势。

二、目标市场选择标准

1. 市场需求与增长潜力

选择目标市场时，市场需求和增长潜力是最重要的考量因素之一。企业应评估目标市场对葡萄酒的当前需求水平及未来的增长趋势。这涉及对人口统计数据、消费者偏好、生活方式变化，以及经济发展趋势的分析。一个具有高增长潜力的市场可以为企业带来更大的销售量和更快的回报。同时，应考虑市场的季节性波动和长期消费趋势，以确保市场选择与企业的长期发展战略相匹配。

（1）市场需求 市场需求指的是目标市场中消费者对某一产品或服务的需求量。在葡萄酒行业中，这可以通过考察现有的葡萄酒消费量、消费者对不同类型葡萄酒的偏好，以及市场上已有的葡萄酒品牌和产品的销售情况来评估。

（2）增长潜力 增长潜力反映市场未来增长的可能性和速度。对于葡萄酒行业来说，这可能与人口增长、中产阶级的扩大、消费者对健康和生活品质追求的提升等因素有关。其评估可以通过对历史销售数据的分析、市场趋势的研究，以及消费者行为的变化来进行。在实际操作中，企业可以通过市场调研、消费者调查、行业报告和专家分析等手段来评估目标市场的市场需求与增长潜力。此外，企业还需要考虑自身的资源和能力，确保能够满足目标市场的需求并抓住增长机会。

2. 企业资源与能力匹配

企业在评估目标市场时，必须考虑自身的资源和能力是否能够支持进入市场和后续的运营。这包括生产能力、财务资源、品牌影响力、国际营销经验，以及分销网络等。企业应确保所选市场与自身的核心竞争力和战略优势相匹配，避免进入资源消耗过大或能力无法覆盖的市场。

1）财务资源：企业是否有足够的资金来支持市场进入的初始投资，如市场调研、产品

本地化、品牌推广和建立销售网络等；企业是否能够承担可能的市场风险，如汇率波动、政治不稳定或市场接受度低于预期等。

2）生产能力：企业的生产线是否能够满足目标市场的需求量，包括生产规模和生产效率；企业是否有能力根据目标市场的特殊需求进行产品调整或定制。

3）技术与研发：企业是否拥有必要的技术来生产符合目标市场标准和消费者偏好的产品；研发能力是否足以支持产品创新和持续改进。

4）营销与销售：企业是否有有效的营销策略和渠道来推广品牌和产品，包括数字营销、社交媒体、广告和公关活动等；销售团队是否具备在目标市场进行销售和客户服务的能力，包括语言沟通、文化理解和市场知识。

5）供应链管理：企业是否能建立有效的供应链来确保产品的及时供应和成本控制；物流和分销网络是否能够覆盖目标市场，确保产品分销的效率和效果。

6）人力资源：企业是否拥有足够的专业人才来支持市场进入和运营，包括市场分析、产品管理、销售和客户服务等；企业是否有能力吸引和留住目标市场中的人才，或者是否有有效的培训和发展计划。

7）法律与合规：企业是否具备应对目标市场的法律和监管要求的能力，包括了解和遵守当地的商业法规、税收政策和行业标准等。

8）品牌与声誉：企业的品牌是否已经在目标市场或相关领域建立了良好的声誉；企业是否有能力通过品牌建设活动来提升品牌知名度和影响力。

3. 市场进入障碍与风险评估

市场进入障碍包括关税壁垒、技术标准、本土化要求、法律法规限制等，这些都可能增加企业进入市场的成本和难度。同时，对市场的风险进行评估也至关重要，包括政治风险、汇率风险、文化风险及市场接受度风险等。企业需要制定相应的风险管理策略，以降低市场进入和运营的风险。

4. 长期发展与战略协同

选择目标市场时，企业应考虑该市场的长期发展前景及与企业整体战略的协同效应。这意味着市场选择应与企业的全球扩张计划、产品线发展、品牌建设，以及供应链优化等长期目标相一致。通过选择与企业战略相协同的市场，企业可以更有效地利用资源，实现市场间的协同效应，提高全球竞争力。同时，考虑市场在企业全球网络中的战略位置，如是否作为生产基地、研发中心或区域分销中心，以实现全球战略布局的优化。

三、市场进入策略

1. 出口贸易与分销合作

出口贸易是企业进入国际市场的传统方式，通过直接或间接出口将产品销售给目标市场的分销商或零售商。这种方式的优势在于较低的市场进入门槛和风险，同时可以利用现有的销售网络和渠道。然而，企业需要了解目标市场的进口政策、关税水平，以及分销商的选择标准。此外，与当地的分销合作伙伴建立良好的合作关系，对于确保产品在目标市场的可见度和销售至关重要。

（1）**出口贸易**　　出口贸易是指企业将其产品直接或间接出口到目标市场。这是进入国际市场的一种传统方式，适用于葡萄酒行业，因为它允许企业利用现有的生产能力和现有的产品线。在出口贸易中，企业可以通过参加国际葡萄酒展览会、贸易博览会等活动来推广其产品，并与潜在的买家建立联系。企业还可以利用电子商务平台和在线市场来扩大其出口业务，通过网络营销和社交媒体来提高品牌知名度。然而，出口贸易可能面临一些挑战，如关税和非关税壁垒、复杂的国际贸易法规、汇率风险，以及文化和语言差异。

（2）**分销合作**　　分销合作涉及与目标市场中的本地分销商或代理商建立合作关系，以便更好地进入和渗透市场。分销合作还可以帮助企业降低进入市场的初始成本和风险，因为本地合作伙伴通常负责营销、销售和售后服务等活动。分销合作也可能面临一些挑战，如合作伙伴的选择和管理、利益分配、市场控制权，以及文化差异导致的沟通问题。

2. 合资企业与战略联盟

合资企业是指与目标市场的本地企业共同投资建立的公司，这种方式可以结合双方的资源和优势，共同开拓市场。通过合资，企业可以获得本地企业的市场知识、分销网络和客户资源，同时分享市场风险。战略联盟则是通过合作协议与目标市场的企业建立合作关系，共同进行市场推广、产品开发或技术交流，以实现双方的战略目标。

相关案例

2002 年，张裕公司与法国卡斯特集团合作，分别在烟台和廊坊建立了合资酒庄，这是张裕公司在国际化道路上迈出的重要一步。卡斯特集团是欧洲领先的葡萄酒生产商，拥有丰富的酿酒经验和技术。通过这次合作，张裕公司不仅引进了先进的酿酒技术和管理经验，还借助卡斯特的品牌影响力和国际市场渠道，提升了自身的国际竞争力。这次合作的成果之一是"张裕卡斯特酒庄葡萄酒"的推出。这款葡萄酒凭借其优良的品质和独特的风味，迅速在市场上获得了认可，成为张裕公司的核心产品之一。此外，合资酒庄的建立还带动了当地葡萄种植业的发展，促进了葡萄酒产业链的完善。

3. 绿地投资与并购

绿地投资是指企业在目标市场新建生产设施或运营机构，这种方式可以让企业更好地控制产品的生产和销售过程，更直接地了解和响应市场需求。然而，绿地投资通常需要较大的初始投资和长期承诺。并购则是通过购买或合并目标市场的现有企业来快速进入市场，这种方式可以立即获得市场份额和客户基础，但也可能面临文化整合和运营协同的挑战。

4. 特许经营与合同制造

特许经营是指企业授权目标市场的运营商，允许其使用自己的品牌和业务模式进行经营，这种方式可以迅速扩大品牌的市场覆盖范围，同时降低直接投资的风险。合同制造则是企业与目标市场的制造商签订合同，由后者按照企业的要求生产产品，这种方式适用于那些

希望利用当地生产成本优势或规避贸易壁垒的企业。通过这两种方式，企业可以在保持品牌控制的同时，利用当地的资源和市场优势。

四、市场适应性策略

1. 产品本地化与定制

产品本地化是指根据目标市场消费者的特定需求和偏好，对产品进行调整和定制的过程。在葡萄酒行业中，这可能包括调整葡萄酒的口味以适应当地消费者的口味偏好，或者设计符合当地文化和审美的包装。本地化策略不仅可以提高产品的市场接受度，还可以帮助企业建立与消费者之间的情感联系。此外，企业还可以考虑推出限量版或特别版葡萄酒，以迎合特定节日或文化活动，从而增强品牌的本地化形象。

（1）**产品本地化**　产品本地化涉及调整产品特性以适应目标市场的特定需求。在葡萄酒行业，这可能意味着根据当地消费者的口味偏好来调整葡萄酒的风味特点。例如，一些市场的消费者可能更喜欢果味浓郁、单宁较低的葡萄酒，而其他市场则可能偏好更为复杂和单宁丰富的酒款。本地化还可能涉及使用当地语言进行产品包装和营销材料的设计，以及考虑当地的文化因素和饮酒习惯。

（2）**产品定制**　产品定制是为特定的消费者群体或特定的消费场合创造独特的产品。在葡萄酒行业，定制可能包括为特殊节日、婚礼、企业活动或个人收藏设计专属酒款。定制产品可以帮助企业建立与消费者之间的情感联系，并增强品牌忠诚度。例如，一些酒庄提供个性化酒瓶和标签设计服务，允许消费者在特殊场合中使用个性化的葡萄酒作为礼物。

（3）**市场调研**　在实施产品本地化和定制之前，进行深入的市场调研至关重要。这包括了解目标市场的文化、消费者行为、饮酒习惯和竞争对手的情况。

（4）**本地合作伙伴**　与当地企业建立合作关系可以帮助外来企业理解市场，并快速适应当地市场的需求。例如，张裕公司通过与卡斯特集团合作，利用了合作伙伴的本地知识和经验。

（5）**文化敏感性**　在不同文化背景下，消费者对葡萄酒的期望和偏好可能会有很大差异。企业需要对这些文化差异保持敏感，并在产品开发和营销策略中予以考虑。

（6）**法律和监管的遵循**　每个国家的法律和监管环境都不同，可能会对葡萄酒的生产、标签、广告和销售等方面提出特定要求。企业必须确保其产品和营销活动符合当地的法律法规。

（7）**持续反馈和改进**　产品本地化和定制是一个持续的过程，需要不断地收集消费者反馈，并根据市场变化进行产品调整和优化。

2. 营销传播与品牌适应

在国际市场中，有效的营销传播对于品牌的成功至关重要。企业需要根据目标市场的特点，调整其营销传播策略。这可能意味着采用不同的广告语言、视觉元素和沟通渠道。品牌信息和价值主张也需要与当地市场的文化价值观和消费心理相契合。此外，企业应利用社交媒体、公共关系活动和本地合作伙伴关系，以增强品牌在当地市场的影响力和认知度。

3. 渠道结构与物流优化

为了在国际市场中取得成功，企业必须建立高效的渠道结构和物流系统。这涉及选择合适的分销商、零售商和电子商务平台，以及优化供应链管理，确保产品能够及时、高效地到达消费者手中。考虑到不同市场的地理位置、基础设施和物流成本，企业可能需要调整其库存管理策略和运输方式，以降低成本并提高服务水平。

（1）渠道结构的区域差异 各国的销售渠道结构因历史演变和经济发展水平而异，具有各自的特点。例如，美国的分销渠道通常包括进口商、批发商和零售商，而西欧国家的大型零售商可能会直接从国外进口商品。企业必须分析目标市场的分销渠道，以决定是否利用这些渠道或采取其他可行方案。

（2）物流优化的重要性 物流优化对于提升企业的市场竞争力至关重要。通过建立一体化供应链、信息化与智能化的应用、本地化运营等措施，企业可以提高物流效率、降低成本，并提升对当地市场的响应速度和服务质量。

（3）跨境物流的挑战与趋势 跨境物流面临的挑战包括时效性与安全性、复杂性、高昂的成本和技术难题。为了应对这些挑战，物流行业正朝着多元化服务、智能化升级、绿色物流、本地化运营和平台化发展等趋势迈进。例如，DHL（敦豪，全球著名的邮递和物流集团）在其报告中指出，大数据、自动化和协同合作是未来物流行业的三大趋势，这些趋势有助于降低供应链风险并提升效率。

（4）物流优化的策略建议 为了优化物流，企业可以采取一系列策略，如提高供应链的透明度、优化库存管理、采用先进的信息技术、加强与供应商和合作伙伴的协作等。DHL提供的技巧包括对物流运营进行全面审查、采用实时跟踪和监控技术、优化运输路线和方式、提高包装效率等，这些措施可以帮助企业降低成本并提升客户满意度。

4. 定价策略与市场定位

定价策略是市场适应性策略的重要组成部分。企业需要根据目标市场的经济状况、消费者支付能力和竞争环境来制定价格。在高收入市场中，企业可能需要采取高端定价策略，以体现产品的品质和独特性。在价格敏感的市场，企业则可能需要考虑成本领先策略，通过提供性价比高的产品来吸引消费者。此外，企业还需要考虑汇率波动、关税和本地税收对价格的影响，并灵活调整市场定位以适应市场变化。

五、实施与评估

1. 市场进入计划的制定与执行

成功的市场进入始于周密的计划和有效的执行。企业需要制定详尽的市场进入计划，包括明确的目标、策略、时间表和预算。计划应涵盖所有关键活动，如产品本地化、品牌推广、分销渠道建立、客户服务和售后支持等。在执行阶段，企业必须确保所有部门和团队之间的协调一致，以及与当地合作伙伴的有效沟通。此外，灵活性和适应性也是执行过程中不可或缺的，因为市场状况和消费者反馈可能需要企业调整原有计划。

2. 绩效监控与市场反馈

为了确保市场进入策略的有效性，企业必须建立一套绩效监控系统，以跟踪关键绩效指标（KPI），如市场份额、销售额、客户满意度和品牌知名度等。通过定期收集和分析市场反馈，企业可以及时了解产品在市场上的表现，识别问题和机会，并据此调整市场策略。客户调研、销售数据分析和社交媒体监听都是收集市场反馈的有效手段。

3. 风险管理与应对策略

在国际市场中，企业面临着各种风险，包括政治风险、汇率风险、信用风险和运营风险等。有效的风险管理是市场成功的关键。企业需要识别潜在风险，评估其对业务的影响，并制定相应的应对策略。这可能包括多元化市场进入策略、货币对冲、信用保险和供应链备份等。在风险发生时，企业应迅速采取行动，以最小化损失并保持业务连续性。

4. 持续改进与市场深化

市场进入只是一个开始，持续改进和市场深化是实现长期成功的关键。企业应不断学习和适应目标市场的变化，通过创新产品和服务来满足消费者的需求。同时，企业应加强与当地社区的联系，积极参与社会活动，以提升品牌形象和社会责任感。通过持续的市场调研和消费者洞察，企业可以不断优化其市场策略，实现市场份额的增长和品牌的深耕。

第 3 节　国际市场营销战略

一、全球品牌战略

1. 品牌定位与价值主张

品牌定位是确立品牌在消费者心中地位的关键。企业需要清晰地定义品牌的价值主张，即品牌所承诺并能够向消费者提供的独特价值和好处。价值主张应当与企业的核心竞争力相符，并在不同文化和市场中保持一致性，构建品牌认知。

2. 市场研究与分析

深入了解目标市场的文化、法律、经济和消费者行为是制定有效全球品牌战略的基础。企业需要进行细致的市场研究，分析不同地区的市场潜力、竞争格局和消费者偏好，以便制定出适应各地市场的策略。

3. 产品与服务的全球一致性与本地化

虽然全球品牌需要在不同市场中保持一致性，但同时也要考虑到本地化的需求。企业可能需要对产品或服务进行调整，以满足特定市场的文化偏好和法规要求。这种平衡需要企业在全球一致性和本地化之间找到恰当的折中方案。

4. 营销传播与品牌推广

全球品牌战略的一个重要方面是制定有效的营销传播计划。这包括广告、公关、促销活动和数字营销等。企业需要确保其传播信息在不同文化和市场中均能产生共鸣，同时利用多渠道和多平台的传播策略来提高品牌的可见度和影响力。

5. 组织结构与全球管理

为了支持全球品牌战略的实施，企业可能需要调整其组织结构，确保有一个专门的团队来负责全球品牌的管理和推广。此外，企业还需要建立有效的内部沟通机制和培训程序，以确保全球团队对品牌战略有共同的理解和承诺。

6. 监测、评估与调整

全球品牌战略不是一成不变的，它需要根据市场反馈和业绩指标进行不断的监测、评估和调整。企业应当建立一套完善的品牌表现评估体系，定期检查品牌在全球市场中的表现，并根据评估结果对战略进行必要的调整。

二、全球分销战略

全球分销战略是企业为了在全球市场中有效地分销其产品和服务而采取的一系列计划和行动。这些战略旨在优化供应链管理、提高市场渗透率、增强客户满意度，并最终实现企业的全球增长和盈利目标。全球分销战略的关键要素包括以下几点。

1. 市场研究与分析

企业必须对目标市场进行深入研究，了解当地的文化、法律、经济状况和消费者行为，以便制定适应当地市场的分销策略。

2. 供应链优化

通过战略并购、技术创新和合作伙伴关系，企业可以形成规模经济，提高供应链效率，降低成本，并更快地响应市场变化。

3. 标准化与本地化的平衡

企业需要在全球标准化和本地化之间找到平衡点。一方面，标准化可以帮助企业实现规模经济和成本效益；另一方面，本地化可以更好地满足特定市场的需求，提高市场接受度。

4. 数字化和技术应用

企业需要投资于电子商务平台、全渠道体验和数字化运营，以提高效率、降低成本并增强客户体验。

5. 客户关系管理

建立强大的客户关系管理系统，以更好地了解客户需求，提供个性化服务，并增强客户忠诚度。

6. 合规性和风险管理

在全球分销中，企业必须遵守不同国家和地区的法律法规，同时管理与国际贸易相关的货币、政治和物流风险。

7. 持续创新和改进

企业需要不断创新其产品和服务，以适应不断变化的全球市场和消费者需求。同时，持续改进分销流程和策略，以保持竞争力。

8. 文化洞察和品牌战略

理解不同文化背景下的消费者行为和偏好，可以帮助企业更好地定位其品牌，并通过文化相关的营销活动与消费者建立联系。

 相关案例

海尔全球分销战略

1998 年，海尔开始实施其国际化战略的第一步，通过出口产品到海外市场来测试和建立品牌知名度。这一阶段，海尔主要依赖于原厂委托制造（OEM）模式，为国际知名品牌代工生产家电产品。这种模式使海尔能够积累生产经验和技术知识，同时了解国际市场的需求和标准。

进入 21 世纪，海尔开始转变策略，从 OEM 模式转向自主品牌的国际化。2002～2007年，海尔与日本三洋电机合作，探索互相开放销售渠道的商业模式。这一合作不仅使海尔获得了宝贵的技术转移，还为其在日本和东南亚市场的扩张奠定了基础。2007～2011 年，海尔与三洋电机进一步深化合作，成立了合资公司，整合冰箱业务，将生产线转移到中国，这一举措显著提高了海尔在全球冰箱市场的竞争力。

海尔的全球扩张并未止步于此。2012 年，海尔收购了新西兰的家电品牌 Fisher & Paykel，这一收购不仅扩大了海尔在大洋洲的市场，还通过 Fisher & Paykel 的高端品牌形象，提升了海尔在全球消费者心目中的地位。此外，海尔还通过建立研发中心和生产基地，实现了在全球多个关键市场的本土化生产和研发。

海尔的全球分销战略还包括了对全球市场资源的整合。例如，海尔在美国建立了研发中心，专注于满足美国消费者的需求；在欧洲，海尔通过与当地零售商的合作，提高了产品的市场渗透率。此外，海尔还利用电子商务平台，如亚马逊和阿里巴巴，扩大了其在线销售渠道，使产品能够更快速、更便捷地到达全球消费者手中。

海尔的全球分销战略取得了显著成效。市场研究机构 GfK 中怡康最新数据显示：2023年海尔智家整体市场份额再次创下新纪录，以 28% 蝉联行业第一。从整体来看，2019～2023

年一直是海尔智家的持续增长期，其市场份额已从 19.7%连续增长至 28%，5 年时间市场份额净增了 8.3 个百分点。海尔冰箱、洗衣机和空调等产品在全球多个市场均名列前茅。海尔的成功不仅体现在销售数据上，更在于其品牌价值的提升和全球消费者的认可。

第 4 节 跨境电商营销策略

投资、消费、出口是拉动经济发展的三驾马车。在改革开放初期，投资是迅速激活中国经济潜能的一剂猛药。自中国加入世界贸易组织后至今，中国商品实现了从中国制造在国际市场上崭露头角到中国创造披荆斩棘攻城略地的历史性转变，出口成为我国不断在经济领域扩大国际影响力的重要渠道。因此，出口与中国"新四大发明"之一——电子商务的融合，成就的跨境电商，成为中国在世界上对外交往的靓丽名片之一。据海关总署介绍，2022 年我国跨境电商总规模突破了 2 万亿人民币大关，同比增长 7.1%[①]。各级地方政府对此积极响应，因地制宜，从政策层面大力支持跨境电商发展。不同城市、地区有不同的招商引资激励和政策要求规范。由此可见，鼓励跨境电商产业集群化、高质量发展已成为各地政府由上至下推动经济发展的普遍共识与举措。为顺应政策走向、时代潮流，企业也应当积极探索自身产业下跨境电商发展的新业态、新模式。

1. 多语言和多渠道销售

跨境电子商务搭上了互联网的快车，使得产品信息有机会供世界上每一个能连接互联网的地区的顾客浏览。这是前所未有的市场与机遇，也提出了新的要求。除了以主要目标市场的语言或国际通用语言为主要语言外，还需要提供多种语言版本的网站和产品信息，以便消费者能够方便地了解和购买葡萄酒产品。做好人种志特别是网络人种志的调查研究，了解当地消费者的消费习惯、属性偏好、生活特点，通过不同的跨境电商平台、社交媒体和在线市场，扩大销售渠道和覆盖范围。

2. 建立畅通高效的信息渠道

了解各国各地海关政策的施行与变化情况，确保产品顺利出入关。选择有政策优势，区位条件良好的地区建立产业基地。

3. 跨境物流与供应链系统

建立高效的跨境物流系统，包括快速、可追踪的国际运输、税务、报关服务、证书和退换货流程。

4. 畅通支付方式

目前外国人来华旅游的一大痛点便是在中国的支付问题。跨境电商虽然通常在网络上以

---

① 新华社：中国跨境电商年进出口规模首次突破 2 万亿元。https://www.gov.cn/lianbo/bumen/202306/content_6887007.htm

美元或当地货币结算，但要考虑资金转入国内的审核与周期问题。此外，随着人民币的国际化进程逐步加快，人民币也是交易的一个选择。总之，提供灵活多样且双方共信的国际支付方式，如信用卡、支付宝、维萨和万事达卡等，以便顺利完成交易，并减少支付风险。

5. 标准化和定制化的取舍

通常，营销会根据不同地区的消费者需求和偏好，进行产品定制和本地化营销，考虑当地的文化、习俗和法规等因素，调整产品包装、市场定位和推广策略。但定制化无疑会增加产品的供应链成本，标准化在节约资源的同时，可以维护品牌在全世界统一的形象，便于品牌管理和建设。

6. 关注国际动向

跨境电商从业者应当密切关注业务发生地和相关国家的政策动向与经济举措，世界互通互贸的今天，一国经济的变化会给世界贸易带来连锁反应，"蝴蝶效应"随时可能发生。汇率直接关系着产品价格和企业利润，跨境电商从业者应当有基本的国际经济学理论基础，关注美联储、中国央行等世界重要经济体的中央银行政策走向。

第 5 节　全球供应链设计与管理

供应链是营销全流程的重要环节之一，一场成功的营销——企业的产品契合目标消费者的需求、提供他们所需的价值，从而带来可观的销量和利润——的一个前提是，企业有足够数量的产品，在恰当的时间、恰当的地点交付至消费者的手中。在交通发达、世界互联的现代，过去企业生产的许多原料已不再被"蜀道难"困扰，个别稀缺原料也可以通过进出口轻松获得。因此，对于某些公司，甚至某些行业来说，供应链管理在当代成为决定其兴衰成败，是否能从激烈的市场竞争中脱颖而出的关键因素。

供应链运作的流程就是价值传递的流程，这样的价值在供应链中有三种体现。

1）材料流：由原材料，被制造成零件，再被组装成产品，产品再运输到消费者手中。

2）金钱流：由原材料供应商，到生产商，到经销商，再到零售商和消费者，每一步都以货币的结算为体现来传递价值。

3）信息流：整个供应链不同环节之间关于信息的交换与传播。例如，零售商根据自己的销量来预估消费者的偏好，再找到经销商订购新一批产品。经销商根据零售商的订单，估计市场表现，再找到生产商订购新一批产品。生产商根据经销商的订单揣测市场反应，再决定新一轮订购多少原材料和生产多少产品。

供应链管理的重要性在一些行业的案例中可见一斑。新能源汽车行业是国家目前重点关心、高度关注的工业领域，已经在 2023 年和 2024 年的《政府工作报告》中多次被提及。从燃油车制造商到手机制造商，各大新品牌犹如雨后春笋一般迅速进入新能源汽车领域，这从某种程度上反映出，限制一个新能源汽车品牌发展壮大的并不是传统的技术壁垒，关键在于供应链的建立。

如何打造一个良好的供应链？这在品牌建立之初，产品品类规划之时就要下功夫。目前有两种实践可行的模式。一种是比亚迪的全产业链模式：比亚迪在电动汽车的核心"三电"（电池、电机、电控）方面都建立了独立且成熟的供应链，因此保证产量的同时也有足够的议价能力控制成本；另一种是以理想汽车为代表的低存货单位（SKU）模式：如果没有足够的资源像比亚迪那样打造庞大的供应链系统，中小新兴品牌可以另辟蹊径，专注于一款或一类产品的生产，如只专注于特定的型号和配件进行原料采购和生产，不需要多条不同的生产线和分销渠道，在短时间内可以实现规模效益而降低成本。原材料质量、经销渠道都是葡萄酒企业生存所依仗的战略要点，因此葡萄酒企业更应该自诞生之日起便着力搭建一条稳定、高效、优质的供应链。

一、产地选择

地理条件是影响葡萄酒风味、口感的决定性因素，一个地区独特的气温、降水，甚至土壤条件为当地葡萄园的出品烙上了专属的品牌标签。一般来讲，葡萄喜温，气温适宜在15～25摄氏度，在这个区间内，略高的气温有助于葡萄汲取养分，加速成熟，略低的气温有助于保留葡萄的酸味，酿出独特风味。昼夜温差大也是一个优势条件，有助于葡萄在生产过程中累积糖分，增加甜度。葡萄种植需要一定的水源灌溉，因此要选择有降水或者水源的地区，但不能过多或过少。灌溉过多，果浆会遭到稀释，影响果实的糖度，同时过于湿润的土壤易于病虫滋生。灌溉过少，葡萄果实的生长可能受到抑制，果实较小。常见种植葡萄的土壤是砂壤土，这类土壤疏松，利于空气流通及排水，保肥能力也强，其他的土壤类型还包括黏土、砂土、砂砾土、盐碱土等。北纬38度至45度被称为葡萄种植的"黄金纬度"，许多国际知名的葡萄园都坐落于这个区间，如法国的波尔多产区、意大利的托斯卡纳产区、美国加州纳帕谷产区，以及中国的宁夏贺兰山东麓产区、河北的沙城产区（长城桑干酒庄）、山东的烟台产区（张裕产地之一），这些产区的气候条件都能满足上述的诸多优势。

因此，要根据目标市场喜好和需求，选定生产基地。但是某种程度上，当地人的偏好也是由当地的自然条件孕育的，如靠近海的渔民自然就喜欢吃鱼，而不是喜欢吃鱼才靠近海。一个社会的饮食结构是在自然和人类社会的长期相互作用中所塑造的。这要求葡萄酒企业在进入市场前进行全面而细致的市场定性调研与采访，充分认识当地的人文环境，以选择相适应的葡萄酒产地。同时，也应考虑到运输成本的问题，产地与主要市场不宜过远，否则运输成本会较高。但成熟的现代交通网已很大程度地解决了这个问题。另外，还需要综合考量当地的社会环境是否稳定，营商环境是否"清、亲、廉、诚"，当地的葡萄甚至这个城市是否有品牌声誉。稳定的社会环境和公开透明的政商关系能够保证业务的行稳致远，而原产地的品牌声誉也能作为附加值增加产品的长远竞争力。同时，如果供应链涉及国际贸易，那还应该考虑宏观经济因素，如汇率变化趋势、国际经济走向，甚至战争风险等，这些都可能突发震荡，给企业省下可观的财富或者造成巨大的损失。例如，许多需要依赖空运，同时航线经过俄罗斯和乌克兰领空的企业，在俄乌冲突期间不得不改道而行，运输时间和运输成本大增。

二、采购与原料管理

如果在葡萄酒的制作过程中，不能完全做到自给自足（如一家中国的葡萄酒企业无力也无心在法国经营一家葡萄园），那么这时便需要对外采购相应的原材料、产品或服务。采购的根本逻辑在于，引入第三方进入供应链的成本低于企业自身执行该项职能的成本，否则应

当企业自营该供应链环节。例如，一家中国葡萄酒企业进入西方某国市场，需要将中国的葡萄酒运往欧洲，如果它是一家新兴企业，那么通常它会联系船运公司，将自己的货物运往目的地。如果是成熟的行业巨头，那么它可能拥有自己的货船，甚至船队和机队，专业运输自己的货物。

葡萄酒采购应考虑如下议题。

1. 质量把控

第三方是否能长期稳定地提供符合企业要求的原材料（如葡萄）或产品，这直接关系到企业能否完成正常的生产活动。如果采购的原材料出现了质量问题或负面事件，也将不可避免地直接影响到企业的声誉。

2. 核心技术与控制能力

选择对外采购，即放弃了企业自造自营，应考虑到在长时间里企业会逐步丧失对该项技术或流程的熟悉程度和复刻能力。更重要的是，应当谨慎考虑由第三方负责的供应链流程，避免丧失对核心环节的控制。一个企业赖以生存的独特产品口感，如果没有自有的葡萄酒庄而过度依赖第三方供给，将会在议价和谈判时处于不利地位，甚至面临着第三方倒戈向竞争对手供货的风险。同时，如果过度依赖采购，也会导致企业丧失对市场实际情况的把握与理解，缺少与一线员工或消费者的沟通。

3. 供应链的长度与反应速度

如果有众多第三方参与到了供应链，也许总体成本降低了，但是无疑将供应链的长度延伸得很远。在企业需要做出迅速反应时，需要额外的协调工作与反应时间，不利于紧急情况的应对。例如，如果突然有一个来自南美洲的意向大额订单，即便是中国的企业想要支付欧洲工人的加班费短时间内实现增产，中国企业也只能经由采购向欧洲原料产地沟通协调增加订单。

4. 公司的规模与需求的稳定性

为了生产某种特定产品，就需要为其搭建一条独特的生产线。生产线的搭建属于固定支出，微观经济学告诉我们，降低固定支出的最好办法就是实现规模效益。而如果市场需求不稳定，其本身就是一种风险，因为规模效益受损。如果一家小公司嗅到了市场契机，决定开发一款新概念的葡萄酒，但不知市场反响如何，那这时适合选择采购原料产品和制造服务，利用第三方现有的生产线来生产小部分、不稳定数量的产品。这对于第三方是完全能接受的，因为葡萄园主有着众多的土地，葡萄有必应；工厂主有着众多的流水线，只需略微支付多一些电费让机器加班加点地运转便能有新的订单。实质上，就是把企业需求不稳定的风险交由第三方的规模效益中和了。而如果一家大公司长期预测有着稳定、大量的需求，那它应该尝试自己搭建生产线，将所有利润掌握在自己手中。

5. 创新机会

依赖对外采购可能会在相应的方面失去与新的洞察和创新机会第一时间接触的机会，从而失去先机。

葡萄酒的原料——以酿酒葡萄为主——需要得到妥善的保存与处理。经过榨取、除榨、沉淀和过滤的葡萄汁需要由酵母发酵。不同的酵母会产生不同的风味，同时也对环境有着不同的要求，一些特殊的酵母甚至可能需要特殊的温度、营养物质、pH、氧气条件。发酵的过程对于葡萄酒酿造成功与否至关重要，现代企业应当积极运用科技控制发酵过程。例如，利用传感系统监测发酵过程中的关键参数，如温度、密度、传递酒液的状态，提供详细的数据，以供生产者了解情况。建立自动化控制系统，自动调整气温，增加空气，调整酒液的搅拌速率，实现出品的准确性和稳定性。甚至可以基于数据科学和生物技术，建立模型与算法，预测葡萄发酵过程的趋势和变化，实现最优发酵结果。另外，葡萄酒庄也应建立起现代化的管理制度，设立专业的种植生产酿造规章制度，合理安排人员检查发酵过程，同时制定相应的风险管理措施和应急预案，保障酒庄安全。

三、生产与加工

葡萄酒的生产与加工，需要考虑在全球范围内，生产工艺、质量控制和卫生安全标准等因素是否符合供应链所及的任何地点的法律要求与风俗习惯。做好信息整理工作，尽量采取全球通用的生产规范，同时保持沟通渠道的畅通，维护与当地的公共关系，确保生产过程符合法规要求和消费者期望，践行企业社会责任。

四、经销商与分销渠道

分销的定义是在供应链中为使产品在供应商环节移动或存储所采取的措施或步骤。对葡萄酒生产商来说，分销渠道的成本和效率，既影响着平摊到每一个单位上的经济效益，又影响着顾客接收到的价值。因此，设计一个分销网络的总体目标是，在提供给满足客户需求的价值的前提下，设计最低成本的分销网络。分销网络的设计一般要分为宏观的总体架构和微观的具体选址两个维度先后考虑。

1. 宏观角度

这个分销网络的结构是怎么样的？需不需要经销商？需要什么样的经销商？分销渠道有直接与间接之分，直接即指无需任何经销商参与其中，生产商完成从生产到销售到运输至客户手中的全部过程。间接就是有经销商参与上述流程，产品从生产商，到批发商，到零售商一层一层地传递到消费者的手中。这样的垂直层级具体有哪些表现前文已有介绍，通常来讲，对于葡萄酒生产商来说，是授权当地酒类零售店或大型商超售卖自己的产品。但是一个企业的分销网络通常不是单一的，会针对不同的细分市场和群体提供不同的渠道。总之，应根据自己的行业特点、企业规模和顾客需要来规划分销的总体框架（图8-19）。

在进行分销网络的模式抉择时，可以运用苏尼尔·乔普拉和彼得·迈因德尔介绍的一些关键绩效指标和评分方法来选择适合自己的分销模式（表8-5）。

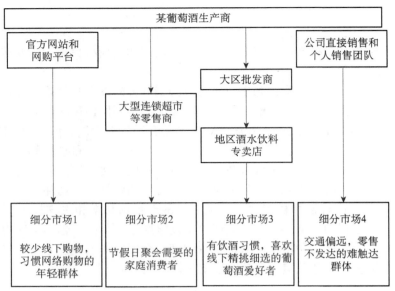

图 8-19　某葡萄酒生产商供应网络

表 8-5　分销模式

	模式 1	模式 2	模式 3
响应时间（响应客户需求所需的时间）	4	3	2
产品多样性（SKU）	1	2	3
产品可获性（是否还有库存）	1	2	3
可退货性（产品属性是否支持退货）	5	4	3
顾客体验（顾客是否需要亲自触摸，体验产品）	4	2	1
上市速度	1	2	3
订单可视性（客户是否能追踪自己的订单）	5	3	2
控制能力（渠道是否有失控的风险）	2	3	5
总分	23	21	22

　　上述的评分方法是遵循互补原则，以总分为最终决定标准。可以依照实际经营情况进行改进，如某款葡萄酒畅销到缺少库存，那么产品可获性是最重要的，可以首先筛选产品可获性纬度的得分不能低于 3 分，其次依据其他维度计算总分。

2. 微观角度

　　因地制宜，根据总体架构的战略规划，如同投资银行一样细致地实地考察经销商的资质和选址，并且分析经销商和选址的潜力、前景与资源分配。考虑"最后一公里"供应条件是否顺畅、当地基础设施是否完备、当地的劳动力成本、市场需求、人流量等。

案例讨论

　　娃哈哈是第一批乘着改革开放春风建立起来的食品饮料企业，在改革开放之初，中国这一庞大的市场面临着商品与企业的短缺，市场上求大于供。有大量的经销商在市场上寻求着优质产品以经手分销，此时娃哈哈作为生产者，议价能力与话语权极强，收获了大量的经销商将娃哈哈的饮料产品推送到中国的大部分地区。娃哈哈与经销商的合作模式是：给予经销商较大的自主权，由经销商自身负责本地区的各种超市、便利店和零售小店的货架产品陈列情况。通常来讲，经销商从生产商处进货的货款不会立即支付，因为涉及未售退市商品的退款等。但娃哈哈的模式要求，经销商先打（部分）货款，以此保证公司利润，从而进一步地投入到新市场。关于地区的运营，娃哈哈只给一个地区（县或镇）分配一个业务员（代表娃哈哈），其职务与作用通常局限在督促经销商按时支付后续货款。娃哈哈长期坚持着这样的分销模式。

饮品市场上另一个竞争者是农夫山泉。农夫山泉作为后起之秀，有着截然不同的分销模式，并且在市场上的份额一路突飞猛进。农夫山泉的业务员团队有着更大的规模和更多的职能，在一个地区，通常会设立一个几十人规模的营业部。这几十位营业员会如同毛细血管一样深入这个地区的每一个乡镇，他们会定期进到零售店内，整理货柜，检查产品，确保公司的产品政策得到执行。同时，他们统计店内销售情况，根据实际需求填写下一轮的送货单交由经销商送货。在这种情况下，经销商要做的，就是遵从农夫山泉业务员的指示，完成送货和支付货款。

思考：这两种业务模式各有什么样的优劣势？

五、需求预测

规划好了供应链结构之后，接下来要做的是让这条供应链运作起来。要让供应链高效地运转，就如同利用金融投资最大化资金的价值，在一个投资计划完成后紧接着投入新的投资，而另一批不同期的资金此时参与在另一个投资中。供应链也是如此，一批产品正在制作中，一批产品正在运输到某个市场补货，在这个市场上的零售店在新货到来前有刚好足够的存货满足当地的需求，一切都井然有序、有条不紊。要做到这样高效无浪费的供应链运输，就要做到科学精准地预测生产、运输、销售的需求。要做到准确预测并非易事，相反，预测往往由于人为偏差而与实际情况相差甚远。

例 8-1

在当代商学院教学中，有一个经典的教学游戏叫作啤酒游戏（beer game）。既然啤酒与葡萄酒都是一类产品，在这里的讨论中就用葡萄酒代替。学生们会被分配到葡萄酒生产商、批发商、经销商和零售商的不同角色进行决策。游戏一共有 24 轮，订货时间需要 4 轮。大多数学生的情景是这样的：

第 1 轮，零售商保持着往常的销量（假设是一个月 20 瓶某品牌葡萄酒），并且向经销商处订购 20 瓶补充空额（需要 4 周）。

第 2 轮，不知什么原因，这个月生意不错，卖了 30 瓶该品牌的酒，因此零售商向经销商又订购了 30 瓶。

第 3 轮，这个月的业绩一样不错，但是这时零售商的库存已经接近告罄了（第一轮订的

20 瓶还有两轮才到），于是零售商情急之下订了 100 瓶，以免以后再发生这种情况。

第 4 轮，没有存货了，业绩为 0，零售商又下了一定数量的单。

……

第 9 轮，前面的订单陆续到了，但是销量完全消化不了，一方面是因为订单数量巨大，另一方面是因为消费者前几轮没有买到产品，陆续转向其他品牌。

……

第 11 轮，零售商绝望地发现，生产商、经销商处有大量的存货（因为前几轮零售商大幅增加的订单给了他们市场景气的信号，他们根据需求抱有在订单基础上还有一些增加空间的希望或预期）。

……

第 12 轮到第 24 轮，整个供应链乱成一锅粥，完全对应不上需求，甚至跟需求相反，有需求的时候无货，有货的时候没有那么大的需求。

这样的现象可以被总结为在信息不透明的环境下，供应链的每个行动所传递出来的信息都被放大了，称之为"牛鞭效应"。这个游戏揭示了供应链中的一些关键问题：①信息不对称、不透明带来的反应与过度反应。②酒类和其他产品的批量生产追求经济效益的同时带来的滞后性（一批一批需要时间制造，而不是像自来水一样连续地流动）。③阶段性需求：因为生产商提供的降价优惠，或者经销商习惯某个时候下订单，订单有时是十分集中的，让生产商难以应对突如其来的大量需求和了解真实市场情况。④竞争行为：为了抢占市场与对手竞争，人们有时也会做出过度反应从而也带动市场上的其他人过度反应。因此，作为生产商，了解市场真实需求极其关键。

为了降低预测偏差，在预测之前，作为葡萄酒生产商可以采取一些行为来减少本供应链内的"牛鞭效应"。

1）建立葡萄酒行业供应链信息共享系统，舒畅沟通渠道，交换一线数据和市场信息，共建共享共决策一个有生产、销售和库存计划的葡萄酒供应链。

2）利用第三方物流运输来分摊高峰时期的压力，提高响应性。

3）作为厂商，保持出厂价格稳定，避免频繁波动，采取"批发价格承诺"。

4）统筹协调批发商的订货安排，分配订货时间，如建议批发商 A 在周一下单，B 在周二下单。根据批发商之前的数据，提供建议的订单数量。

5）强调供应商的地位。这是出于避免零售商这一市场信息反馈的第一站，出于自身利益和促销活动的驱动而传递引起市场波动的信息。让供应商对于生产、预测和补货有最终的决策权。

需求的预测大致有两种方法。

（1）定性方法 定性方法包括人为预测和历史数据预测。人为预测是最为简单直接的一种方法，它依赖于从业者基于经验的主观判断。人为预测听起来很随意且不科学，但是当市场上缺乏足够的信息和数据支撑其他科学的预测方法时，人为预测不失为一种可取的方法。特别是一些在相关行业内工作，有着丰富经验的专家，往往能够敏锐地捕捉到即将发生的变化而给出比公式与机器更准确的答案。这种方法适用于新兴产业或者面临急剧变化的行业。历史数据预测是指基于历史的表现和数据预测未来需求。这个方法建立在一个重要的前提之上，过去的数据能够作为未来的指标，即历史的数据足够有代表性且未来表现不会有太大的波动。

（2）**定量方法**　　定量方法即建立起回归模型来预测需求，这种方法要求量化所有显著影响需求的因素。一个预测葡萄酒零售店需求的模型如下：

$$y=\alpha+\beta_1\times价格+\beta_2\times品质+\beta_3\times品牌+\beta_4\times包装+\beta_5\times天气+\cdots+e$$

式中，y 指销量；α 指这个式子中的常数项；每个属性前的 β 指系数，反映了这个属性在多大程度上影响了销量；e 指预测值和实际结果之间的误差（没有模型百分之百的准确）。

这是一个标准的多元线性回归模型，可以根据实际情况，增加或改变式子里的变量。理论上，将所有可能影响销量的因素全部考虑进去，可以提高这个模型的拟合度（衡量模型是否能准确解释或预测数据，一个常用指标是 R-squared）。但是在实践中，一方面，列举出全部的因素工作量过大，不太可能实现；另一方面，这会存在过度拟合的问题，即这个模型能完全解释用来训练这个模型的数据的所有特征，但是实际用来预测的数据大概率不会和训练数据保持一模一样的特征和走向，因此这个模型不具有预测其他数据的代表性，过于地"针对"训练模型数据，而缺乏了普遍性。因此，需要葡萄酒从业者根据自己的经验来挑选合适数量的变量。

此外，现实生活中的因果关系，通常不是简单的几个变量叠加。有很多复杂的情况，例如，挑选的变量往往不是互相完全独立的，一个独立变量的变化可能也会影响到另一个独立变量。比如，下雨天会让促销的效果大打折扣。这种变量间的相互作用需要被考虑到模型中，如下所示：

$$y=\alpha+\beta_1\times价格+\beta_2\times品质+\beta_3\times品牌+\beta_4\times包装+\beta_5\times天气+\beta_6\times价格\times天气+\cdots+e$$

以上的模型，全部建立在一个重要的假设上，销量的变化是线性的。但是现实往往不是一条平滑的直线，就像我们常说的，月满则亏。对于葡萄酒的价格，一个低于市场平均的价格，能拥有价格优势，获得那些价格敏感的消费者。与市场竞争者持平时，消费者可能转而投向其他品牌了。高于市场平均时，尽管消费者可能之前没有听说过你的品牌，还是会因为光环效应或者价格带来的暗示而认为你的产品非常的高档和优质，纷纷购买一些储备在家中酒柜。这听起来很像中学时学的"U"字形的二元一次函数。的确，二元一次函数就是常见的非线性关系的一种。可以用下面的式子来表示上述的情景：

$$y=\alpha+\beta_1\times价格+\beta_2\times价格^2+\cdots+e$$

上述所说的几个式子都只是回归模型的几种基础样例。在现实生活中，有很多不同的情景，这就需要从业者根据实际情况，巧妙地将现实问题转化为数学逻辑，整合这些基础回归逻辑，建立起一个科学可靠的回归模型。在实际的计算中，可能要考虑到的因素还有订单准备时间、订单运输时间、竞争者的行动，以及宏观经济状况。

六、库存管理

对于葡萄酒生产商来说，它生产出的库存可以有两种方式，第一种是集中化，用一个大的仓库储存多个或全部市场区域的存货。另一种是分散化，每个地区有一个专属的小型仓库。集中化的优点很明显，可以通过规模效益节省许多固定的成本，并且可以通过汇集效应，缓和需求的波动和不确定性，对存货量的要求更低。但是分散化也有其特点，它可以实现更快的响应速度和更少的订货交付时间，并且对每一个个体客户的运输成本也更低。前者适宜同质的消费者市场，后者适宜竞争激烈但需求可预测的市场。在仓库中，要建立合适的

仓储设施和库存管理系统，确保葡萄酒的储存条件和库存水平符合要求。采用先进的仓储技术和库存控制方法，最大程度地降低库存成本和风险。

除了生产商有一定数量的产品储存在仓库内，等待运往经销商处或直接输送至消费者手中，对于葡萄酒来说大部分的产品都在经销商和零售商的手中。经销商和零售商如何管理好库存也很重要，为了最好地保存产品，应该采取像上述生产商那样的严密科学的举措。但在实践中，他们没有生产商那么大的场地和随时可调动的资源，可能还同时代理、售卖着许多不同品牌的产品，缺乏核心动力来维护生产商的产品。因此，对于经销商和零售商库存管理更重要的议题是保持一个合理水平的库存，这不仅仅是要考虑到不同需求发生的概率，也要考虑到安全库存（满足一些意外，临时需求的库存）和储存成本（就像前面提到，仓库和货架的空间占据都需要成本）之间，风险与利益的考量。

例 8-2

假设一个人突发奇想，开发了一种新的葡萄酒产品，借鉴当下流行将新鲜水果或小料加到葡萄酒中，每天从经销商处订购新鲜的某品牌葡萄酒和水果，在一个人流量大的步行街租下了一个小摊，为路过购物逛街口渴的顾客提供按杯售卖的水果葡萄酒。每天的需求是不确定的，根据调研，有 25% 的概率是卖 50 杯，50% 的概率卖 100 杯，25% 的概率卖 150 杯。销售数量= min{进货数量，需求}，即两者中最小的。假设进货成本是 3 元，销售价格为 10 元一杯，可以得到以下的分析（表 8-6）。

表 8-6　库存管理分析

订单数量/杯	需求/杯			收益/元
	50（25%）	100（50%）	150（25%）	
50	350	350	350	350
100	200	700	700	575
150	50	550	1050	550

显然，经过概率和风险的考量，该葡萄酒商每天（或每次订单）订 100 个单位原料是最合理的。然而，这种简单直接的方式也是建立在一定的条件上的，在现实中可能很难知道需求的具体分布情况和概率（现实是正态分布概率而不是明确的概率），以及很难在决策之前知道具体的需求。此外，上述的计算在订单数超过需求时，将多余的原料作为完全的弃置，而事实中，葡萄酒及其他的饮料是有"残存价值"，可以退还给生产商的。

例 8-3

某家葡萄酒零售商直接向生产商订货，进货价（即生产商的销售价）是 100 元每瓶，销售价是 200 元每瓶，但是生产商会以 80 元每瓶的价格回购未售完的库存（即残存价值）。此时我们不知道需求的分布与可能性，下订单就有可能超出实际需求或低于实际需求。超出实际需求时，零售商的单位损失为向生产商购买和生产商回购之间的差价，即为 100-80=20 元，称为超额成本（overage cost，Co）。低于实际需求时，零售商的单位损失为本可以赚到的利润，即为 200-100=100 元，称为缺额成本（underage cost，Cu）。此时容易想到，订单数量和利润的关系应当是一个倒"U"形的二次函数图像。当订单数为 0 时，此时没有成本也没有利润，位于原点。随着订单数逐渐增加接近实际需求时，利润逐渐增加（前提是生产一件产品的收益大于成本），完全与实际需求重合时位于顶点（极值，最大值）。之后，多余的订单会造成损失，总利润下降。当订单数量为 Q 时，此时的边际收益（即 $Q+1$，比 Q 多一个的收益）为 $Cu \times P$（单位价格）（需求 $>Q$）或 $Co \times P$（需求 $\leqslant Q$），前者是需求大于订单量的净收益，后者是需求小于或等于订单量的亏损。那么总体实际的边际收益即为

边际收益 $= Cu \times P$（需求 $>Q$）$- Co \times P$（需求 $\leqslant Q$）

运用微积分中的极值思想，当总体边际收益为 0 时（即到达了倒"U"形二次函数的顶点，也是利润的极值），P（需求 $\leqslant Q$）$= Cu /$（$Cu+Co$）$=$ 临界比值（critical ratio）。代入上面的数值，此时的临界比值为 100/（100+20）=0.83。0.83 的意义是，有 83% 的可能性使得订单量能够满足所有实际需求来实现正态分布概率下的最大利润。查阅正态分布表，对应 0.83 的 Z 值是 0.95。那么，此时的最优订单数量同时也是安全库存数量即为

$Q=$ 平均需求 $+Z$ 值 $\times$ 需求的标准差

这个就是经典的报童模型（newsvendor model）。那么，平均需求和需求的标准差怎么获得呢？

一般来说，零售商会用过去的销售数据来计算平均需求和需求的标准差。如果我们曾经预测过需求，那么可以采用另一种反映预测准确度和偏差的方法。一个预测指标叫作 A/F 比值。它等于某一次的实际需求/预测需求，当计算每一次过去的 A/F 比值时，可以得到 A/F 比值的平均数和标准差，用 A/F 比值平均数 $\times$ 预测需求，可以得到平均需求，再用 A/F 比值的标准差 $\times$ 预测需求，即可以得到需求的标准差。

葡萄酒零售商在未售完存货时不一定会立即退货给生产商，而是储存和等待一段时间，此时就会产生前面提到的储存成本，订单并不是像流水一样持续的（就像上面那个每日进货的例子），而是一批一批的。那么在这种情况下，该如何计算多久订一次货以及每次订多少呢？

例 8-4

假设一个葡萄酒零售商某品牌的月均销量是 100 瓶，用 D 表示。每次向生产商下单的固定成本（交通等）为 4000 元，用 S 表示。每月一瓶酒的储存成本（场地和电力等）为 3 元，用 H 表示。那么在一段时间（T）内：

总的储存成本 $= H \times$（$Q/2$）

订货周期 $= Q/D$

订货的次数 $= T/$（Q/D）$= TD/Q$

总成本 $= P \times TD/Q \times Q + HQT/2 + TDS/2$

只需要考虑 $HQT/2 + TDS/2$ 的部分，整理可以得到最佳的单次订货量为 $Q=\sqrt{2DS/H}$。代入刚刚设定的值可以知道，每次最佳的订货数量为 $\sqrt{2 \times 100 \times 4000/3} \approx 516$ 瓶。订货间隔为 516/100=5.16 天。这个叫作经济订货批量（EOQ）模型，是库存管理的基础模型之一。

EOQ 模型的假设是，将储存的葡萄酒卖完了立刻有新的订单到店。但现实中为了保险起见，大部分商家会有一个安全库存基准，即保持库存下降到某某数量后就立刻下订单补货，如何找到这个最佳的重新订购点？这个叫作重新订购点模型，基本的计算方式是：重新

订购点=重新订购时间（如两周）内的需求+安全库存（即代表重新订购时间内需求小于重新订购点概率的 Z 值乘重新订购时间内需求的标准差）。

在重新订购点模型的基础上，还有一个定量订货模型（order-up-to model），它的特点是每次订货的数量不固定，而且考虑到了上一阶段没用完的存货继续使用，拖欠的未能满足的需求顺延至下一阶段等因素，更加的严密科学、贴近实际，需要画流程图来诠释。在这里，重新订购点模型和定量订货模型仅作为了解，不作学习要求。

EOQ 模型作为最核心的模型，学者们通过种种拓展计算，挖掘出 EOQ 模型下的许多有助于供应链管理的见解。由于计算过程涉及其他知识，这里对过程就不做进一步诠释，仅展现结论。研究供应链的一个重要原则是，聚焦于供应链的总体表现/效益，而不是单个环节的效益。通过 EOQ 模型的拓展计算可证明如下商业洞察结论：尽可能地减少供应链中的参与者（即将生产商、分销商、零售商整合为一家公司），能够最大化整个供应链的利益。这主要是由于当零售商和生产商分开时，零售商的购货成本是更高的（作为独立公司的生产商需要挣钱）。当合并时，零售端由于更低的风险，会更倾向于订购更多的货物。

在不能整合为一家公司时，允许零售商和经销商以一个协议价格退回未售完的存货。这主要会增加零售商和经销商的订货量，从而在供应链总收益与上述整合为一家公司的情景相同的情况下，生产商和零售商的收益皆高于原始各自独立的情况，实现双赢。通过调整协议回购价格，能够调整生产商和零售商各自的收益情况（总收益不变，各自的收益此增彼减）。

七、商品运输

绝大部分的产品都需要运输，除了那些生产和销售都在一个空间的稀少例子。商品的运输是除了生产环节、保存环境外保证产品质量的重要条件之一。一个好的运输环境，不但能保证稳定按时地送达目的地，更能确保产品在路途中不变质，损耗率低。现代的运输方式大致有 5 种（表 8-7）。

表 8-7　现代运输方式分类

方式	特点
公路运输（卡车）	公路运输的独特优势在于公路的普及是最广的，卡车甚至可以去到没有公路的地方，灵活性高，覆盖范围广。它的速度相对较快，但是装载量较低，风险性和损耗率相对较高。适合短途和小批量的货物
铁路运输	铁路的速度相对较慢，但是它较少受到道路环境的影响，运输时间相对稳定，适用于长距离和大批量，有铁路建设地区的运输。随着高速铁路的发展，未来铁路运输的速度可能有更好的表现
空中运输	飞机是目前最快的运输方式，但显而易见它的运输成本很高，且运输量相对较低。适用于远距离和急需交付的货物
水上运输（货轮）	水上运输是最便宜、运输量最大，但同时也最慢的方式。适用于长距离运输和大批量的货物运往靠近海洋，有优良港口的地区
管道运输	管道运输仅适用于液体和气体的运输，且需要管道的铺设，前期的投入比较高。但是管道不受环境太大的影响，稳定性高，可以源源不断地自动输送。虽然管道目前通常只用于天然气、石油等能源的输送，但是从物体性质上来看，存在着输送葡萄酒的可能性。

现代成熟的交通网络，通常不会仅仅采取单一的运输方式，如中国河北的长城葡萄酒，可能装载上卡车至天津港，经由渤海、黄海、东海、南海、印度洋、苏伊士运河、地中海到

达法国南部。一次又一次的转运换乘，存在着诸多"节点"。在过去，除了短途的，可以将工厂的货物直接运往零售店的运输外，都需要仓库作为中转站，即葡萄酒上岸后，先运往某地的仓库，然后再等待下一个交通工具的安排。但现在一种新型的节点在业界流行，叫作交叉货仓（cross dock），交叉货仓可以简单地理解为一个便捷高效的中转站。货物在此处被快速地分配好目的地，花费非常少的停留时间便前往其目的地，不再需要仓库存储，直接加载到另一种运输工具上，以完成最后的交付。例如，中国的葡萄酒到达法国南部的港口后，不再前往其自己的货仓，而是直接与其他一些最终目的地道路相近的货物装运上车。交叉货仓是当代货运交通枢纽高效运行，不断改进的产物，它能够有效地提高物流效率，降低物流和存储成本。

"要想富，先修路"，在过去的二十年里，中国经济用其对"铁公机"（铁路、公路、机场）的大力投资证明了交通基础设施对经济的拉动作用。对于葡萄酒企业来说，中国的交通基础设施条件优越，企业能以一个较低的成本享受到先进的运输设施，这是得天独厚的营商机遇。葡萄酒企业应当大力依靠中国完善的交通运输网，在全国范围内铺设供应链，推动产品流动全国，进而享誉世界。

八、信息技术与数据管理

建设好成熟的供应链系统后，需要实时了解和监控供应链的运营情况和发掘潜在风险。采用现代信息技术和数据管理系统，实现供应链运营的可视化、协同和数据分析。利用先进的技术工具，监控供应链运作状况、预测需求、优化决策。

在现代的工厂，智能仓储和物流技术已经逐渐普及，包括全自动化仓储和装卸货设备。随着人工智能和无人驾驶技术的发展，无人机、自动驾驶车等载具进入交通服务也将成为现实。物联网（IoT）技术的发展，使得通过传感器和连接设备，管理者可以对供应链中各个环节更精确、更深度地实时监测和远程控制，实现各环节的协同运作。

前文提到，增强供应商在供应链中的地位，不但有助于减轻"牛鞭效应"，也是零售业内许多企业的实践。不同层次的供应商的影响力和地位，对应着不同层次的信息数据技术。首先是实时数据反馈，销售点情报管理系统（POS）能够实时地将销售数据共享给供应商，以便他们能够提升他们的预测能力和调整生产计划，但此时零售商仍然对于订单有着绝对的自主权。数据共享再上一层是自动补货，供应商可以基于与零售商事前协商好的重新订购点或库存水平，为零售商做补货的决定。供应商最具影响力的科技形态是自动下单，它赋予了供应商对于补货订单的全部决策权力。这三种模式，由下及上，不仅反映了供应商对于供应链的控制能力，也反映了供应链内的合作和互信程度。

九、可持续发展与社会责任

强调企业社会责任，在当下不但是道德的共识、政府的要求，更是经济发展的驱动力之一。当代个体和团体投资者在投资时都会关注公司的"绿色报告"，了解公司在可持续和节能减排方面的努力与进展，因为这不仅仅是保护环境的义举，更是降低运营成本，规避相关来自政府和社会的公关风险的举措。

对于葡萄酒来说，企业社会责任是其成为有历史积淀、文化底蕴的品牌的必要保障。践行企业社会责任对供应链上的任何一方的发展都是相互影响的。葡萄酒企业需要从生产到销售都注重对当地的影响，不因自身占据有利的行业地位而损害当地社会权益。同时合理利用知识与资源，提供必要的培训，帮助当地人民实现自我与产业的提升，实现企业和当地社会的互惠共赢。例如，要切实关注葡萄供应地农民的工作环境、薪资待遇、发展机遇是否符合国家的劳动法规与人道主义的关怀。如果滥用自己在供应链的优势地位，可能会造成的后果包括但不限于，农民没有动力和条件完成正常的生产活动，提供高质量的原材料；农民缺乏科学的种植方法和农业知识，竭泽而渔的生产突破了当地的环境承载能力，不再能出产当地水土特产的作物；竞争对手后起而上，以合理的待遇将当地的生产纳入麾下；负面信息被曝光在社交媒体，引起人们的口诛笔伐、自觉抵制和政府的问询追责。

良好的企业社会责任要求葡萄酒企业应当自觉为供应链内的参与者做到以下几点。

1）以法律法规为底线，人文关怀为追求，通过自身的经营行动大力支持当地社会的发展。

2）依托互联网信息技术，派遣行业专家小组，对当地的雇员进行知识普及和技能培训，提升生产力。

3）建立国际统一的同工同酬薪资统一制度，提供公平合理的薪资待遇，不因劳动者缺乏议价能力而蓄意压低薪资。

4）将当地经营所得用于扩大生产规模，积极投入再生产，努力为当地提供更多的就业机会和贡献更多的税收。

5）积极参与当地社区事务和公益活动，促进当地社会稳定，保护环境，改善生态，践行绿水青山就是金山银山的理念。

6）树立在整个行业内践行社会责任的风气。建立统一的行业规范，推动全行业共同践行、相互配合可持续的发展理念，将道德的薪火延续下去。

本 章 小 结

本章全面分析了国际葡萄酒市场的营销环境，探讨了文化多样性、国际贸易法规，以及消费者行为等对葡萄酒全球营销的影响。章节内容详述了如何进行国际目标市场的选择与市场进入策略的制定，为葡萄酒企业进入国际市场提供了明确的指导。进一步地，章节深入讨论了国际市场营销战略的构建，包括品牌建设、产品定位、定价机制和推广活动的策划。特别关注了跨境电商在葡萄酒营销中的应用，分析了如何利用这一新兴渠道进行市场拓展。此外，全球供应链的设计与管理作为支撑国际营销活动的重要环节，也在本章节中得到了系统的论述。通过本章节的学习，读者能够掌握国际葡萄酒营销的核心概念和关键策略，为未来的市场拓展和营销决策奠定坚实的理论基础。

参 考 文 献

乔普拉，迈因德尔. 2017. 供应链管理. 陈荣秋，译. 6 版. 北京：中国人民大学出版社

王琳，王睿智. 2020. 基于知识生态系统的国际营销动态能力构建和提升模型. 管理科学，33（6）：112-127

许晖，郭净，纪春礼. 2011. 中国企业国际营销动态能力的维度构建研究：基于三家企业国际营销实践的理论探索. 经济管理，33（5）：183-192

【案例分析】

东风西渐：东风高端新能源品牌的欧洲破圈之道

资料来源：刘凯. 2023. 东风西渐：东风高端新能源品牌的欧洲破圈之道. 大连：中国管理案例共享中心

思考题

1. 面对在海外市场认知度较低的困境，中国汽车品牌在欧洲的品牌价值是怎样的？

2. 东风岚图为什么要打造高端新能源品牌？它具备怎样的品牌升级条件？

3. 根据 STP 营销理论，东风岚图围绕挪威市场特点实施品牌升级的步骤是什么？

4. 东风岚图是如何通过品牌价值驱动顾客价值的？

5. 东风岚图在挪威市场的品牌"破圈"，对我国汽车品牌升级有什么启示？